Hubertus Halbfas
Religionsunterricht nach dem Glaubensverlust
Eine Fundamentalkritik

W0190550

Hubertus Halbfas

RELIGIONSUNTERRICHT NACH DEM GLAUBENSVERLUST

Eine Fundamentalkritik

Patmos

VERLAGSGRUPPE PATMOS

PATMOS
ESCHBACH
GRÜNEWALD
THORBECKE
SCHWABEN

Die Verlagsgruppe
mit Sinn für das Leben

Für die Schwabenverlag AG ist Nachhaltigkeit ein wichtiger Maßstab ihres Handelns.
Wir achten daher auf den Einsatz umweltschonender Ressourcen und Materialien.
Dieses Buch wurde auf FSC®-zertifiziertem Papier gedruckt. FSC (Forest Stewardship
Council®) ist eine nicht staatliche, gemeinnützige Organisation, die sich für eine
ökologische und sozial verantwortliche Nutzung der Wälder unserer Erde einsetzt.

Bibliografische Information der Deutschen Nationalbibliothek
Die Deutsche Nationalbibliothek verzeichnet diese Publikation in der Deutschen
Nationalbibliografie; detaillierte bibliografische Daten sind im Internet über
http://dnb.d-nb.de abrufbar.

1. Auflage 2012
Alle Rechte vorbehalten
© 2012 Patmos Verlag der Schwabenverlag AG, Ostfildern
www.patmos.de

Umschlaggestaltung: Finken & Bumiller, Stuttgart
Druck: CPI – Ebner & Spiegel, Ulm
Hergestellt in Deutschland
ISBN 978-3-8436-0200-6

Inhalt

Vorwort

Vor vierundvierzig Jahren ist mein Buch »Fundamentalkatechetik. Sprache und Erfahrung im Religionsunterricht« erschienen. »Wohl kaum hat in der Religionspädagogik jemals eine so intensive Debatte stattgefunden wie über dieses Buch insgesamt«, urteilt Norbert Mette. Einerseits verband sich damit ein dogmatischer Konflikt, zu dem die Deutsche Bischofskonferenz wegen »drohender Irrtümer« eine Erklärung abgab, andererseits führte das Buch der Religionspädagogik das Scheitern der kirchlichen Verkündigungssprache vor Augen und erschloss zugleich eine hermeneutische Grundlegung der Religionsdidaktik. »Was Halbfas bereits früh wahrnahm, wurde in der Folgezeit immer manifester: Ein neuer Ansatz musste gesucht werden, sollte es weiterhin möglich sein, Religion als integralen Bestandteil über den kirchlichen Raum hinaus in schulischen und anderen Bildungsprozessen zu verankern und ihre Bedeutung heutigen Zeitgenossen zu erschließen« (Norbert Mette).

Dieser neue Ansatz hat zu einer korrelativen Anknüpfung des Religionsunterrichts an die Lebenswelt der Jugendlichen geführt; der von mir beschriebene Weg der Sprache als der eigentlichen Vermittlungsdimension von Religion aber wurde nicht aufgenommen. Auf eigenen Wegen habe ich dennoch den sprachlichen Ansatz der Fundamentalkatechetik weitergeführt und in Schüler- und Lehrerhandbüchern für das erste bis zehnte Schuljahr (1983–1991) konkretisiert. Da jedoch innerhalb der wissenschaftlichen Religionspädagogik Innovationen an derartigen Orten nicht zur Kenntnis genommen werden, entstand meine Entwicklung einer religiösen Sprachlehre im Abseits.

In den siebziger Jahren hatten Stichworte wie Problemorientierung und Curriculumreform die religionsdidaktische Szene beherrscht. Mit meinem Buch »Das dritte Auge« (1982) versuchte ich, ein didaktisches, ein hermeneutisches und ein spirituelles Defizit in der Religionspädagogik bewusst zu machen: Die weiterhin ungenügende religiöse Sprachlehre, die Vernachlässigung der hermeneutischen Fähigkeiten im Umgang mit Texten und die herrschende Unbildung im Umgang mit symbolischem Ausdruck. Das letztere Defizit ist bedingt zur Kenntnis genommen worden, aber die mir später zugeschriebene »Symboldidaktik« habe ich nie als eigenständiges Programm, sondern nur als ein Unterkapitel religiöser Sprachlehre verstanden.

Mit dem vorliegenden Buch nun, das sich dem nicht mehr übersehbaren Ende der bisherigen Glaubensvermittlung stellt, um einen begehbaren Weg in die Zukunft zu finden, knüpfe ich noch einmal bei der Sprache an. Wichtiger als jede Diskussion über die nächste »Konzeption« des Religionsunterrichts ist es, die Notwendigkeit einer religiösen Sprachlehre ins Bewusstsein zu bringen. Das ist kein Thema unter vielen anderen, sondern *das* Desiderat *für alle anderen* Themen. Ohne eine internalisierte Grammatik religiöser Vermittlung bleiben Religionslehrerinnen und Religionslehrer fachlich inkompetent. Dann sprechen sie nicht nur zu Analphabeten, sondern sind selbst Analphabeten gegenüber zentralen Inhalten von Religion und Glauben. Ich werde der in diesem Buch vorliegenden Problemanzeige darum eine »Religiöse Sprachlehre« bald nachfolgen lassen.

Ausgangs- und Drehpunkt des vorliegenden Buches ist der epochale Traditionsabbruch und die allgemeine Erfahrung, dass die christliche Glaubenslehre in ihrer traditionellen Gestalt keine Nachfrage mehr erfährt, so dass man sowohl von Glaubensunlust als von Glaubensverlust sprechen muss. Diese Krise zu bewältigen wird nur gelingen, wenn der Glaube nicht mehr als Katalog vorgelegt wird, der in toto zu akzeptieren ist.

Ich habe mir für dieses Buch jede Freiheit genommen, zu sagen, was zu sagen ist. Mit Andeutungen und in kleinen Schritten lässt sich die aktuelle Glaubenssituation nicht mehr bearbeiten. Ich beanspruche nicht, alles bedacht und alles wohl abgewogen zu haben. Ich wünsche, dass die herrschende religionspädagogische Emsigkeit auf hundert abgehängten Schauplätzen einer gesammelten Konzentration in der Bearbeitung des heutigen Paradigmenwechsels weicht.

Hubertus Halbfas

I. Glaubensverlust – was heißt das?

1. Traditionsabbruch

Die zahlreichen Untersuchungen über Glauben und Kirchlichkeit in den europäischen Ländern könnten, wollte man sie beachten, alle nur denkbaren Alarmsirenen schriller lassen. Demoskopische Erhebungen unter Jugendlichen in den 1950er Jahren erbrachten in der Frage nach einer regelmäßigen sonntäglichen Gottesdienstteilnahme Werte gegen 70 Prozent. Diese Angabe beruhte auf Selbsteinschätzungen Jugendlicher, die zweifellos zu hoch ansetzten. Eine Allensbach-Überprüfung »an einem Sonntag im April 1953« belegte 58 Prozent jugendliche katholische Gottesdienstbesucher; die Resultate bei Wölber bestätigten: 60 von hundert katholischen Jugendlichen gingen am zurückliegenden Sonntag zur Kirche.[2]

Die Shell-Jugendstudien dokumentieren seitdem ein beständiges Abnehmen der Gottesdienstbesuche (westdeutscher) Jugendlicher. Heute bilden sie nur noch eine kleine Minderheit. Zu ihr gehören mehr weibliche als männliche Jugendliche, doch sinkt auch deren Anteil mit dem Alter und erreicht schließlich das Niveau der männlichen Jugendlichen. Ähnliche Abfallkurven verbinden sich mit Fragen nach dem Beten und dem Glauben an ein Weiterleben nach dem Tod. Insgesamt verliert die Kirchlichkeit unaufhörlich an Boden. Unter den derzeitigen Bedingungen und in den bisherigen Formen deutet nichts darauf hin, dass es den Kirchen gelingen könnte, wieder Einfluss auf die junge Generation zu gewinnen. Die Shell-Studie von 2010 bekräftigt die sich fortsetzenden religiösen Abbrüche: »Unbestreitbar sind die klassische Religiosität und ihre Lebensbedeutung bei den Jugendlichen des religiösen Mainstreams in Deutschland weiter im Rückgang, wobei der Schwerpunkt der Veränderung bei den katholischen Jugendlichen liegt.« Der größte Einbruch verbindet sich mit dem Gottesglauben. Nur noch 37 Prozent der Jugendlichen (zwischen 12

---

1 Hubertus Halbfas, Jugend und Kirche. Eine Diagnose. Patmos, Düsseldorf 1965, 285; Hans-Otto Wölber, Religion ohne Entscheidung. Vandenhoek & Ruprecht, Göttingen 1960, 139.
2 Ebd. 286.

und 25) betrachten den Gottesglauben für ihr Leben als wichtig, aber 46 Prozent halten ihn für unwichtig. Unter den Katholiken neigen sogar 56 Prozent der Jugendlichen der Auffassung zu, dass der Gottesglaube für sie weniger bis gar nicht bedeutsam sei.[3]

Doch sind es nicht nur Jugendliche, deren Verhalten Glaubensverlust und schwindenden Kirchenbezug belegt. Je nach sozialem Milieu gingen schon viele frühere Generationen getaufter Christen auf Distanz zu Kirche und Glauben. Auch wenn deren Kinder noch die übliche Erstkommunion- und Konfirmationsfolklore mitmachen, sind sie spirituell doch dem Christentum entfremdet.

In jüngerer Zeit zeigt sich, dass der Entfremdungsprozess sogar die kirchlichen Kernbereiche erreicht. Eine Befragung von Kirchenmitgliedern und Geistlichen beider Konfessionen durch Klaus-Peter Jörns erbrachte, »dass das traditionell Christliche nicht mehr als nur noch einen Bodensatz ausmacht«. Vor allem »in der Trinitätslehre ist es zu einem totalen Bruch mit der Tradition gekommen«. Wenn in diesem kirchenorientierten Milieu auch eine Gottesbeziehung ausgemacht werden kann, die sich zwar nicht »an den dogmatischen Leitlinien orientiert, aber sehr stabil zu sein scheint«, bleibt als Gesamtresümee, dass das traditionelle dogmatische System »den von den Gottgläubigen gestellten Fragen in vielem nicht mehr gerecht« wird. Die Kluft zwischen dem, was die amtlichen Repräsentanten der Kirche für normativ und gültig vorstellen, und dem, was die Kirchenmitglieder tatsächlich glauben und leben, wächst zusehends.[4] Offenbar ist der überkommene Glaubensinhalt zu großen Teilen nicht mehr zu vermitteln, da er bei den Adressaten keinen relevanten Ort mehr hat. Viele Traditionschristen sehen darin allerdings kein Defizit, sondern zunächst die Befreiung von Ballast, später eine Unabhängigkeit, die sowohl zu Glaubensaufgabe als auch zu neuer Glaubensorientierung frei macht.

Andererseits greift eine von jeder Religion unberührte Existenz über den christlichen Glaubensverlust hinaus. In seiner Autobiographie schrieb Marcel Reich-Ranicki, von Herkunft Jude und während der Nazizeit extremen Bedrängnissen ausgesetzt: »Ich habe nie mit oder gegen Gott gelebt. Ich kann mich an keinen einzigen Augenblick in meinem Leben erinnern, in dem ich an Gott geglaubt hätte.«[5] Die Gottesfrage berührte

3   Shell-Jugendstudie 2010. Fischer, Frankfurt a. M. 2010.
4   Klaus-Peter Jörns, Die neuen Gesichter Gottes. Was die Menschen heute wirklich glauben. C.H. Beck, München 1999.
5   Marcel Reich-Ranicki, Mein Leben. DVA, München 2000, 56.

ihn einfach nicht. Ähnlich der Erfurter Philosoph Eberhard Tiefensee: »Für die meisten Ostdeutschen dürfte Gott überhaupt kein Thema sein.« Jugendliche, beliebig im Leipziger Hauptbahnhof befragt, ob sie sich als Christen, als religiös oder areligiös einstufen würden, konnten mit diesen Kennzeichnungen nichts anfangen. Ihre Antwort: »Ich bin normal.«[6] Und der Schriftsteller Erich Loest nennt sich selbst in seiner Autobiographie aus gleichem Lebensgefühl einen »Untheist«[7].

Diese Entwicklung jedoch nur in der gegenwärtigen Gesellschaft ausmachen zu wollen, heißt ihre geschichtliche Anlage zu verkennen. Die Bedingungen dafür reichen Jahrhunderte zurück: Schon mit der Renaissance entwickelte sich ein Laienstand, dessen Bildungsniveau den bisherigen Leutepriesterklerus degradierte und bald Spott über dessen Küchenlatein, Predigtblüten und Wunderglauben schüttete. Die studierende Jugend erhoffte seitdem ihre Lebenserfüllung auf anderen Gebieten als im kirchlichen Dienst, so dass das Konzil von Trient zur Rekrutierung des Klerus Diözesanseminare verlangte, die bisher übergangenen Jungen den Weg zum geistlichen Beruf öffnen sollten. Auch setzte erst mit dem jesuitischen Bildungswesen eine seelsorgliche Bemühung um die studierende Jugend ein, deren Respekt der Kirche nicht mehr von selbst zufiel. Eine Konsolidierung der Verhältnisse brachten in Deutschland erst wieder gebildete Theologen wie Johann Ignaz Felbiger, Johann Michael Sailer, Bernhard Heinrich Overberg, Johann Adam Möhler, Johann Baptist Hirscher u.a., wenngleich sie alle nicht darüber hinwegtäuschen können, dass das Gesicht der Epoche von anderen Namen und Bewegungen bestimmt wurde.

Der um 1770 aufbrechende »Sturm und Drang«, jene Gärung der deutschen Geistesgeschichte, deren Exponenten erstmals »Jünglinge« sind, in deren Frühwerken alle geistig regsamen Kreise der jungen Generation ihr eigenes Lebensgefühl und Streben wiedererkennen, ist zwar eine Gegenbewegung zur Aufklärung, aber nichtsdestoweniger weit entfernt von Kirchlichkeit und konfessionellem Glauben. Ein repräsentativer Querschnitt deutscher Dichter dieser Zeit entstammt dem evangelischem Pfarrhaus – Heinz Schlaffer nennt in seiner »kurzen Geschichte der deutschen Literatur«: Bodmer, Gottsched, Gellert, Lessing, Wieland, Schubart,

---

6 Eberhard Tiefensee, Homo areligiosus? Zur umstrittenen Natur des Menschen. in: Thomas Brose (Hg.), Umstrittenes Christentum. Glaube – Wahrheit – Toleranz. Morus, Berlin 2004, 167-191, hier: 186.
7 Erich Loest, Durch die Erde ein Riss. Ein Lebenslauf. dtv, München[4] 1999, 36; zit. nach Georg Baudler, in: Religionspädagogische Beiträge 53/2004, 117.

Claudius, Lichtenberg, Bürger, Hölty, Lenz, Jean Paul, August Wilhelm und Friedrich Schlegel, wobei auch Klopstock, Goethe, Schiller und Hölderlin in einem evangelischen Milieu gebildet wurden. Doch sie alle entzogen sich dem Anspruch der Kirche und versuchten zugleich, literarisch deren Erbe anzutreten, indem sie zwar in den religiösen Sprachgebärden vor allem des Pietismus dachten und schrieben, aber ihre Vorstellungen und Wörter, die an den christlichen Glauben erinnern konnten, hinter Metaphern des griechischen Mythos versteckten und so die Religion durch die Kunst ersetzten. Teilnehmer am Gottesdienst waren die Dichter der deutschen Klassik sowenig wie die übrigen Gebildeten dieser Zeit größtenteils nicht mehr. »Ist einst keine Religion mehr und jeder Tempel der Gottheit verfallen oder ausgeleert, dann wird noch im Musentempel der Gottesdienst gehalten werden«, resümierte Jean Paul diesen Prozess.

Zum Schlüsselroman der Epoche wurde Goethes »Die Leiden des jungen Werther«. »Was Werther tut und zu tun wünscht, schließt ihn von jeder bestehenden christlichen Gemeinde aus: Er schwärmt für heidnische Bücher (Homer und Ossian), für die Natur, für die Braut eines anderen, für sich selbst und bringt sich am Ende um. Der lakonische Schlusssatz über sein Begräbnis hält diesen Abschied vom Christentum für immer fest: ›Kein Geistlicher hat ihn begleitet.‹«[8]

Um zu dieser Zeit das religiöse Potential in ein ästhetisches umwandeln zu können, musste die Bindung an Christentum und Kirche bereits umfassend geschwächt worden sein. Äußerer Einfluss dafür war der religionskritische Impuls der Aufklärung. Doch hinzu kamen interne Faktoren, Theologen, die der Bibel ihre göttliche Aura nahmen, sie nun geschichtlich verstehen wollten und philologischer Kritik unterzogen. Damit entfaltete sich ein geschichtlicher »Relativismus« und eine dogmatische Ungebundenheit, für den Lessing in seiner Ringparabel die bekannteste Formel gefunden hat.

Katholiken kommen in der Literatur der deutschen Klassik nicht vor. Soweit sich ein katholischer Student in die geistige Bewegung dieser Zeit eingliederte, löste er sich aus den Bindungen seiner Kirche. Im Normalfall sah er sich jedoch mehr zur Stellungnahme und sondierenden Verarbeitung der Strömungen seiner Zeit aufgefordert, als zur Teilnahme am Gespräch der Epoche. Eine »Jugendbewegung«, wie sie die Göttinger Studenten, die sich 1772 zum »Hainbund« zusammenschlossen, erstmals in

8 Heinz Schlaffer, Die kurze Geschichte der deutschen Literatur. Hanser, München/Wien 2002, 58 f.

16

der Geschichte auslösten, wäre im katholischen Raum unmöglich gewesen. Die Kirche kannte zu dieser Zeit wohl Kongregationen, Sodalen und Zöglinge, aber keine Jugend, die sich selbst hätte zu Wort melden können Erst mit der Romantik als Antwort auf Aufklärung und Französische Revolution meldeten sich mit Görres, Brentano und Eichendorff katholische Autoren zu Wort.

Die nächsten Jahrzehnte brachten die Gründung des Katholischen Gesellenvereins 1846 durch Adolf Kolping und im Gefolge eine stattliche Anzahl ähnlicher Vereine und Standesorganisationen. Auch die katholischen Studentenverbindungen (seit 1844) stehen in dieser Reihe – so wie später die katholischen Schülerbünde Quickborn (1909/13), Neudeutschland (1919) und Heliand (1926), »um die Gebildeten der Kirche zu erhalten«. Wenn der Würzburger Theologe und Domdekan Heinrich Kihn gegen Ende des 19. Jahrhunderts feststellte, dass aus den Familien der Beamten, Offiziere, Fabrikanten, Gutsbesitzer und Kaufleute selten ein Priester hervorgehe, so heißt das: Gut situierte Söhne, die frei und ohne kirchliche Hilfe auf öffentlichen Schulen studieren konnten, entfremden sich dem kirchlichen Milieu, es sei denn, katholische Organisationen bildeten einen Kokon, der sie davor bewahrte.

Der zu Beginn des 20. Jahrhunderts unter dem Einfluss der Jugendbewegung auch im katholischen Bereich geweckte Wille zu eigener Lebensgestaltung und freier Mitverantwortung in Gesellschaft und Kirche brachte viele, bis dahin unbekannte Spannungen mit dem Klerus, etwa im hartnäckigen Kampf um eine neue Liturgie und ein eigenes jugendliches Leben. Doch lag gerade in dieser jugendlichen Selbstbehauptung auch die Bedingung für einen eigenständigen jugendlichen Kirchenwillen, wie er vordem nie erlebt werden konnte. In den 1930er Jahren drängten begabte junge Menschen als eine Frucht dieser innerkatholischen Jugendbewegung in die deutschen Theologenkonvikte, so dass manche Diözesen gar einen numerus clausus einführten.

In der frühen Nachkriegszeit, die sich als »Wiederaufbau« verstand, zeigten die Neubegründungen des kirchlichen Vereinslebens, dass sich keineswegs dort wieder anknüpfen ließ, wo man 1933 hatte aufhören müssen. Erich Knirck attestierte 1957 der »neuen Generation« zwar Aufgeschlossenheit für den christlichen Glauben, sobald der Jugendliche aber »in praktische Berührung mit dem Christentum« komme, werde sein Verlangen nach Wahrheit »mit dogmatischen Lehrsätzen traktiert« und zwar in einer Sprache, zu der er keinen Zugang finde.[9] Im gleichen Jahr beschrieb Helmut Schelsky die zeitgenössische Jugend als »skeptische Generation«, die sich in der Zurückhaltung gegenüber Ideologien, gegenüber jedem Engagement und im Realismus ihres Verhaltens entscheidend von der Jugend der Vorkriegszeit abhebe. Dogmatisch-spekulativen Glaubensformen begegne sie mit Abneigung, habe auch »kein Organ für kultisches Leben«, weil das Erfahrungsfeld der Gemeinde bereits in der Familie ausfalle. Trotz einer gewissen »Offenheit gegenüber dem Religiösen« finde der Jugendliche nur Zugang zu einem »nüchternen Christentum der Tat«.[10] 1959 versuchte Hans-Otto Wölber die Einstellung der Jugend zu Glaube und Kirche zu erkunden und beschrieb als Grundzug bei den Befragten eine »Religion ohne Entscheidung«.[11] Die empirische Studie von Heinz Hunger »Evangelische Jugend und evangelische Kirche« von 1960 kam – grob vereinfacht – zu dem Urteil: je länger man sich kennt, desto weiter rückt man von der Kirche ab.[12]

Unter dem dominierenden Aspekt des deutschen »Wiederaufbaus« wurden in den ersten zwei Nachkriegsjahrzehnten die Geschehnisse während der Nazizeit im öffentlichen Bewusstsein ungebührlich ausgeblendet. Erst im weiteren Verlauf der sechziger Jahre – zumal angesichts der Auschwitz-Prozesse – wandten sich rebellierende Studenten der eigenen nationalen Vergangenheit zu. Mit Wut, Scham und moralischer Entrüstung klagten sie das Verhalten ihrer Elterngeneration unter Hitler an. Sie empörten sich, dass nach 1945 oft dieselben Personen in öffentlichen Machtpositionen standen, wie in der NS-Zeit zuvor. Wesentliche Anstöße zu dieser Politisierung kamen aus den USA, wo an der Berkeley University in Kalifornien Studenten mit neuen Protestformen wie *sit-ins, go-ins* und *teach-ins* Aufmerksamkeit auf sich zogen. Sie forderten die Demokratisierung der Universitäten und der Gesellschaft allgemein, sowie die Beendigung des Vietnam-Kriegs. In Deutschland waren es insbesondere die Ideen von Theodor W. Adorno, Max Horkheimer, Walter Bejamin und Herbert Marcuse, die das Unbehagen der Studenten auf den Begriff brachten. Horkheimers und Adornos »Dialektik der Aufklärung« und Adornos Studien zur »autoritären Persönlichkeit« stießen Bewusstseinsprozesse

9   Erich Knirck, Die junge Gesellschaft. Rau, Düsseldorf 1957.
10 Helmut Schelsky, Die skeptische Generation. Eine Soziologie der deutschen Jugend. Diederichs, Düsseldorf/Köln 1957, 484.
11 Hans-Otto Wölber, Religion ohne Entscheidung. (s. Anm. 1).
12 Heinz Hunger, Evangelische Jugend und evangelische Kirche. Eine empirische Studie. Gütersloher Verlagshaus, Gütersloh 1960.

an, die auch kirchliche Strukturen bloßstellten. Hinzu kamen subkulturelle Veränderungen, die in ihrer Summe den westlichen Gesellschaften ein neues Gesicht gaben: Vor allem die Musik, Bekenntnisse zu Drogen und einer frei(er)en Sexualität, auch ein nichtkonformes äußeres Erscheinungsbild der Jugendlichen verwiesen auf veränderte Einstellungen zu Partnerschaft und Sexualität. Als dann Papst Paul VI. am 25. Juli 1968 mit seiner Enzyklika *Humanae vitae* jede Schwangerschaftsverhütung durch die »Antibabypille« verbot, beförderte er damit de facto eine weitere Liberalisierung der Sexualität, da sich seitdem die Mehrheit der Katholiken in ihrem sexuellen Verhalten kirchlichen Weisungen entzieht. Insgesamt hat die Achtundsechziger-Bewegung neue oppositionelle Milieus gebildet, die bis 1989 reichten und immer wieder zu politischen Aktivitäten oder Gruppenbildungen führten. In dieser Opposition vernetzten und überlappten sich die Milieus einer kritisch-marxistischen und christlichen Intelligenz sowie der subkulturellen Jugendbewegung. Zwar misslang den linken Anführern der Achtundsechziger die »sozialistische Revolutionierung der Gesellschaft«, doch bewirkten ihre antiautoritären Botschaften eine »Fundamentalliberalisierung« (Jürgen Habermas) der westdeutschen Gesellschaft. Letztlich war die Achtundsechziger-Bewegung ein in sich heterogener Prozess, der manche gesellschaftlich-kulturelle Rückständigkeit aufhob und im Erbe der linkskatholischen Strömungen auch zur KirchenVolksBewegung »Wir sind Kirche« führte. Das amtskirchliche Bewusstsein hat die fundamentalen Umschichtungen, die sich hier im gesellschaftlichen Gefüge ereigneten, bis zum Tage nicht verarbeitet. Ihre Dialogscheu, wohl auch Dialogunfähigkeit, verfehlt die Erwartungen des Kirchenvolks und gibt zu weiteren Entfremdungen Anlass.

Wie sehr die Kirche in der bisher beschriebenen Entwicklung aus der Gesellschaft herausgefallen ist, dokumentiert vielleicht am einprägsamsten die von der Deutschen Bischofskonferenz in Auftrag gegebene Sinus-Milieu-Studie.[13] Sie zeigt, dass die katholische Kirche in Deutschland nur noch in drei von zehn ausgemachten Milieus verankert blieb: bei den »Traditionsverwurzelten«, den »Konservativen« und einem Teil der »Bürgerlichen Mitte« (mit einem Splitter auch bei den »Postmateriellen«), wenngleich sie sogar in diesen Bereichen weiter schrumpft. Zu den übrigen Milieus zählt der höchste Anteil junger Menschen sowie jene

---

13 Religiöse und kirchliche Orientierungen in den Sinus-Milieus® 2005. Milieuhandbuch, Sinus Sociovision GmbH, Heidelberg.

die sich als kirchendistanzierte Christen, als nichtchristliche Religiöse, als Nichtreligiöse und religiös Unsichere verstehen.

Die Studie betont zwar, dass kaum ein Milieu in offensiver oder gar aggressiver Spannung zur Kirche steht, so dass Ansprechbarkeit grundsätzlich gegeben sei, doch sollte man die seit dem 18. Jahrhundert in der Gesellschaft unaufhörlich fortgeschrittene Entkirchlichung nicht übersehen. Sie frisst sich derzeit in den Kernbereich des traditionellen Christentums hinein. Für eine knapp bemessene Spanne mögen die Kirchen noch partiellen Einfluss auf diese Entwicklung nehmen können, sofern sie die Dringlichkeit erkennen und umfassenden Veränderungswillen aufbringen. Die katholische Antwort auf den sich verschärfenden Priestermangel und die in der Folge stetig angepassten »pastoralen Räume« zeigt jedoch mehr Problemscheu und Hilflosigkeit als tatkräftige Entschiedenheit. Es sieht nicht so aus, dass die Kirchenleitung dem Anspruch der Zeit gewachsen ist.

2. Das kritische Denken und die Irritationen des »Glaubens«

Die geistesgeschichtlichen Ursachen, welche die geschilderte Entwicklung treiben, sind vielgestaltig. Es lassen sich externe und interne Prozesse unterscheiden, die je in ihrer Hauptlinie beschrieben werden sollen.

Erstens ist die Trennung von Religion und Wissenschaft zu bedenken, ein komplexer Vorgang, der sich über Jahrhunderte hinzog und zunächst der Bibel ihre Vorherrschaft nahm. Hier formulierte bereits Galilei die Problemstellung: »Wo es um die Beantwortung von naturwissenschaftlichen Fragen geht, sollte man sich, wie ich meine, nicht in erster Linie auf die Autorität von Bibelstellen berufen, sondern auf Beobachtung und schlüssige Beweisführung ...« Er hielt es »für ein Ding der Unmöglichkeit, von Gelehrten der Astronomie zu verlangen, sie müssten sich vor den Resultaten ihrer eigenen Beobachtungen und Beweisgänge in acht nehmen und diese als Täuschungen und Spitzfindigkeiten darstellen. Denn damit befähle man ihnen nicht nur, nicht zu sehen, was sie sehen, und nicht zu wissen, was sie wissen, sondern mit ihren Forschungen sogar das Gegenteil von dem zu beweisen, was sie tatsächlich in Händen haben.«[14] Zentraler Streitpunkt wurde der Konflikt zwischen Naturwissenschaft und Theologie. Galilei plädierte für ihre Trennung, eine kühne Option angesichts des engen Zusammenhangs, der zwischen beiden Bereichen bestand. Bei Widersprüchen solle man die Offenbarung nicht missbrauchen, »die in den experimentellen Wissenschaften gewonnenen Einsichten« nach theologischen Wünschen »zurechtzubiegen«.

Die jahrhundertelange Polemik gegen diese Position, das Bestehen auf dem biblischen Wortlaut, ohne rationales und mythisches Denken unterscheiden zu können, hat Ansehen und Einfluss der Kirche bei der europäischen Intelligenz nachhaltig untergraben. Zwar behielt die Kirche noch lange Zeit ihre Macht, auch ihren Einfluss auf das Volk, doch belegt der Konflikt letztlich nichts anderes als einen Sieg der Wissenschaft und die Niederlage der Kirche. Zunächst blieben die meisten Intellektuellen – auch die philosophischen und naturwissenschaftlichen Revolutionäre – noch gläubige Christen. Aber die fortwährenden apologetischen Rückzugsgefechte der Theologie, die selbst heute im Disput zwischen Evolutionswissenschaften und Schöpfungsglauben (trotz Küng und Kessler) nicht ausgetragen sind, haben dem Glauben sein einmal unbestrittenes Ansehen genommen.

Die Aufklärung pocht darauf, dass in Glaubensbehauptungen nicht die Stimme Gottes zu hören ist, sondern bloß Stimmen von Menschen, gar noch von solchen, die Wahrheit mit ihrer eigenen Macht verbinden. Doch sind es weniger die Wissenschaftler, die dem christlichen Glauben seine Glaubwürdigkeit genommen haben, als eine Dogmatik, die sich an den Wortlaut ihrer früheren Definitionen klammert, deren Verständnis mit dem Wissen der heutigen Welt nicht mehr zu verbinden ist. Im neuen kritischen Denken rückt die Glaubenstradition in einen veränderten Kontext. Sie könnte im Rahmen ihrer Sprachspiele durchaus gültig bleiben. Aber die neuzeitlich entwickelte Rationalität entwertet ihre Wahrheit, sofern diese Tradition sich selbst in ihren symbolischen und metaphorischen Gattungen missversteht, auf der rationalen Ebene jedoch dem empirischen Denken notwendig unterliegt.

Die zweite fundamentale Anfechtung des überlieferten Glaubens kommt von innen, von der historisch-kritischen Exegese. Es ist das gar

---

14 Brief an Christine von Lothringen, 1615; in: Museion 5/2000, 2–32; s. a. Hubertus Halbfas, Das Christentum. Patmos, Düsseldorf 2004, Ostfildern ³2010, 381–385.

nicht zu überschätzende Verdienst dieser Forschung, die Bibel einer rationalen Fragestellung erschlossen zu haben. Nur so kann sie auch theologisch bedacht werden. Damit wurde die Bibel den hermeneutischen Regeln unterworfen, die für alle Literatur gelten und Bedingung dafür sind, mit der Bibel heute in Schulen und Hochschulen umgehen zu können. Würden hier Frage und Zweifel nicht zugelassen und methodisch handhabbar, bliebe der biblische Text jeder vertretbaren Erschließung entzogen. Zwar kommt ein Text unter historisch-kritischer Befragung nur mit Teilaspekten seines Gehalts zur Sprache, doch ohne diesen Ansatz führt Auslegung zu »wilder Exegese«.

Auf dem Weg dieser Bibelkritik wurde – mühsam genug – die Wahrheit der sprachlichen Formen erschlossen, die Wahrheit des Mythos, der Legende, der Sage …, die nicht gegen historische Faktizität antritt. Damit gewinnt die Bibel eine Gültigkeit zurück, die vordem weder erkannt noch akzeptiert worden war. Mythos kann nun *als* Mythos zur Sprache gebracht werden oder die Legende *als* Legende, ohne Bedeutung und Faktum zu verwechseln. Allein diese Hermeneutik macht Bibel und Dogma wieder verständlich und sinnvoll.

Die bahnbrechende Leistung der historisch-kritischen Bibelexegese ist mit den Namen evangelischer Theologen verbunden, von Reimarus bis Bultmann. Während dieser Zeit stand die katholische Kirche in fortwährender Abwehr. Sooft Erkenntnisse der protestantischen Arbeit auf katholische Autoren Einfluss nahmen, griff die Zensur des »Heiligen Offiziums« ein, verhinderte das Erscheinen beargwöhnter Titel oder setzte bereits erschienene Werke auf den »Index verbotener Bücher«. Die Phase dieser Abwehr war eine Leidensgeschichte vieler Bibelwissenschaftler. Allerdings musste auch evangelischerseits jede neue Erkenntnis gegen Abwehr und Verunglimpfung durchgesetzt werden.

Heute wollen sich die Bibelwissenschaftler »die Ergebnisse ihrer Auslegung nicht mehr vorschreiben lassen«, pointiert der katholische Alttestamentler Bernhard Lang. »Sie wollen nicht nur feststehende Glaubenssätze veranschaulichen und beweisen. Von Tradition unbelastet und von Beaufsichtigung frei, versuchen sie ihre Texte neu zu lesen, die Schätze der Bibel zu heben, statt nur mit dogmatischer Wünschelrute durchs biblische Terrain zu gehen. So wird die Exegese von einer theologischen Hilfswissenschaft, von der ›Magd der Dogmatik‹, zu einem ebenso eigenständigen theologischen Fach wie etwa die Kirchengeschichte. Sie ist heute nicht mehr die Magd der Dogmatik, sondern eher schon deren Mutter.«[15]

Mit dieser Umkehr der wissenschaftlichen Rangordnung verbindet sich freilich anderenorts die Angst vor Unterhöhlung des Glaubens, denn inzwischen stellt die exegetische Forschung die Dogmatik vor Einsichten, die zu massiven Korrekturen oder auch zur Preisgabe bisheriger Glaubenslehren zwingen:

Wenn deutlich wird, dass der Sohn-Gottes-Titel seine eigentlichen Wurzeln nicht in der Bibel, sondern in der ägyptischen Königstheologie hat; dass es an ägyptischen Tempelwänden Vorentwürfe für die späteren Kindheitslegenden des Lukasevangeliums gibt; dass das Motiv der Jungfrauengeburt im Kontext der Zeugung des Pharao als Sohn Gottes keinerlei biologische Problematik einschließt; dass ohne den Osiris-Kult alles Sprechen von Auferstehung im jüdisch-christlichen Raum undenkbar wäre; dass sich das Sitzen zur Rechten Gottes ebenfalls mit dem offenen ägyptischen Gottesverständnis verbindet und dass die ägyptische Reichstriade ein Modell für die Verbundenheit und Wechselwirkung der göttlichen Gestalten war, in Alexandria das frühkirchliche Denken beeinflusst hat und von dort die Beschlüsse des Konzils von Nicäa …, dann zeigt sich auf der Ebene der zentralen Glaubenssymbolik eine sehr weitgehende Abhängigkeit von der Religion Ägyptens, die das christliche Wahrheitsverständnis mehr mit den Tiefenschichten der menschlichen Psyche verbindet, als es einer Offenbarung aus dem Jenseits zu unterstellen. ✎

Das historische Denken und die davon geforderte historisch-kritische Bibelexegese hat den kirchlich verbindlichen Glauben, wie er sich in Dogmatiken und Katechismen darstellt, unterminiert. Diese Situation wird sich mit der Zeit immer mehr verschärfen, solange sie nicht offen angeschaut und bearbeitet wird. Theologen, die als Wissenschaftler gehalten sind, ihre dogmatische Tradition nicht über ihr exegetisches und religionsgeschichtliches Wissen zu kopieren, als katholische Christen aber ihr *Nihil obstat* sofort verlieren können, wenn sie die aktuelle christliche Glaubenslosigkeit als eine Folge der christlichen Glaubenslehre darlegen, kann dieser Spagat zerreißen.

Bernhard Lang doziert wie unbetroffen: »Nichts darf die Bibelwissenschaft hindern, sich unvoreingenommen mit ihrem Gegenstand zu beschäftigen. Denn wissenschaftliche Bibellektüre hat mit der aktuellen

---

15 Bernhard Lang, Die Bibel. Eine kritische Einführung. UTB, Schöningh, Paderborn 1990, 174 f.; 182 f.

kirchlichen Szene zunächst nichts zu tun, sondern ist eigenständig und unabhängig.« Das ist sie aber nur, solange sich kein Glaubenswächter für den Forschungsgegenstand interessiert, falls er es doch tut, dessen Auswirkungen verkennt und eventuelles Misstrauen für sich behält, statt beim nächsten Bischof oder der römischen Glaubensbehörde Häresieverdacht anzuzeigen. Je spezieller ein Exeget seine Thematik verfolgt, desto ungestörter bleibt er. Wollte er aber Konsequenzen für die Glaubenslehre öffentlich machen, könnte für ihn ein heikles Spiel beginnen. Der dem katholischen Theologen stets präsente lehramtliche Hintergrund bestimmt ihn darum weitgehend in Themenwahl und Problemverschleierung. Auf dem theologischen Markt tut sich darum seit geraumer Zeit nichts, was Aufsehen erregt. Zwar wird der stattfindende Traditionsabbruch nicht mehr bestritten, das Verdunsten des Glaubens entsprechend beklagt, der dennoch ausbleibende Reformstau kritisiert, aber damit hat man noch lange nicht die Hand am Puls der Zeit. Hans Küng und Hermann Häring bringen die Strukturmängel der Kirche unmissverständlich zur Sprache, sie übergehen aber die Glaubensproblematik. Wer aus der theologischen Zunft legt dar, dass zwischen modernem Denken, wissenschaftlichen Ergebnissen, theologischer Forschung und kirchlicher Glaubenslehre kein Gleichheitszeichen mehr gesetzt werden kann und schafft eine neue Ehrlichkeit? Allzu vieles steht heute so fremd gegenüber, dass es voraussichtlich nie mehr Gegenstand unseres Glaubens werden kann. Wer von den Systematikern trägt den Problemstand vor?

3. Die Wahrheit des Evangeliums Jesu ist etwas anderes als ein theologisches Lehrsystem

Welcher Glaube und welche Praxis der »Verkündigung« befinden sich eigentlich in einer Krise? Das bisher Gesagte meint Glaubensinhalte, welche die Kirche in »Lehrbekenntnissen« vorlegt, verstanden als »jene heilsnotwendigen Mysterien, an denen der Glaubende um der Sicherstellung seines Heils willen festzuhalten hat. Was die Kirche dem Menschen im Glaubensbekenntnis zu glauben vorlegt, das muss er – auf die Autorität Gottes hin – für wahr halten, wenn er in der Gemeinschaft der Glaubenden seinem ewigen Heil entgegengehen will. So formuliert schon das vermutlich aus dem 5. oder 6. Jahrhundert stammende Glaubensbekenntnis *Quicumque* (Pseudo-Athanasianum) als Eröffnungsformel: ›Wer da selig werden will, der muss vor allem den katholischen Glauben festhalten: wer diesen nicht in seinem ganzen Umfange und unverletzt bewahrt, wird ohne Zweifel verloren gehen‹. (DS 75/NR 915).«[16]

Die Glaubensbekenntnisse der Konzilien von Nicäa bis Trient verstehen sich als Zusammenfassung der katholischen Glaubenslehre, wie sie in Katechismen vermittelt wird. Entsprechend legen die kirchlich approbierten Lehrpläne für den Religionsunterricht Wert darauf, den vollständigen, heilsnotwendigen Glauben als *Wissen* bei den heranwachsenden Christen zu sichern. Die beanspruchte Vollständigkeit lässt jedoch übersehen, dass der historische Jesus in den zentralen Glaubensformeln der christlichen Kirchen fehlt. Die Bekenntnisformeln bedenken die Eckpunkte seines Lebens, Geburt und Tod – »geboren aus Maria der Jungfrau … gelitten unter Pontius Pilatus« – das gelebte Leben Jesu, sein Reich-Gottes-Programm wird mit keinem Wort erinnert.

Dieses erstaunliche »Loch« in den Glaubensbekenntnissen begleitet die Kirchen seit frühester Zeit und erklärt sich als eine Paulus zu verdankende Verdrängung des geschichtlichen Jesus. Paulus hat Jesus zu dessen Lebenszeit nicht gekannt, sich soweit erkennbar auch nie bemüht, Kenntnisse über das Leben Jesu und seine Reich-Gottes-Botschaft zu gewinnen, obwohl er mehrfach dazu Gelegenheit hatte. Offensichtlich wollte er sich nicht in Abhängigkeit von den Augen- und Ohrenzeugen des Jesus der Geschichte begeben, weil er Wert darauf legte, »sein« Evangelium »nicht von einem Menschen übernommen und gelernt, sondern durch die Offenbarung Jesu Christi empfangen« zu haben (Gal 1,12). So überging Paulus *alles*, was Jesus zu seinen Lebzeiten wichtig war, die Summe seiner Reich-Gottes-Botschaft in Wort und Tat, in Zuwendung und offener Tischgemeinschaft. Gäbe es nur »sein Evangelium«, hätten wir Jesus nicht einmal als blasse Kontur: wir würden keine Gleichnisse kennen, keine Bergpredigt, kein Vaterunser, kein Wissen über sein Leben und Verhalten. Was allein übrig bliebe, wäre ein Christusmythos – und eben dieser bestimmt die heutige Glaubenskrise.

Was Jesus interessierte, war eine Lebensordnung, die er als »Herrschaft Gottes« verstand: keine jenseitige Welt, sondern eine Lebensweise in der Welt der Menschen. Er schrieb in den Alltag dessen göttliche Bestimmung ein. Dies machte er konkret durch eine provokante offene Tischgemeinschaft, die Symbol und Realisation seiner Lehre war. In Gleichnissen und im eigenem Verhalten deutete er seine Mahlgemeinschaften, die in bunter

16 Jürgen Werbick, Glaubenlernen aus Erfahrung. Grundbegriffe einer Didaktik des Glaubens. Kösel, München 1989, 50 f.

Reihe Männer und Frauen, Arme und Reiche, Sklaven und Freie, Pharisäer zwischen Zöllnern und Dirnen versammelten. Doch war dies sein Programm: ein Muster nicht-diskriminierender Gesellschaft. Irritierend und provokativ für alle, welche die eigene Identität nur in den Augen von ihresgleichen finden; eine Zumutung, von allen Unterschieden des Standes und Ranges abzusehen, um selbst mit ordinären Menschen »gemein« zu werden. »Der radikale Egalitarismus des Gottesreichs, von dem Jesus sprach, ist erschreckender als alles, was wir uns vorgestellt haben, und selbst, wenn wir es nie annehmen können, sollten wir doch nie versuchen, es wegzuerklären und als etwas anderes, als es ist, auszugeben.«[17]

Seit Beginn der kritischen Forschung sind die Unterschiede zwischen dem historischen Jesus und dem verkündigten Christus immer deutlicher geworden, und wer die Resultate genau anschaut, wird nicht verkennen, dass »die hohe Christologie«, die den auferstandenen, in den Himmel aufgefahrenen und dereinst wiederkehrenden Christus in mythischen Bildern beschreibt, die eigentliche Lehre beherrscht und dabei die besagte Lücke im Glaubensbekenntnis, die sich ins Kirchenjahr, ins Gebetsleben und in das theologische System hinein fortsetzt, nicht einmal bemerkt. Bis heute wird das Reich-Gottes-Evangelium Jesu von dem inhaltlich ganz anders geprägten Evangelium des Paulus zugedeckt. Von den rund 620 Seiten der Bultmannschen »Theologie des Neuen Testaments« sind nur 34 Seiten Jesus und seiner Lehre gewidmet, alles übrige ist paulinische Theologie.

Was stellt Paulus dem Evangelium Jesu an die Seite? Das Wort Evangelium erfährt eine vollständige Bedeutungsverschiebung. An die Stelle der Reich-Gottes-Botschaft Jesu tritt die Verkündigung des Gekreuzigten und Auferstandenen: »Von jetzt an wollen wir keinen mehr dem Fleisch nach kennen. Wenn wir je den Messias dem Fleisch nach gekannt haben – jetzt kennen wir ihn nicht mehr so« (2 Kor 5,16; vgl. 1 Kor 2,2). Paulus erklärt »die Auferstehung Jesu« zum grundlegenden Ereignis, das seine gesamte Theologie trägt: Durch Jesus Christus, den Gekreuzigten und Auferweckten, kommt alles Heil, verstanden als Teilhabe am ewigen Leben, das den Menschen durch den Sühnetod Jesu erschlossen wurde. Das aber ist ein ganz anderer Inhalt, als ihn Jesus vertrat. Dessen Botschaft setzen am klarsten jene Schriften fort, die im palästinischen Bereich entstanden sind: die Spruchquelle Q und das Thomasevangelium. Diese Evangelien

17 John Dominic Crossan, Jesus. Ein revolutionäres Leben. C.H. Beck, München 1996, 103.

26

tradieren die Reich-Gottes-Verkündigung Jesu, in der es keines Sühnetodes bedarf, um die Menschen mit Gott zu versöhnen.

Paulus spricht folgerichtig auch von »*meinem* Evangelium« (Röm 2,16; 16,25; 2 Kor 4,3; 1 Thess 1,5; 2 Thess 2,14), in dem das zentrale Programm Jesu nicht mehr vorkommt. Zugleich gewinnt der Begriff Evangelium einen neuen Grundton. Es gilt Paulus als »Gotteskraft« zum Heil für jeden, der es gläubig annimmt und fordert nun »Glaubensgehorsam« (Röm 1,5; 16,26). Der (möglicherweise auch von einem Paulus-Schüler geschriebene) Zweite Thessalonicherbrief macht in der Konsequenz von der Annahme oder Ablehnung dieser Botschaft das Schicksal der Menschen beim Gericht abhängig: »Dann übt er Vergeltung an denen, die Gott nicht kennen und dem Evangelium Jesu, unseres Herrn, nicht gehorchen. Fern vom Angesicht des Herrn und von seiner Macht und Herrlichkeit müssen sie sein, mit ewigem Verderben werden sie bestraft, wenn er an jenem Tage kommt, um inmitten seiner Heiligen gefeiert und im Kreis aller derer bewundert zu werden, die den Glauben angenommen haben« (1,8-10). War Jesu Evangelium noch uneingeschränkte Freudenbotschaft, so kommt nun ein drohender Unterton auf, der später immer stärker anschwillt.

Wer aber »Glaubensgehorsam« fordert, setzt zugleich auf Kontrolle. Paulus konnte noch wünschen, einen fehlenden Mitbruder »im Geist der Sanftmut wieder auf den rechten Weg zu bringen« (Gal 6,1), und zugleich sagen: »Wer ein anderes Evangelium verkündigt, als wir euch verkündigt haben, der sei verflucht, auch wenn wir selbst es wären oder ein Engel vom Himmel. Was ich gesagt habe, das sage ich noch einmal: Wer euch ein anderes Evangelium verkündigt, als ihr angenommen habt, der sei verflucht« (Gal 1,8 f.). Und schon an den Rändern der apostolischen Zeit melden sich Parolen, einen ketzerischen Menschen, einerlei, ob er ethische oder doktrinäre Probleme stellt, zu meiden, ihn nicht einmal zu grüßen oder ihn aus der Gemeinde auszustoßen.

Das Evangelium Jesu bietet für solche Lehrstreitigkeiten keinen Ansatz. Es ist im eigentlichen Sinne auch keine Lehre sondern ein Lebensmodus, der nicht argumentativ bewiesen werden muss, weil er seine Überzeugungskraft aus sich selbst besitzt.

Nachdem aber Paulus diese Lebensweise gegen eine theologische Lehre eingetauscht hatte – die er mit einer Vision begründete und als göttliche Offenbarung verstand (Gal 1,12) – nimmt das Interpretieren Räsonnieren, Verpflichten und Verketzern kein Ende. »Aus dieser starken Fixierung auf die Doktrin ist die Leidenschaftlichkeit zu verstehen, mit der die dogmatischen Streitigkeiten seit dem 2. Jahrhundert geführt wurden. Die vernichtende Polemik, die unerhört scharfen Aggressionen

27

die Verweigerung von Einigung und Versöhnung, die rücksichtslosen Mittel im Umgang mit dem ›Gegner‹ zeigen, wie einseitig nun das Wesen des Christentums im Dogma gesehen wurde, zu dessen Gunsten andere christliche Postulate missachtet wurden. Infolge von Parteilichkeit, Fanatismus und auch Machtinteressen waren diese Konflikte kompliziert und aussichtslos. Die antike Gesellschaft hatte wegen ihres sehr anderen, undogmatischen Religionsverständnisses solche Glaubensstreitigkeiten vorher nicht gekannt. Erst das Christentum hat sie durch sein zentrales Interesse an der Glaubensformel verursacht.« (Norbert Brox)[18] ➤

Nachdem die Konstantinische Wende der Kirche seit 312 Reichsgeltung verschaffte, konnte das Dogma sogar politisch durchgesetzt, seine Bestreitung mit Repression verfolgt werden. Dienten schließlich die scholastischen Schulstreitigkeiten noch einer differenzierten Begriffsbildung, folgten später wüste und mörderische Verfolgungen von Paulicianern, Bogomilen, Katharern, Waldensern, Wiclifiten, Hussiten, Begarden, Beginen, radikalen Franziskanern ... Sie alle suchten eine Alternative zum gewaltsam behaupteten Glauben, wobei die Verschränkung theologischer Probleme mit politischen, wirtschaftlichen und sozialen Verhältnissen nie fehlte. Die anfänglich meist noch dialogische Alternative wurde bald immer mehr in den Untergrund gedrängt und entwickelte sich dort zu dynamischen Gegenkirchen, denen die Hierarchie nur mit äußerster Anstrengung und um den Preis massenhaft geopferter Menschenleben widerstehen konnte. Um die weitgehend brüchige und oft auch nur fiktive Einheit zu bewahren, sind selbst Genocide – wie jener an den Albigensern – nicht unterblieben.

Da der Glaube nun als einheitliches Lehrsystem gesehen wird, kann jede individuelle Abweichung als Regelverstoß gedeutet werden. Die Maßnahmen der Inquisition waren darauf gerichtet, Geständnisse zu gewinnen, und dazu galt jedes Mittel, die Folter inbegriffen, als angemessen. Eine Verteidigung gab es nicht – sowenig Anklage und Verteidigung bis heute getrennt gehandhabt werden.

Der Inquisition eröffnete sich, nachdem die letzten Scheiterhaufen verglüht waren, ein neues Feld, das sich zum eigentlichen Arbeitsbereich des »Heiligen Officiums«, der jetzigen Glaubenskongregation, entfaltete: die Überprüfung theologischer Lehre, was die Zulassung oder Aussperrung von Theologen auf akademischen Lehrstühlen einbezieht. »Verdächtigungen, keine vollständige Akteneinsicht, keine Möglichkeit, unterschiedli-

---

18 Norbert Brox, Kirchengeschichte des Altertums. Patmos, Düsseldorf 1983, 138.

che Auffassungen im Gespräch mit Fachleuten zu klären und damit keine zureichende Verteidigungsmöglichkeit, Heimlichkeit des Verfahrens … gehören damals wie heute dazu«.[19] Eine sachliche Begründung von Beanstandungen gibt es nicht.

Eine solche Institutionalisierung des Glaubens ist eine Konsequenz des Wechsels vom Evangelium Jesu zum Evangelium des Paulus. Es ist der Wechsel von der (nicht bestreitbaren) Wahrheit eines gelebten Lebens zur (stets bestreitbaren) Wahrheit eines theologischen Lehrsystems. Nachdem diese Lehre mit Glaubensgehorsam verbunden, als Dogma festgeschrieben und im Einvernehmen mit staatlichen Instanzen kirchlichen Aufsichtsbehörden unterstellt wurde, konnten so horrende Fehlentwicklungen, wie sie die Geschichte kennt, nicht ausbleiben: Bespitzelung, Denunziation, Verhör, Enteignung, Folter, Verurteilung, Hinrichtung. Alles einer »Wahrheit« wegen, die Jesus von Nazaret mit seinem Reich-Gottes-Programm zeitlebens fremd war.

»Die Wahrheit, die uns laut Jesus befreien wird«, betont der italienische Philosoph Gianni Vattimo, »ist weder die objektive Wahrheit der Wissenschaft noch die der Theologie … Die einzige uns durch die Heilige Schrift offenbarte Wahrheit, die im Laufe der Zeit keinerlei Mythisierung erfahren kann – da es sich nicht um eine experimentelle, logische, metaphysische Aussage, sondern um einen praktischen Appell handelt –, ist die Wahrheit der Liebe.«[20]

Wenn die Christenheit in all ihren Konfessionen und Schattierungen die Wahrheit stets mit »Aussagen«, mit Lehre und Bekenntnisformel verbunden hat, hat sie zugleich in ihrer gesamten Geschichte belegt, dass eine solche »Wahrheit« nicht frei macht, sondern immer und immer wieder nur dazu verführt, sie zu behaupten, sie durchzusetzen, sie mit Autorität, Macht und Geltungsstreben zu sichern. Dieses Christentum des *Codex Iuris Canonici*, dessen Recht nicht einmal die Persönlichkeitsrechte respektiert, wie sie vor weltlichen Gerichten gelten, dieses Christentum der Lehrverurteilungen, der Inquisition, der Schnüffelei und Denunziation, der Schreib- und Redeverbote, des Misstrauens, der Kontrolle und Absicherungen durch Eide …, dieses Christentum ist zu *keiner* Zeit das Salz der Erde, die Stadt auf dem Berge, das Licht der Welt gewesen.

19 Werner Böckenförde, Aus der Geschichte der römischen Kongregation für die Glaubenslehre, in: Leo Waltermann. Rom, Platz des Heiligen Offiziums Nr. 11. Styria, Graz/Wien/Köln 1970, 184.
20 Gianni Vattimo, Jenseits des Christentums, Gibt es eine Welt ohne Gott? Hanser, München 2004, 30.

4. Zweierlei Evangelium?

Halten wir fest: Die Wahrheit des Evangeliums Jesu ist etwas anderes als die Wahrheit einer Glaubenslehre. Zur Glaubenslehre wurde der jesuanische Ansatz durch die Christologie des Paulus, der nur noch den Gekreuzigten verkünden wollte, »der für unsere Sünden gestorben ist« (1 Kor 15,3). Während Jesus zeigte, wie im Alltag des Lebens der Wille Gottes getan werden kann, also Menschen miteinander leben können, interpretierte Paulus den *Tod* Jesu und nahm für diese Interpretation seine Damaskus-Vision[21] als Beglaubigung in Anspruch: »Das Evangelium, das ich euch verkündigt habe …, habe ich ja nicht von einem Menschen übernommen oder gelernt, sondern durch die Offenbarung Jesu Christi empfangen« (Gal 1,12). Dabei deutete er den Kreuzestod Jesu als Sühnopfer und griff damit auf eine vergangene Menschenopferpraxis zurück. Religionsgeschichtlich war das Menschenopfer längst überholt und durch Tieropfer ersetzt, die Deutung des Todes Jesu als ein von Gott gewolltes Sühnopfer ideell ein geschichtlicher Rückschritt. Sogar vom Tieropfer hatten sich die Propheten Israels schon gedanklich distanziert. Ihnen war soziale Gerechtigkeit wichtiger als jede Tierdarbringung (Am 4,4; 5,22.24; Hos 8,13; Jes 1,11-15). Zwar lehnte ihre Kritik nicht den Kult als solchen ab, wertete ihn aber gegenüber sozialer Gerechtigkeit grundsätzlich anders.

Vor allem jedoch belastet und verzerrt der Sühnopfergedanke das Gottesbild und steht hier in einem unversöhnlichen Gegensatz zum Denken Jesu. Seine Paradigmen sind der verlorene Sohn oder der Zöllner im Tempel. »Im Gleichnis erwartet der Vater den heimgekehrten Sohn mit offenen Armen. Die Voraussetzung der Versöhnung war die Einsicht des Sohnes, war sein Wille, heimzukehren – keinerlei Sühne-

---

21 Dass die paulinische Theologie sich – nach Auskunft des Paulus – auf eine Vision gründet, ist unter Einbeziehung dessen, was eine Vision ihrer Natur nach ist, in der Theologie nie angemessen untersucht worden. Wenn man hier etwa Karl Rahners Traktat »Visionen und Prophezeiungen« (Quaestiones disputatae 4, Freiburg 1958) einbezieht und weiterhin die Psychologie seit C. G. Jung, ist dies ein problematisches Fundament, das sich nicht dadurch stabilisieren lässt, indem man es als »Offenbarung« beansprucht. Vgl. hierzu auch Hubertus Halbfas, Der Glaube, erschlossen und kommentiert. Patmos, Ostfildern 2010, 444 ff. und ders., Glaubensverlust, Warum das Christentum sich neu erfinden muss. Patmos, Ostfildern 2011, 48. f.

leistung war notwendig.«[22] Der zur Steinigung überantworteten Ehebrecherin spricht er Gottes Verzeihung zu. Dieser durch Jesu Lebenspraxis vermittelte Gott hat nichts mit »Opfertod« und Satisfaktion zu tun und weiß deshalb auch nichts von stellvertretender Sühne. Im Gleichnis vom Pharisäer und Zöllner genügt die Bitte: »Gott sei mir Sünder gnädig«, um angenommen zu sein. Kein Beichtstuhl, keine Absolution, keine Gnadenvermittlung durch Sakrament und Kirche, nichts was eine Priesterschaft exklusiv zu vermitteln hätte.

Jesus und Paulus vertreten verschiedene Evangelien. Es ist falsch und führt zu einem unklaren Denken, unter dem Wort Evangelium beide Programme zusammenzufassen. Das Neue Testament versammelt hier einander ausschließende Theologien. Da Paulus kein Zeuge des Evangeliums Jesu war, kann es auch nicht verwundern, dass das, was er »mein Evangelium« nennt, »seine vollkommen eigene Schöpfung war« (Burton L. Mack). Der Erfolg seiner Heidenmission, der sich die Kirche letztlich verdankt, als auch der Untergang des palästinischen Judenchristentums nach dem Jahr 70 führte dazu, dass das Reich-Gottes-Evangelium Jesu von dem inhaltlich ganz anders geprägten Evangelium des Paulus überdeckt wurde.

Diese Problematik besteht bis heute. Sie steckt bereits im Einleitungssatz von Bultmanns »Theologie des Neuen Testaments«: »Die Verkündigung Jesu gehört zu den Voraussetzungen der Theologie des Neues Testaments und ist nicht ein Teil dieser selbst.« Demnach wäre es folgerichtig, die Reich-Gottes-Programmatik Jesu für die Kirche als nicht-konstitutiv anzusehen. Sind aber zur Begründung des christlichen Eigenprofils wirklich der erlösende Sühnetod Christi und die Kirche als vermittelnde Heilsanstalt in Anspruch zu nehmen, dann bleibt auf der Strecke, »was für den geschichtlichen Jesus das Entscheidende war: Die provokative Botschaft vom Anbruch der Gottesherrschaft als Herrschaft der Güte.«[23]

Erst in jüngerer Zeit ist das paulinische Evangelium vom erlösenden Sühnetod einer Fundamentalkritik unterzogen worden. Zwar ging hier bereits Adolf von Harnack[24] mit einer epochemachenden Vorlesung im Jahr 1900 voran, doch konnte danach die Dialektische Theologie unter der Dominanz von Karl Barth und Rudolf Bultmann die Auswirkungen

22 Herbert Vorgrimler, Gott. Vater, Sohn und Heiliger Geist. Aschendorff, Münster 2003, 89.

23 Paul Hoffmann, Jesus von Nazaret und die Kirche. Spurensicherung im Neuen Testament. Katholisches Bibelwerk, Stuttgart 2009, 90.

24 Adolf von Harnack, Das Wesen des Christentums. Leipzig 1900; Gütersloher Verlagshaus, Gütersloh 1985.

der liberalen protestantische Theologie für lange Zeit zurückdrängen, wenn auch nicht widerlegen. Mit vermehrtem Gewicht aber haben inzwischen Matthias Kroeger[25] und Klaus-Peter Jörns[26] das paulinische Verständnis der Hinrichtung Jesu als Sühnopfer in die kirchliche Auseinandersetzung zurückgebracht.

Im Blick auf die eingangs erörterte aktuelle Glaubensproblematik lässt sich zunächst feststellen, dass der im Glaubensbekenntnis übergangene historische Jesus mit seinem Reich-Gottes-Programm allen Einwänden und Zweifeln entgeht, denen sich der restliche christliche Glaubensbestand ausgesetzt sieht. Jesus vertrat keine Lehre, sondern einen Lebensmodus, der seine Evidenz in sich selber hat. Davon sich zu distanzieren haben nicht einmal Menschen fremder Religionen Anlass, wie das Beispiel Gandhi verdeutlicht. Selbst mit Atheisten ist eine Verständigung über Jesus – und die Gültigkeit seines Programms – möglich, wenn sie seine Liebe zu den Menschen teilen. Die nicht zu übersehende Glaubenskrise, welche heute alle konfessionellen Lager der westlichen Christenheit durchzieht, hat ihre Ursache weder in der Person Jesu noch in seiner Lehre, sondern in seiner Mythisierung. Soweit Konsequenzen aus der bisher erkannten Situation für den Religionsunterricht zu ziehen sind, ist der historische Jesus neu zu entdecken. Das aber heißt, Glauben nicht mit dem Fürwahrhalten eines Dogmenbestandes zu verwechseln, sondern *sich für eine Lebensform zu entscheiden*, wie sie Jesus in seiner Praxis der offenen Tischgemeinschaften paradigmatisch gelebt hat.

5. Fides qua und fides quae

Vor geraumer Zeit hat Jürgen Werbick beschrieben, wie »Glaubenlernen aus Erfahrung« möglich sein soll. Dabei hat er Glauben als einen Lebensvollzug verstanden, wohl wissend, dass Lernprozesse diese Haltung nicht einfach herstellen können, allenfalls anregen und fördern: »Der ›Glaubens-Schüler‹ soll lernen, in der Nachfolge Jesu, im Vertrauen darauf, dass Gott seinen Willen durchsetzen und die Herrschaft der Liebe unter den Menschen aufrichten wird, das eigene Leben und die konkrete jeweilige

---

25 Matthias Kroeger, Im religiösen Umbruch der Welt: Der fällige Ruck in den Köpfen der Kirche. Kohlhammer, Stuttgart 2004, 140–176.
26 Klaus-Peter Jörns, Notwendige Abschiede. Auf dem Weg zu einem glaubwürdigen Christentum. Gütersloher Verlagshaus, Gütersloh 2004, 286–341.

Lebenssituation als den Ort zu entdecken, an dem Gottes Wille geschieht und geschehen soll.«[27] In ihrer Terminologie nennt die theologische Tradition diese Haltung die *fides qua creditur* (»Glauben im Lebensvollzug«). Damit ist die existentielle Ausrichtung gemeint, die das Leben eines Menschen bestimmt, die Entscheidung für eine Lebensform. Natürlich hat dieser Glaube auch eine bestimmte Inhaltlichkeit, die dem Weg der Nachfolge das dazu gehörende Orientierungswissen gibt. Diesen »Glaubens*inhalt*« nennt die Theologie die *fides quae creditur* (»der Glaube, der geglaubt wird«). Nach dem bisher Gesagten würde dies die Kenntnis und Annahme des Evangeliums Jesu sein.

Nun hat die kirchliche Tradition in ihren zentralen Bekenntnisformeln den historischen Jesus und seine Reich-Gottes-Botschaft ausgeklammert. Das nach seinem Tod entfaltete Lehrsystem hat ihn auf dem Hintergrund hellenistischer Vorstellungen gedeutet. In diesen Interpretationen – es sind allemale *Interpretationen!* – erscheint er in Auferstehungsvisionen, wird er nach ägyptischem Vorbild »zur Rechten Gottes sitzend« gedacht und ist er nun »Herr des Weltalls und der Geschichte« (Eph 4,10). Diese mythischen Deutungen bewahren ihre Gültigkeit, wenn sie auch als mythisch verstanden werden. Ansonsten ist ihre Gültigkeit abgelaufen. Werden sie aber, wie in der Sprache des »Weltkatechismus«[28] oder des »Youcat«[29], eins zu eins verstanden, registriert die Demoskopie deren Nichtverständnis als Glaubensausfall.

Trotz dieser abgerissenen Tradition will Jürgen Werbick an der »verbindlichen Norm des ›vollständigen Glaubens‹« festhalten, weil »im Glaubensbekenntnis der Kirche die ›organische Ganzheit‹ des Glaubens ihren normativen Ausdruck« finde, selbst wenn der Religionsunterricht »an jenen ›Ort‹ erst hinführen (müsse), von woher sich die traditionellen Artikulationen der *fides quae* als … gültige Orientierung des Glaubenswegs erschließen, da sie sich ganz offensichtlich nicht mehr ›von selbst verstehen‹«.[30] Jenen »Ort«, zu dem die Schüler hinzuführen seien, beschreibt Werbick als »Grunderfahrungen, in denen sich die Inhalte

27   Jürgen Werbick, Glaubenlernen aus Erfahrung. Grundbegriffe einer Didaktik des Glaubens. Kösel, München 1989, 56.
28   Katechismus der Katholischen Kirche. (1992) Neuübersetzung aufgrund der Editio typica Latina. Oldenbourg, München 2003.
29   Youcat. Jugendkatechismus der katholischen Kirche. Mit einem Vorwort von Papst Benedikt XVI. Pattloch, München o.J. (2011).
30   Jürgen Werbick, Glaubenlernen aus Erfahrung (s. Anm. 27), 61.

des Glaubens als erlösende Wahrheit erweisen, in denen – vorsichtiger formuliert – die Wahrheit des Glaubens als heilsame Alternative zu den herrschenden Plausibilitäten einleuchten kann.« Was aber diese Grunderfahrungen sind, in denen sich die Wahrheit des Glaubens als heilsame Alternative zu herrschenden Plausibilitäten erweisen soll, lässt er ungeklärt. Werbick meint, dass das Glaubensbekenntnis und dessen Ausführung in der dogmatischen Glaubenslehre, »die Lernenden mehr oder weniger urteilsfähig macht, sie selbst Verantwortung übernehmen lässt für die Unterscheidung des Christlichen«. Doch noch im gleichen Satz verweist er die Lernenden »aber auch an die Urteilskompetenz der Kirche und des kirchlichen Lehramts, dem es in letzter Instanz zukommt, die ›Logik des Glaubens‹ in konkreten, den Glauben substantiell bedrohenden Konfliktsituationen geltend zu machen«[31].

Diese Verweisung an das Lehramt ist für einen nach allen Seiten aufrichtigen Religionsunterricht nicht möglich, ohne dieses Lehramt auch mit seinen elementaren Verstößen gegen die Menschenrechte[32] und die belegten Ergebnisse der historischen Wissenschaften kritisch einzubeziehen. Als »Heiliges Officium« hat die heutige Glaubenskongregation – mal alles beiseite gelassen, was zur Geschichte der Inquisition gehört – über Generationen die historisch-kritische Exegese unterbunden und die forschenden Exegeten der Häresie bezichtigt. Sie ignoriert bis zum Tag in ihren Katechismen (Weltkatechismus, Kompendium und Youcat) die zu Korrekturen verpflichtenden Resultate der Forschung. Solches Verhalten Schülern gegenüber zu verschweigen, um sie nicht zusätzlich der Kirche zu entfremden, mag Theologen naheliegen, die durch eben dieses Lehramt geprägt wurden. Doch sollte man zwei Aspekte nicht übersehen: Erstens mit welchem Eigenanteil die vatikanische Glaubensbehörde an der Glaubenskrise beteiligt ist. Mit seinen Katechismen seit 1992 hat das Lehramt den Glauben erst recht aus dem Lebenshorizont junger Menschen gerückt. Es kann nur tragisch genannt werden, dass die vatikanische Personalpolitik inzwischen eine binnenkirchliche Gruppenmentalität vor allem im höheren Klerus geschaffen hat, die nicht mehr zu erkennen gibt, dass sie wahrnimmt, wie die Welt außerhalb tickt. Zweitens mit welchen Methoden das Lehramt meint, den Glauben sichern zu müssen. Alleine unter Joseph Ratzinger wurden durch Schweigegebote und Schreibverbote, auch durch Exkommunikationen und sonstige Repressionen nach ei-

---

31 Ebd., 64.
32 Heribert Franz Köck, Menschenrechte als Korrektiv des kirchlichen Rechts, in: imprimatur 5 (44) 2011, 194–200.

ner von Beobachtern vorgenommenen Zählung über hundert Theologen »kaltgestellt«. Mit solchen immer noch praktizierten Methoden wird der Glaube nicht geschützt, sondern in sich unglaubwürdig.

Die Glaubensartikel, die der Katechismus der Katholischen Kirche unter Papst Johannes Paul II. und der Federführung von Kardinal Ratzinger der katholischen Christenheit 1992 neu vorgelegt hat, sollen »auf die Autorität Gottes hin« für wahr gehalten werden, sofern der Katholik »in der Gemeinschaft der Gläubigen seinem ewigen Heil entgegengehen will«. Dieser »Weltkatechismus« gliedert den Glaubensbestand in 2865 Nummern. Als zentral wird das »Mysterium der heiligsten Dreifaltigkeit« beschrieben, »in dem wir weder die Personen vermischen noch die Substanz trennen: Eine andere nämlich ist die Person des Vaters, eine andere die [Person] des Sohnes, eine andere die [Person] des Heiligen Geistes; aber Vater, Sohn und Heiliger Geist besitzen eine Gottheit, gleiche Herrlichkeit, gleich ewige Erhabenheit« (266; vgl. Youcat, 35 ff.) Ein nicht so zentraler sondern erst »im Laufe der Jahrhunderte« der Kirche zugewachsener Glaubenssatz besagt, »dass die seligste Jungfrau Maria im ersten Augenblick ihrer Empfängnis durch die einzigartige Gnade und Bevorzugung des allmächtigen Gottes im Hinblick auf die Verdienste Christi Jesu, des Erlösers des Menschengeschlechtes, von jeglichem Makel der Urschuld unversehrt bewahrt wurde« (491; Youcat, 83). Selbst Festlegungen des kirchlichen Gesetzbuches CIC sollen »geglaubt« werden: »Die heilige Weihe empfängt gültig nur ein getaufter Mann [vir] (CIC can. 1024). Jesus, der Herr, hat Männer [viri] gewählt, um das Kollegium der zwölf Apostel zu bilden … Darum ist es nicht möglich, Frauen zu weihen.« Nur das Erwägen der letzteren Möglichkeit enthob sogar den australischen Bischof William Morris seines Amtes, weil ihn die Sorge um vakante Pfarreien dazu trieb, die römische Behörde aber den geforderten Glaubensgehorsam nicht befolgt sah.

Die kirchliche Tradition kennt eine Hierarchie der »Wahrheiten«. Desungeachtet stellt sie dem katholischen Christen das gesamte Glaubensgebäude als »verbindliche Norm« vor. Zwar haben zu keiner Zeit die Menschen dieses Lehrsystem im Ganzen überschaut, es auch kaum bestritten, weil ihre eigenen Fragestellungen andere waren. So konnten sie stets »bekennen«, alles zu glauben, was die Kirche zu glauben lehrt, weil diese »für wahr« gehaltenen Inhalte dem eigenen Denken nicht von Belang waren. Ob Maria ohne den »Makel der Erbsünde« empfangen wurde … hat die Existenz eines normalen Christen nicht berührt. Also wird er solche Aussagen allenfalls im Vertrauen auf die Verlässlichkeit einer anderen Instanz für wahr gehalten haben. Tausend beliebige Sachen können so »für wahr« gehalten werden, das heißt auf sich beruhen bleiben, ohne dass sie je berühren.

Anders ist es mit der Person Jesu. An ihm haben sich zeit seines Lebens die Menschen gerieben. Seine Lebenspraxis betrieb eine Umwertung der gängigen Einteilung in Oben und Unten, Erste und Letzte. Die Goldene Regel, zumal in ihrer positiven Fassung, regte dazu an, sich in die Lage des anderen zu versetzen. Seine Beispielerzählung vom barmherzigen Samariter überschritt die gängigen sozialen Abgrenzungen, wie sie in allen antiken Kulturen herrschten ... Sich auf diesen Jesus und sein Programm einzulassen, schließt die Neuausrichtung des eigenen Lebens mit ein. Mit einem Fürwahrhalteglauben ist da nichts getan. Hier geht es um einen die Existenz bestimmenden Lebensglauben.

Die Epoche des Fürwahrhalteglaubens begann mit dem Übergang von einer praktizierten Lebensweise zu einer Lehre, die Glaubensgehorsam verlangt. Das mit dieser Lehre verbundene Auslegen – ein grundsätzlich offenes Geschehen – tendiert zu Pluralismus, wie bereits die divergierenden Theologien im Neuen Testament zeigen. In den folgenden Jahrhunderten schwoll die Vielfalt der Lehrmeinungen immer weiter an und führte zu endlosen Diffamierungen und Kämpfen. Seitdem unter Kaiser Konstantin die Kirche einen eigenen Machtapparat entwickeln konnte, unterlag jede Abweichung der großkirchlichen Kontrolle und Verfolgung. In der Breite des Kirchenvolks, zumal in der Volksfrömmigkeit, ist dieses Fürwahrhalten in der Vergangenheit kaum problematisiert worden. Doch je mehr die dogmatischen Inhalte bedacht und mit dem Wissen der Gegenwart in Beziehung gesetzt werden, umso intensiver wecken sie Zweifel und Einwand. Wenn in der Kirche vom »Verdunsten des Glaubens« gesprochen wird, sollte man sehen, dass dies primär den Fürwahrhalteglauben betrifft.

Ganz anders steht es um die *fides qua*, den existentiellen Glauben. Sofern der verlorene Anfang wiedergewonnen wird, kann der historische Jesus von Nazaret in das Zentrum des christlichen Bewusstseins zurückkehren. Den sich auf ihn richtenden Glauben hat – wer hätte das gedacht – schon Friedrich Nietzsche beschrieben: »Dieser ›frohe Botschafter‹ starb wie er lebte, wie er lehrte – nicht um die Menschen zu erlösen, sondern um zu zeigen, wie man zu leben hat« (A 35). Nietzsche erfasste sehr genau, dass Jesus nicht einen Glauben, sondern eine Lebensweise einforderte. Und dementsprechend galt für ihn: »Es ist falsch bis zum Unsinn, wenn man in einem ›Glauben‹, etwa im Glauben an die Erlösung durch Christus, das Abzeichen des Christen sieht: bloß die christliche *Praktik*, ein Leben so wie der, der am Kreuze starb, es *lebte*, ist christlich ...« (A 39).

36

II. Die Entwicklung des religiösen Bewusstseins

Nun wird es, um die Zeichen der Zeit zu verstehen, nicht genügen, die geistesgeschichtliche Entwicklung seit der Aufklärung zu überblicken, wie dies voranstehend unternommen wurde. Hinzu kommen muss die Frage, in welchem Bewusstseinsstrom das rationale Denken seinerseits zu sehen ist. Folgen wir dem Kulturanthropologen Jean Gebser (1905–1973), so hat der Mensch in seiner Bewusstwerdung mehrere Stadien durchschritten: vom archaischen Anfang über das magische Bewusstsein zum mythischen und schließlich zum rationalen Bewusstsein, dessen Krisis die heutige Situation der Menschheit kennzeichne.

1. Das magische Bewusstsein

Übergehen wir den in den Urgründen der Menschwerdung zurückliegenden archaischen Ursprung, so begegnen wir in frühgeschichtlicher Zeit, auf der Stufe der Jäger und Sammler, dem aufkommenden magischen Bewusstsein. Einen Niederschlag dieser Mentalität dokumentieren die Höhlen der großen Jäger, deren Bilder vornehmlich einen bannenden, magischen Charakter haben. Ihre Zeit datiert zwischen 35 000 und 10 000 Jahren. Doch ob es sich in der Altsteinzeit um die Verwandtschaft mit dem Tier oder im Jungpaläolithikum um weibliche Statuetten handelt, ein Gottesbegriff ist mit diesen Zeugnissen noch nicht zu verbinden. Bevor das menschliche Denken zu der Abstraktion »Gott« fähig wurde, war es auf eine Sinngebung bezogen, die sich mit den Kräften des Lebens und der Deutung des Todes befasste.

In den Höhlenmalereien des Paläolithikums ist die Aufmerksamkeit des Menschen völlig auf das Erfassen der Jagdtiere und ihrer charakteristischen Bewegungen gerichtet. Gegenüber den genial gezeichneten tierischen Gattungsmerkmalen erscheint das Bild des Menschen nur selten und dann unbeholfen, wie kindliche Strichfiguren. Der Mensch ist noch kein Thema – und erst recht kein menschengestaltiger Gott. Die Natur war belebt von archaischen Geistern, die alles beseelten. Als sich im Neolithikum Clans und Stammesgesellschaften auflösten, die Kulturwelt des Menschen größer und komplexer wurde und dann, wie in Ägypten, eine frühe Staatenbildung erfolgte, überrascht es nicht, dass die tiergestaltigen Numina anthropomorphen Vorstellungen wichen, aber die alten Tierköpfe behielten.

Für heutige Menschen sind die Bilderhöhlen der vorgeschichtlichen Menschheit früheste Orte geistiger Sammlung, die sich mit den Wünschen und Ängsten jener Menschen verbinden. Sie bewahren bis zum Tag eine unverkennbare sakrale Wirkung, obwohl dieses Erbe aus 40 000 Jahren dem Bewusstsein der Menschen fast unbekannt blieb. Weil die Bilder dieser verborgenen Höhlen nur eingeschränkt zugänglich sind, haben sie unsere Kultur und zumal unser religiöses Selbstverständnis kaum erreicht. In ihnen spiegelt sich die Seelenwelt einer dem Ursprung nahen Zeit wider, eine Geschichte ihrer Glaubens- und Denkweisen, deren Erforschung erst in den Anfängen steckt, die aber Aufschluss über unser eigenes religiöses Erbe gibt, wie es unterschwellig noch existiert.

Das magische Bewusstsein der Menschen bestimmte die *Vorzeit*. Vorzeit meint die prähistorische, also vorgeschichtliche Zeit. Der in diesem Zusammenhang sehr passende Ausdruck weist darauf hin, dass das magische Denken *vor* der Zeit, genauer: vor dem heutigen Zeitbewusstsein liegt.

Erst im Neolithikum erfolgte bei zunehmender Sesshaftigkeit eine Differenzierung in regional sich verzweigende Kulturen. Gebunden an die Natur, aus der der Mensch hervorgegangen ist, kommt als neue Dimension die Geschichte hinzu. Natur und Geschichte sind seitdem die beiden Horizonte, die für die Selbstinterpretation des Menschen zur Verfügung stehen. Von da an wird das Numinose schrittweise menschengestaltig begriffen.

2. Das mythische Bewusstsein

Das Wort »Gott« ist erst der Gewinn einer vom mythischen Bewusstsein geprägten Kultur, in der sich der Mensch über das Vorhandene hinaus auf ein transzendentes Mehr zu verstehen sucht.

Den Zeitraum, in welchem der Sprung aus der magischen in die mythische Struktur geschah, können wir in etwa eingrenzen. Er verbindet sich mit dem Überschritt zur Sesshaftigkeit der Menschen, als sie lernten, die Erde zu bebauen und von ihren Früchten zu leben. Wo immer in der

Spätzeit der magischen Struktur sich Jahreszeiten-Riten entwickeln, astronomisches Interesse und erste Kalenderformen – wie in den mesopotamischen Kulturen oder später bei Azteken und Inkas – wird der Weg zum mythischen Denken beschritten und damit eine Bewegung zu weiterer Bewusstwerdung. Diese Entwicklung führt zu einer Bewusstwerdung der Seele, also der Innenwelt des Menschen.

In einem gewissen Sinne sind Mythen die Kollektivträume der Völker. Solange diese Träume nur erinnert, aber noch nicht in dichterischer Form dargestellt werden, gehören sie der unbewussten Sphäre zu und noch kein Indiz für erfolgte Bewusstwerdung; sie begründen lediglich deren Möglichkeit. Erst wenn mit Mythen eine gewisse Kraft der Formulierung und Gestaltung einhergeht, erschließt sich das darin erwachende Bewusstsein die Seele.

Mit dem Neolithikum, also der jüngeren Steinzeit, begann eine neue geschichtliche Phase in der Entwicklung der Menschheit. In der Altsteinzeit ungezählter Jahrtausende lebten die Menschen von der Jagd, von Früchten und Wurzeln. Sie konnten nur in kleinen Sippen existieren, weil für größere Gemeinschaften die Nahrungsbasis fehlte. Die Buschleute Südafrikas und die australischen Aborigines haben noch im letzten Jahrhundert Einsicht in diese anspruchslose Lebensform geboten.

Der Anstoß, das Land zu bebauen, um größere Vorräte für Notzeiten anzulegen, ist wahrscheinlich aus den fruchtbaren Flusslandschaften Mesopotamiens, Indiens und Anatoliens gekommen, doch haben die ersten Ernten nicht gleich das nomadische Leben beendet. Der Prozess, der aus Jägern und Sammlern sesshafte Bauern machte, überspannt vier bis fünf Jahrtausende, genug Zeit, um bisherige Ordnungen an die langsam sich wandelnden Lebensbedingungen anzupassen.

Das sesshafte Leben entwickelte eigene Bedingungen. Es zeigte sich abhängig von den Vegetationsperioden und dem Wetter. Man gewann eine veränderte Beziehung zum Himmel und zumal zur Sonne. Für Bauern ist der Wechsel der Jahreszeiten mit ihren unterschiedlichen Bedingungen lebenswichtig. Wird zu früh gesät, kommt es zu Schäden; geschieht es zu spät, können Hitze und Trockenheit jede Ernte verhindern. So begann man, Himmel und Erde genauer zu beobachten, denn der Himmel mit Sonne und Regen und die Erde mit ihren Erträgen entschieden von jetzt an über Leben und Tod.

Die neue Lebensform erlaubte den Menschen auch, enger zusammenzurücken. Es entstanden erste territoriale Abgrenzungen. Zugleich wandelten sich die religiösen Vorstellungen und Rituale. Die Höhlen und ihre Kulte verloren ihre Bedeutung. Die neuen Kulte verknüpften sich mit dem jahreszeitlichen Rhythmus der Vegetation. Die Heiligtümer, die jetzt entstanden, waren nicht mehr naturgegebene Räume wie die unterirdisch versteckten Höhlen, sondern geplante und selbst errichtete Bauten inmitten der eigenen Lebenswelt: Steinsetzungen von imponierender Monumentalität.

Das früheste Zeugnis dieses Umbruchs sind ersten Sakralbauten der Menschheit in Anatolien auf der Kuppe des Göbekli Tepe (»Nabelberg«) vor mehr als elftausend Jahren entstanden. Nach der jüngsten archäologischen Forschung ist heute klar, dass es sich hier um einen steinzeitlichen Ort »mit monumentaler, megalithischer Architektur handelt, der bisher ohne Vergleiche bleibt und der die architektonische Wucht des südenglischen Stonehenge um mehr als sechstausend Jahre vorwegnimmt«.[33] Hier, am Oberlauf des Euphrat, finden sich auch die ersten Zeugnisse betriebener Landwirtschaft. In dieser Region wurden die Fundamente des neolithischen Lebensstils gelegt, der dann nach Jahrtausenden in die frühen Stadtkulturen und schließlich in die Großreiche Mesopotamiens überleitete.

Die offen unter dem Himmel liegenden Steinsetzungen waren heilige Stätten. Obwohl wir nicht wissen, welche Kulte sich damit verbanden, ist immer noch erkennbar, dass sie die Ordnung des Himmels ablesbar machten, und alleine diese Funktion dürfte für das Vegetationsjahr der Bauern sakrale Bedeutung gehabt haben. Himmel und Erde gewinnen im Neolithikum eine starke religiöse Gewichtung, wie die Megalithstätten in aller Welt vor Augen führen.

Um 4000 vor Christus war in den fruchtbaren Gebieten der Welt das soziale Leben so weit entwickelt, dass ein weiterer Schritt nach vorne möglich wurde. Man begann zunächst in Mesopotamien und Ägypten, später auch in Indien, in China und auf Kreta Städte zu bauen, die dann zu ersten Staatsgebilden führten. Damit entwickelten sich aus Gottheiten in Tiergestalt oder Fruchtbarkeitsidolen menschengestaltige Götter und bald auch übergreifende, auf einem Thron sitzende göttliche Herrscher. Diesen schrieb man zu, nicht nur den Stadtstaat gegründet und ihn seiner Ordnung unterstellt zu haben, sondern zugleich auch den Kosmos, wobei zu bedenken ist, dass der Stadtstaat selbst sich als kosmologisches Modell für eine beherrschte und geordnete Welt versteht. Dieser Gott ist ein Städter. Sein Bild unterscheidet ihn kaum vom königlichen Herrscher. Er repräsentiert dessen Gewalt und zugleich deren

33 Klaus Schmidt, Göbekli Tepe, in: Vor 12.000 Jahren in Anatolien. Die ältesten Monumente der Menschheit. Hg. vom Badischen Landesmuseum Karlsruhe. Theiss, Stuttgart 2007, 74 .

Begrenzung, denn die Gottheiten der frühen Stadtstaaten sind auf Stadt und Land bezogen. Erst mit dem Jahwe Israels stellt sich eine personal verstandene Gottesbeziehung ein.

Im Prozess des sich differenzierenden Lebens lernten die Menschen ihre mythische Tradition auch literarisch zu gestalten. Damit begann das historische Zeitalter, eine Zeit wachsender Unabhängigkeit von der Natur und darum auch eine Zeit der Befreiung und des Stolzes.

Das städtische Leben veränderte mit der Zeit auch die mythische Tradition. Die Götter rückten in größere Ferne. Die enge Verbindung, die einmal zwischen Himmel und Erde geherrscht hatte, lockerte sich, die alten Mythen erfuhren Um- und Neudeutungen. Letztlich führte das zu Irritationen über die Gültigkeit der bisherigen Tradition, die in vielen Inhalten die neuen Verhältnisse nicht mehr zu deuten vermochten. Das dadurch entstehende geistige Vakuum und die spirituelle Leere weckte beim geistig wachen Teil der Bevölkerung wachsendes Unbehagen, das schließlich zu dem nächsten großen Umbruch führte.

3. Das mentale Bewusstsein: Die Achsenzeit

Im letzten Jahrtausend vor Christus hatte dieses Unbehagen unter den sensiblen und geistig am meisten aufgeschlossenen Menschen so weit zugenommen, dass es zu neuen Klärungen drängte. Das mythische Zeitalter befriedigte mit seinen Sinnangeboten nicht länger die Welt- und Glaubensvorstellungen der Menschen. Der Philosoph Karl Jaspers bezeichnete das nun anbrechende Zeitalter als »Achsenzeit«, weil sich hier eine Wende vollzog, die er als den bis dahin tiefsten Einschnitt der menschlichen Geschichte ansah. »Es entstand der Mensch, mit dem wir bis heute leben.«

Aus den frühen Stammestraditionen hatten sich im kulturellen Differenzierungsprozess Volksreligionen entwickelt, in die man weder eintritt noch austritt. Als Assyrer, Ägypter, Grieche, Römer, Germane, Kelte … teilte man die Glaubensanschauungen, Mythen und Rituale der jeweiligen kollektiven Tradition. Zwischen dem 8. und 2. Jahrhundert vor Christus aber vollzog sich eine geistige Mutation, aus welcher der eigenständig fragende und eine individuelle Antwort für sich beanspruchende Mensch hervorging. Das initiierte die Entstehung der heutigen Universalreligionen.

In diesem Zeitraum traten in Persien Zarathustra, in Indien Gautama-Buddha, in China Konfutse, in Israel die Propheten, in Hellas die ersten Philosophen als Reformatoren der Volksreligion auf. Damals wurden »die Grundkategorien hervorgebracht, in denen wir bis heute denken, und es wurden die Ansätze der Weltreligionen geschaffen, aus denen die Menschen bis heute leben. In jedem Sinne wurde der Schritt ins Universale getan ...

Das mythische Zeitalter war in seiner Ruhe und Selbstverständlichkeit zu Ende. Die griechischen, indischen, chinesischen Philosophien und Buddha waren in ihren entscheidenden Einsichten, die Propheten in ihrem Gottesgedanken unmythisch. Es begann der Kampf gegen den Mythos von Seiten der Rationalität und der rational geklärten Erfahrung (der Logos gegen den Mythos), – weiter der Kampf um die Transzendenz des Einen Gottes gegen die Dämonen, die es nicht gibt, – und der Kampf gegen die unwahren Göttergestalten aus ethischer Empörung gegen sie. Die Gottheit wurde gesteigert durch Ethisierung der Religion. Der Mythos aber wurde zum Material einer Sprache, die in ihm ganz anderes kundgab als ursprünglich in ihm lag, ihn zum Gleichnis machte. Mythen wurden umgeformt, aus neuer Tiefe erfasst in diesem Übergang, der auf neue Weise mythenschöpferisch war im Augenblick, als der Mythos im Ganzen zerstört wurde. Die alte mythische Welt sank langsam ab, blieb aber der Hintergrund des Ganzen durch den faktischen Glauben der Volksmassen (und konnte in der Folge in weiteren Gebieten wieder zum Siege gelangen).«[34]

Dass diese Entwicklung nicht in der Menschheit insgesamt, sondern nur in begrenzten Geschichtsräumen und Kreisen stattfand, ist kein Einwand gegen die davon ausgehende allgemeine Bewusstseinsveränderung. Eine neue Bewusstseinsebene wird nicht gleichzeitig von der ganzen Menschheit erreicht. Dieser Prozess kann große Zeitspannen in Anspruch nehmen, denn geistige Veränderungen setzen sich in der Breite eines Kulturraumes nur in langen Zeiträumen durch, ganz zu schweigen von Veränderungen für die Menschheit insgesamt.

Soweit mythische Traditionen heute weiterwirken, werden sie kritisch auf ihren Gehalt hin befragt und vor allem auf ihr Ethos hin ausgelegt, das heißt, der Mythos begegnet nur noch gebrochen. Eine im Ansatz rationale Weltbetrachtung löst ihn ab. Damit beginnt das rationale Denken, das seitdem die Geschichte bestimmt, in unserer Zeit jedoch in die Krise gerät.

---

34 Karl Jaspers, Vom Ursprung und Ziel der Geschichte (1949). Fischer TB, Frankfurt a.M. 1955, 15.

4. Die Religionen in der Religion

Die neuen Universalreligionen erwiesen sich im Fortgang der Zeiten hinreichend flexibel, die mythische Vergangenheit mit der stärker rational denkenden Gegenwart zu versöhnen. Das logische Denken war fortan unverzichtbar auf den Gebieten der Naturwissenschaften, der Mathematik und der Medizin. Wenn es aber um Sinnfragen ging, konnten auch die neuen Religionen nicht darauf verzichten, in den Formen des Mythos die menschliche Existenz zu deuten. Unverkennbar ist allerdings, dass der Einfluss des mentalen Denkens in der westlichen Welt stets ausgeprägter war als in der östlichen. Insbesondere hat sich das mentale Bewusstsein im Christentum entfalten können, zumal es in einer Zeit entstand, in welcher sich das begriffliche Denken in der hellenistischen Welt etabliert hatte. Die christliche Theologie der ersten Jahrhunderte hätte sich ohne die damalige philosophisch bestimmte Gedankenwelt nicht ausbilden können.

Dennoch wäre das Christentum wohl nie eine große Religion geworden, hätte es sich damit begnügt, die Person Jesu ausschließlich historisch zu sehen. Paulus, der die junge Jesusbewegung erst in den Gang der Weltgeschichte einfädelte, hat sich, wie wir gesehen haben, für den geschichtlichen Jesus überhaupt nicht interessiert. Er verkündete ihn »als Sohn Gottes in Macht seit der Auferstehung von den Toten« (Röm 1,4). Erst die mit dieser Sicht verbundene Mythisierung machte Jesus zum Christus und damit zu einer spirituellen Realität im Leben seiner Anhänger.

Im Fortgang der Geschichte blieb es dem Christentum – vor allem in der Begegnung mit jungen Völkern – nicht erspart, die offizielle Lehre mit den jeweiligen Volksreligionen zu verbinden. Manchmal wurden nur die Kultadressen ausgetauscht, während unter veränderten Namen die alte Verehrung fortdauert. Schon Friedrich Theodor Vischer (1807-1887) merkte ironisch an: »Wer war wohl einst die heilige Rosalia? Geborene Minerva, Diana, Juno?« Und in Heinrich Federers Roman »Jungfer Therese« (1913) hält die wackere Schweizer Pfarrhaushälterin, als sie nach Pisa kommt, die antiken Statuen allesamt für christliche Heilige und bekreuzigt sich vor ihnen. Im süditalienischen Mezzogiorno konnte sich bis in die dreißiger Jahre des 20. Jahrhunderts ein »Nebeneinander von zwei vollkommen verschiedenen Kulturen« behaupten, indem sich in Stadt und Land »nicht mehr christliche und vorchristliche Kultur gegenüberstanden«.

Auch in den übrigen Universalreligionen ist ein Unterstrom alten Volksglaubens erhalten geblieben und hat in manchen Regionen sogar das eigentliche Feld behauptet. Doch die primitive Religion im Sockelbereich der heutigen Weltreligionen unterliegt in neuerer Zeit einem tiefgreifenden Wandel. Was an alter Bauernfrömmigkeit noch begegnet, scheint am Hauptstrom der Glaubenslebendigkeit vorbeizufließen und wird fast nur noch als Folklore gepflegt. Einheimische wie Touristen feiern diese Traditionen selbstgenießerisch als das Erbe einer vermeintlich heilen Welt zur eigenen farbigen Daseinssteigerung.

Die Mischung unterschiedlicher Bewusstseinsstadien der Religionsgeschichte in einer Universalreligion kann man als Synkretismus bezeichnen. Innerhalb des Christentums wird Synkretismus überwiegend negativ verstanden; dies ist nur möglich, wenn man wesentliche Bereiche der eigenen Geschichte verdrängt. Das Christentum hat ja Wurzeln im Judentum und darüber hinaus auch in den Religionen Mesopotamiens und Ägyptens. Das griechisch-römische Umfeld steuerte neue Elemente bei. Die keltisch-germanische Welt mischte kräftige Unterströmungen ein. Von den Universalreligionen im Allgemeinen und vom Christentum im Besonderen darf man darum mit unterschiedlicher Gewichtung sagen, dass sie Weltgeltung erlangten, *weil* sie synkretistisch waren, das heißt fähig, Elemente aus früheren und benachbarten Religionen in sich aufzunehmen.

Sicherlich dominieren in diesen geschichtlichen Abläufen die dogmatischen Formeln der Hochreligion. Aber bis zum Tag verbinden sich unter der Oberfläche mit ihnen ältere Traditionen. Zum Beispiel kann in Lateinamerika die Madonna auch in Riten der vorchristlichen Pachamama verehrt werden, oder man füllt, etwa in Afrika, christliche Rahmen mit Heilungsriten, Tieropfern, Ekstasepraktiken und Exorzismen aus der Praxis voraufgegangener Religionen.

So bestimmt das Christentum auch gegenwärtig die Gleichzeitigkeit höchst ungleichzeitiger Bewusstseins- und Religionsstufen. In Europa jedenfalls bereitet sich – spätestens seit der Aufklärung – eine neue Transformation vor, die von der mentalen zu einer nächsten Bewusstseinsstufe zu führen scheint.

5. Das integrale Bewusstsein

Bereits seit Mitte des letzten Jahrhunderts mehren sich Erfahrungen, dass die Zeit des mentalen Bewusstseins ausläuft und ein neuer Bewusstseinsschritt bevorsteht. Romano Guardini sprach zunächst nur vom »Ende der Neuzeit« (1950). Doch sah Jean Gebser bereits zu dieser

Zeit das mentale Bewusstsein an einer entscheidenden Grenze. Auf ihn zurückgehend beschrieb dreißig Jahre später der Jesuit Hugo Enomiya-Lassalle das neue Denken:

Das Neue, wodurch es über das Mentale hinausgeht, lässt sich als »vierte Dimension« bezeichnen. Wir sagen »hinausgeht«, weil die vierte Dimension die vorausgehenden Dimensionen nicht einfach ausschließt. Vielmehr bleiben diese bestehen, das magische, mythische und mentale Element der früheren Stufe bleibt also wirksam. Doch dominieren diese Elemente der früheren Stufen nicht mehr, sondern haben das rechte Verhältnis zueinander gefunden. Denn alle diese Dimensionen gehören zum Menschen und müssen, falls sie ganz oder teilweise in Verfall geraten sind, von neuem belebt und integriert werden …

Nun ist zu fragen, ob sich schon Anzeichen für ein neues Bewusstsein zeigen. Ansätze gibt es zweifellos in der jüngeren Generation. Wenn es auch immer schon Unterschiede im Denken der älteren und jüngeren Generation gab, so ist dieser doch heute viel größer und wesentlicher als in früheren Zeiten. Das gilt ganz besonders für das religiöse Gebiet. So meinen heute viele Menschen, die christlich erzogen wurden, mit dem besten Willen nicht mehr an das glauben zu können, was man sie in der Kindheit gelehrt hat. Dennoch erwacht in ihnen ein Verlangen nach etwas, was sie nicht benennen können und ihnen doch wichtiger erscheint als alles andere.[35]

Mit dem Überschritt in die neue Dimension des Bewusstseins vollzieht sich also eine Unterordnung aller voraufgegangenen Bewusstseinsdominanten. Damit verändert sich auch der Umgang mit dem magischen und mythischen Erbe. Zwar wurde unter den Bedingungen des rationalen religiösen Denkens der Mythos im Blick auf *nichtchristliche* Religionen als Mythos benannt, doch soweit mythische Inhalte den *christlichen* Glaubens bestimmen, bleibt diese Kennzeichnung bis heute verpönt. Von einem »Christusmythos« zu sprechen, ist Psychologen wie C. G. Jung oder Erich Fromm vorbehalten, aber ein Theologe, der so redet, macht sich des Systemverrats verdächtig. Dennoch wird der Überschritt ins integrale Bewusstsein eine Theologie reifen lassen, die sich mit den Mythemen der eigenen Tradition befassen kann, und dabei den ins Dogma überführten Mythos auch als Mythos benennt. Die einseitige Abwertung, die unter rationaler Dominanz den Inhalten früherer Bewusstseinsstufen zuteil wurde, weicht einer Wertung, die dem Mythos wie dem Dogma neue Zugänge erschließt. Das darin erreichbare Niveau lässt sich vielleicht als Metaebene des mythischen als auch dogmatischen Bewusstseins

35 Hugo M. Enomiya-Lassalle, Verändert die Praxis des Zen das religiöse Bewusstsein? in: Knut Walf (Hg.), Stille Fluchten. Zur Veränderung des religiösen Bewusstseins. Kösel, München, 1983, 19; 22.

beschreiben, auf der metaphorische wie symbolische Sprache ebenso intuitiv wie reflexiv verstanden wird.

Zunächst führt die Entwicklung zu einem umfassenden Paradigmenwechsel, der in seinen formalen Abläufen und Konsequenzen überschaut werden sollte, um Verständnis für die bevorstehende »Unordnung« einer sich wandelnden Glaubenswelt zu gewinnen.

6. Paradigmenwechsel

Paradigma nennt die Wissenschaftsgeschichte die Summe jener Überzeugungen, Werte und Lebensformen, die alle Mitglieder einer gegebenen Gesellschaft miteinander teilen. Kommt ein derartiges Verständigungsmodell ins Rutschen und kann nicht mehr überzeugen, führt dies zu Sinnkrisen und innergesellschaftlichen Konflikten. Auslösend für solche Umbrüche mögen epochemachende Entdeckungen oder gesellschaftliche Verschiebungen auf unterschiedlichen Gebieten und Ebenen sein. Als Kopernikus nachwies, dass nicht die Sonne sich um die Erde, sondern die Erde sich um die Sonne dreht, führte das zu einem Paradigmenaustausch, der nicht allein das mittelalterliche Weltbild aufhob, sondern auch die Grundlagen erschütterte, auf denen sich bis dahin das biblische und kirchliche Lehrgebäude verstand.

Der Wechsel zu einem neuen Paradigma ist kein einfacher Vorgang, dem alle davon Betroffenen zustimmen, vielmehr verwickeln sich progressive und regressive Kräfte in- und gegeneinander, weil es dabei um einen Austausch des Deutungsgefüges geht, in dem Übereinstimmung und Kontinuität einer Gesellschaft begründet sind. Dabei verändern sich Denkansätze und Denkstil, auch Mentalitäten, die Lebensgefühl und Lebensform prägen und die soziale Orientierung, gesellschaftliche Verhaltensmuster und ethische Maßstäbe neu einfärben. Was ehedem höchsten Rang einnahm, kann peripher werden, was bislang wenig beachtet wurde, kann ins Zentrum der Aufmerksamkeit rücken.

Menschen, die im Horizont eines bestimmten Traditionsrahmens ihr Selbstverständnis gewonnen haben, können durch die Irritationen des neu heraufkommenden Paradigmas ihre Orientierung – wenigstens zeitweilig – verlieren und in tiefgreifende Identitätskrisen geraten. Bei einem religiösen Paradigmenwechsel sind Glaubenszweifel und Erfahrungen von Sinnverlust mit solchen Übergangszeiten zwangsläufig verbunden. Wenn schon Albert Einstein seinen eigenen Überschritt in ein neues physikalisches Weltbild kommentierte: »Es war, wie wenn einem der Boden unter den Füßen weggezogen worden wäre, ohne dass sich irgendwo fester Grund zeigte, auf den man hätte bauen können«, so gilt dies für einen Wechsel von einem religiös-weltanschaulichen Paradigma zu einem anderen umso nachdrücklicher.

Weil in der Annahme oder Abweisung eines neuen Paradigmas stets lebensgeschichtliche Faktoren beteiligt sind, ist es verständlich, dass religiöse Paradigmenwechsel nicht nur wissenschaftlich entschieden werden. Je mehr ein neu heraufziehendes Paradigma Umdenken und die Bereitschaft zu neuen Wegen verlangt, desto heftiger werden sich Gegenwehr und Ablehnung einstellen unter dem Anspruch, der überlieferten Wahrheit in größerer Treue verpflichtet zu bleiben. Demgegenüber erscheinen die Verfechter des neuen Paradigmas als die leichtfertigen Zerstörer der tragenden Sicherheiten, wenngleich es nicht darum geht, die bisherige Tradition – und zumal die Quellen dieser Tradition – auszutauschen, sondern sie unter veränderten Verstehensbedingungen neu zur Sprache zu bringen. Damit wird auch die bestimmende Intention deutlich: die Tradition nicht sterben zu lassen, sie nicht zu mumifizieren, sondern sie neu zu sehen, um sie auf diese Weise für eine gewandelte Zeit weiterführen zu können.

7. Resümee

Der eingangs als Traditionsabbruch beschriebene Vorgang kann nunmehr auch in den Ablauf der menschlichen Bewusstseinsentwicklung eingeordnet werden. Der Übergang vom mythischen zum mentalen Bewusstsein – Achsenzeit genannt – löste die bis dahin allein existierenden Volksreligionen durch die bis heute dominanten Universalreligionen ab.

Doch vollzieht sich ein solcher Bewusstseinssprung nicht gleichzeitig in allen Kulturen. Bis ins 20. Jahrhundert gab es immer noch versteckte Nischen, in denen Naturvölkerstämme auf Steinzeitniveau lebten. Auch endete mit der Überwindung des magischen Bewusstseins nicht das magische Denken. Der neue Bewusstseinsschritt orientiert zunächst nur die führende Schicht einer Kultur. Als während des Babylonischen Exils ein unbekannter Denker, Deuterojesaja genannt, den Durchbruch zum Monotheismus fand und die Bildungsschicht Jerusalems in den folgenden Generationen ihre Redaktionsarbeit an »Tora und Propheten« ganz darauf abstellte, endete damit die Verehrung der alten Göttinnen und Götter noch lange nicht. Eine neue erreichte Bewusstseinsstufe hängt die voraufgegangene nicht einfach ab; die frühere Bewusstseinsstufe bleibt weiterhin wirksam, wird aber der aktuell herrschenden untergeordnet, so dass ein Kontinuum entsteht unter der Dominanz der jüngsten Bewusstseinsebene.

a. Auf der tiefsten Sockelschicht der Volksfrömmigkeit spielt magisches Denken bis heute eine Rolle. In Lebensbedingungen, die vielgestaltigen Naturereignissen unterworfen sind, sucht der Mensch nach Ritualen zur Bewältigung der kosmischen Mächte: Wetter, Gewitter und Stürme, Jagderfolg, Fruchtbarkeit und Ernte, Krankheiten und Seuchen ... alles muss gebannt werden. Numinose Mächte – im katholischen Christentum die Heiligen – werden zuständig für Vieh, Früchte und Felder; sie bieten Schutzwehr gegen Feuer und Blitz, Heilkraft bei Schmerz und Leid und sind stärker als Dämonen und Teufel. Erst mit Blitzableiter, Kunstdünger und Schutzimpfung ... verliert der Heiligen- und Reliquienkult diese Funktion, aber die Nachwirkungen reichen bis in die Gegenwart. Immer noch wird Reliquien eine gottgegebene Wirkkraft zugesprochen, die sich Menschen durch Berührung (Küssen) oder Anrufung des Heiligen aneignen. Das Wallfahrtswesen ist darin mit eingebunden.[36]

Magischem Denken entspricht es auch, besondere Kräfte mit »gesegneten« Dingen zu verbinden: Auf der Schwäbischen Alb wurden Buchenblätter, mit denen der Fronleichnamsaltar geschmückt war, an das Vieh verfüttert. Der im Jahr 2007 von Benedikt XVI. heiliggesprochene Franziskanermönch Antonio Galvao gab einem an Nierenstein Erkrankten einen zusammengeknüllten Papierstreifen mit einem Bittgebet an die »Muttergottes«. Nachdem der Kranke dieses Papierkügelchen geschluckt hatte, war er kurze Zeit darauf gesund. Seitdem verteilen die Nonnen vom Luz-Kloster in São Paulo das papierene Wunder an pilgernde Tausendschaften. In ähnlicher Weise wurden und werden an Wallfahrtsorten Devotionalien verkauft, die vor allem als Schutzmittel begehrt sind: Rosenkränze, Medaillen und Kreuze, Christophorus-Plaketten, Amulette, Gnadenbildchen ... Das begehrte Lourdes-Wasser gehört ebenfalls in diese Reihe.[37]

---

36 Vgl. zu diesem Komplex: Arnold Angenendt, Heilige und Reliquien. Die Geschichte ihres Kultes vom frühen Christentum bis zur Gegenwart. C. H. Beck, München ²1997.

37 Siehe dazu auch Hubertus Halbfas, Das Christentum. Patmos, Düsseldorf 2004, Ostfildern ³2010, 522 ff.

b. Mit dem mythischen Bewusstsein verbindet sich eine neue Kulturstufe: Aus Jägern und Sammlern werden sesshafte Bauern. Statt in kleinen Sippen ihren Lebensunterhalt zu sichern, erlauben Ackerbau und Viehzucht größere Siedlungen und bald arbeitsteilige Gesellschaften. Erst jetzt gewinnen das gesprochene Wort, der Gedanke und die mythisch-erzählende Deutung des Daseins zentrale Bedeutung.

Mythos wie Logos heißen im Griechischen »Wort«, wenngleich in unterschiedlicher Bedeutung. Mythos ist das erzählende Wort. Die mythische Haltung, in der die alten Völker lebten, verbindet sich mit einer niemals endenden Kette von Traumbildern, die den Menschen dieser Jahrtausende geprägt haben. Konstitutives Element des Mythischen ist das Visuelle, Figurative und Anschaubare. Die alte Mythentradition lebt im Bereich des Auges, des »gesehenen Wortes«. Die mythische Weltsicht erlaubt keine andere Fassung als eine erlebnishafte, erzählende, brauchtumsbestimmte Lebensform.

Auch die Zeiten, in denen die biblische Tradition wurzelt, sind mythisch geprägt: die Erzählungen von Weltschöpfung, Erschaffung des Menschen, Paradies und Sündenfall, ebenso die Sagenkränze um Abraham, Isaak und Jakob, um Exodus und Sinai. Nicht minder ist die nach dem Bild des Menschen geformte Gottesvorstellung mythisch. Die Vorgeschichte der Jahweverehrung lässt sich kaum fassen. Jedenfalls haben sich im Gang der Zeit »Israel« als ethnische Größe und »Jahwe« zusammengefunden. Julius Wellhausen formulierte bereits 1894: »Das Kriegslager, die Wiege der Nation, war auch das älteste Heiligtum. Da war Israel, und da war Jahwe.« Ein »Volk« ist Israel durch die Nötigung sozialer und politischer Verhältnisse geworden, was eine Vielfalt lokaler Gottheiten und Kulte bis zum Ende der Königszeit nicht ausschloss. Der Streit um Jahwe aber hat die Eigenheit der israelitischen Religionsgeschichte geprägt. Erst später gewann das Prophetentum bestimmenden Einfluss auf den Jahweglauben, zunächst aus einer randständigen Subkultur, doch mit Nachwirkungen von größtem Gewicht: das Gotteskonzept wurde universal – Jahwes Macht beschränkt sich nicht auf Israel, sondern herrscht auch über andere Völker – und gewinnt immer mehr eine ethische Stoßrichtung.

c. Mit seinem biblischen Monotheismus überschreitet Israel bereits die Grenze vom mythischen zum rationalen Denken. Während im vorexilischen Israel der Kult noch durch Architektur (Tempel), Ikonographie (Götterbilder und Kultgeräte) und Ritual (Opferpraxis auf den »Höhen« und in Jerusalem) kodiert ist, beschränkt sich die prophetische Botschaft fast ganz auf das Wort. »Dies bedeutet, dass alles, was der Prophet verkündet, auch explizit zum Bewusstsein und in den Raum des Denkens gebracht wird«, im Unterschied zu der Botschaft von Architektur, Ikonographie, Erzählung und Ritual, die auch unbewusst wirksam wird. Damit unterliegt die prophetische Botschaft einer Rationalität, die sich der sozialen Wirklichkeit entgegenstellt.[38] Mit den Schülern, die sich um die Propheten scharen und die für die Überlieferung der Prophetenworte verantwortlich werden, ergibt sich eine neue religiöse Orientierung, die jetzt durch ein persönliches Verhältnis zu Gott bestimmt wird. Insgesamt entwickelt sich der eigentliche Monotheismus erst während der Exilszeit im 6. Jahrhundert. Seitdem bleibt er für jene Kreise bestimmend, die für die nachfolgende Religionsgeschichte Israels ausschlaggebend sind, doch hat sich das monotheistische Konzept erst über Generationen und nicht ohne repressiven Nachdruck durchgesetzt.

Eine weitere rationale Bearbeitung fand der monotheistische Glaube im frühen Christentum mit den Denkmitteln und Begriffen der griechischen Philosophie, vor allem in der Ausbildung des christologischen und trinitarischen Dogmas. Nun denkt man in Kategorien wie »Natur«, »Wesen« und »Person« und ersetzt damit die mythische Bildwelt durch eine abstrakt-begriffliche Dogmatik, die heute für den Menschen ihre Verständlichkeit verloren hat. In dieser Sprachlosigkeit stecken seitdem alle Glaubensvermittler, auch wenn sie zu »verkünden« meinen.

Dennoch ist die christliche Zeit nicht einfach rational geprägt, sondern von einer Gemengelage aus Mythos und Ratio bestimmt, in der freilich der Mythos nicht als Mythos erkannt und angenommen wird. Das belegt der »Weltkatechismus« allein schon in seiner Christologie: Artikel 5: Jesus Christus ist »hinabgestiegen in das Reich des Todes, am dritten Tag auferstanden von den Toten«. Artikel 6: Jesus ist »aufgefahren in den Himmel, er sitzt zur Rechten Gottes, des allmächtigen Vaters«. Artikel 7: »Von dort wird er kommen, zu richten die Lebenden und die Toten.« Die Hauptbegriffe des Credos entstammen einer mythischen Tradition, die das Christentum mit älteren Religionen der Alten Welt, zumal mit Ägypten teilt. Doch werden hier diese mythischen Metaphern zu Begriffen eines dogmatischen Denkens, das sie ihrer ursprünglichen Gattung entrückt und in ein rational durchdachtes System eingegliedert. Die innere Widersprüchlichkeit eines solchen Glaubenssystems liegt darin, dass nun manche Mytheme, wie etwa der »Fall der Engel« oder die »Jungfrau-

---

38 Fritz Stolz, Einführung in den biblischen Monotheismus. WBG, Darmstadt 1996, 159.

engeburt« einer rationalisTischen Missdeutung unterliegen, welche die
mythische Symbolik verkennt und auf einer Faktenebene ansiedelt, die
alles verzerrt. Auf diesem Felde aufzuräumen, um die Glaubenstradition
wieder verständlich zu machen, hätten Theologie und Religionspädagogik allen Anlass. Aber wer will sich schon die Finger verbrennen?

d. Nun hat das rationale Denken seit der Neuzeit Wege genommen, die
aus dem sich selbst definierenden dogmatischen System herausführen.
Seit der Aufklärung ist die Spannung zwischen einer Glaubensgestalt, welche die mythischen Elemente ihrer eigenen Geschichte nicht als mythisch
wahrhaben will, und dem kritischen Denken immer weiter gewachsen.
Sie hat heute dazu geführt, sich mit dieser Glaubensgestalt nicht einmal
mehr kritisch auseinanderzusetzen, sondern sie einfach nicht mehr zu
beachten. Würde die Christenheit dagegen die Reife gewinnen, beispielsweise mit Paul Tillich zu sagen: »Die Sprache des Glaubens ist die Sprache
des Symbols ... ›Gott‹ ist Symbol für Gott ..., das grundlegende Symbol
für das, was uns unbedingt angeht. Gleichgültigkeit gegenüber dieser
dringlichsten Frage ist die einzig denkbare Form des Atheismus.«[39], dann
wäre von dieser Basis aus das religiöse Gespräch mit jedermann wieder
offen. Und könnte die Christenheit sagen, dass es auch im Verständnis
von Offenbarung nicht um Fakten geht, »die zwar in der Geschichte stehen, aber nicht aus der Geschichte stammen« (Ernst Troeltsch), sondern
»um die Vermittlung von symbolischen Inhalten, die den Menschen zu
sich selbst befreien« (Eugen Drewermann), dann würde jeder belanglose
Fürwahrhalteglauben überwunden, und die Theologie gewänne die Kraft,
die Menschen in ihrer Tiefe zu sich selbst zu bringen.
   Stattdessen sind sich Wissenschaft und Glaube fremd geworden. Das
rationale Urteil misstraut inzwischen allen Religionen der Welt. Dabei
verfehlt dieser Prozess des Prüfens, Beweisens, Behauptens, Untersu-
chens, des Erklärens und Deutens die ursprünglichen Inhalte umfassen-
deren Erlebens. Seitdem der Mythos in seiner Eigengestalt verkannt und
gegenüber dem rationalen Denken abgewertet wird, ist auch die Fähigkeit geschwunden, die Wahrheit der Träume und Mythen, der Sage, der
Legende auch des Märchens zu erfassen und diese in den Gestaltungen
von Kunst und Literatur wiederzuerkennen. »Wenn aber der Logos seines ergänzenden Horizonts nicht beraubt wird, als den wir den Mythos

39 Paul Tillich, Offenbarung und Glaube. Gesammelte Werke, Bd. VIII.
    Evangelisches Verlagswerk, Stuttgart 1970, 142.

sehen, eröffnet sich eine andere Bewusstseinsfassung des Lebens, – übrigens ohne die Arroganz, im Besitz alleiniger Wahrheit zu sein« (Werner Müller). Es geht also nicht darum, den Mythos aufzugeben, sondern ihn als *Mythos* in seiner spezifischen Gültigkeit zur Sprache zu bringen.

Diese Leistung darf von einem integralen Bewusstsein wieder erwartet werden; was das Christentum angeht freilich nur, wenn es die Bewusstseinsschritte mitvollzieht, die Mythos und Logos verbinden. »Wenn die Wissenschaft ihren engen Empirismus zugunsten eines weiten Empirismus aufgeben könnte (was sie letztlich doch schon tut), und wenn die Religion auf ihre falschen mythischen Behauptungen zugunsten einer echten spirituellen Erfahrung verzichten könnte (was ja auch alle ihre Gründer schon taten), dann sähen Wissenschaft und Religion mit einem Mal eher wie Zwillinge als wie jahrhundertelange Feinde aus ... Echte Wissenschaft und echte Religion sind also in Wirklichkeit Verbündete gegen das Falsche, das Dogmatische, das nicht Verifizierbare und nicht Falsifizierbare in ihren jeweiligen Sphären.«[40]

Um diesen Prozess zu realisieren, müssten beide Seiten ihr Selbstverständnis korrigieren: Die Wissenschaft über ihren empirischen Rahmen hinaus für geistige und kontemplative Erfahrungen offen bleiben, die im wissenschaftlichen System unzugänglich sind; die Religion sich auf das besinnen, was ihr wirkliches Proprium ist und das nur sie besitzt: die Kontemplation. Dann ist zu akzeptieren, dass es auch in den Naturwissenschaften um Einsichten geht, die den Glauben betreffen: ihn korrigieren, erweitern, in Frage stellen, verändern ... Dann haben auch Naturwissenschaftler und nicht nur Theologen Kompetenz, über Dinge zu sprechen, welche die Gottesvorstellungen betreffen. Was immer Naturwissenschaftler über Kosmos und Leben erkannt haben und noch erkennen werden, ihr Wissen vermag durchaus Glaubensvorstellungen zu korrigieren. Das Wahrheitsverständnis der Kirche hat kein Recht, sich davon abzukoppeln oder sich mit Metaphysik zu begnügen.

Wie aber gewinnen wir dieses integrale Bewusstsein? Gewiss nicht, wenn weiterhin Lehrende und Lernende der »Urteilskompetenz der Kirche und des kirchlichen Lehramts« unterstellt werden, »dem es in letzter Instanz zukommt, die ›Logik des Glaubens‹ in konkreten, den Glauben substantiell bedrohenden Konfliktsituationen geltend zu machen«. Eine solche Autorität wäre legitimiert, wenn ihre Urteile im Rahmen der jewei-

---

40 Ken Wilber, Naturwissenschaft und Religion. Die Versöhnung von Wissen und
    Weisheit. Krüger, Frankfurt a. M. 1998, 224 f.

ligen Sachstruktur argumentativ verfahren, wird aber abgehängt, wenn sie Resultate wissenschaftlicher Forschung bewusst ignoriert, die Spannung zwischen Dogma und historisch-kritischer Exegese in der eigenen Glaubensdarstellung ausblendet und Wahrhaftigkeit gegen »Glaubensgehorsam« tauscht.

III. Die überfällige Neuvermessung der Glaubensvermittlung

Wo steht in dieser Situation der Religionsunterricht? Wo stehen wir? Wir befinden uns im Übergang zwischen zwei Bewusstseinszuständen. Noch dominiert das rationale Denken, wird in seiner Ausschließlichkeit aber bereits als defizitär empfunden. Noch ist eine höhere Bewusstseinsebene nicht erreicht, hat aber mit dem Namen »integrales Bewusstsein« bereits einen Entwurf gefunden. Um ermessen zu können, worum es geht, ist ein Blick auf die letzte große Mutation vor zweieinhalbtausend Jahren angemessen.

In der Mitte des letzten Jahrtausends vor unserer Zeitrechnung genügte es den Sensiblen nicht mehr, in die Kollektivität ihrer angestammten Volksreligionen eingebunden zu sein und der beamteten Priesterschaft Folge leisten zu sollen. Sie begannen, individuell zu fragen: Wo komme ich her? Wozu bin ich da? Wo gehe ich hin? Was ist der Sinn meines Lebens? Und ob es nun Zarathustra war oder Buddha, Konfutse, Laotse, Jesaja oder Sokrates, sie initiierten einen Wandel, in dem der Mensch nach sich selbst zu fragen begann. Es handelte sich jeweils um eine Laienbewegung. Damit unterlag das mythische Zeitalter neuen, unmythischen Gedankengängen.

Man könnte versucht sein, den gegenwärtigen Traditionsabbruch als Parallele wahrzunehmen: Die in der Achsenzeit entstandenen Religionen geraten heute in die Krise, zuerst und am schärfsten das Christentum. Wenn »ungefähr neunzig Prozent aller Getauften am christlichen Leben, an der Feier von Leben, Leiden, Tod und Auferstehung Jesu Christi kaum mehr oder gar nicht mehr teilnehmen« (Johannes Röser); wenn das Lehramt der katholischen Kirche – vom Papst über die Kurialbehörden bis zu den Ortsbischöfen in den USA massiv an Autorität verlieren, sowohl in moralischen Weisungen wie in Glaubensfragen (National Catholic Reporter); wenn in Europa alle messbaren Werte der katholischen Kirche nach unten tendieren: sich im Jahr 2007 nur noch 40 Prozent der Franzosen, 39 Prozent der Belgier, 63 Prozent der Österreicher und 45 Prozent der Ungarn als katholisch bezeichnen mit weiter sinkender Tendenz; wenn auch die aufstrebenden Schwellenländer nachholen, was in Europa schon länger abläuft; wenn zugleich die römische Kirche in Stagnation verharrt und einen restaurativen Kurswechsel gegenüber dem Aufbruch des Zweiten Vatikanums betreibt; wenn Papst Benedikt Traditionalisten-Zirkeln großzügig entgegenkommt, etwa durch die Aufhebung der Exkommunikation der Lefebvre-Bischöfe, während er als Präfekt der Glaubenskongregation nicht genug tun konnte, die Befreiungstheologie durch Personalpolitik und Repression zu bekämpfen; wenn der Priesternachwuchs immer rückwärtsgewandter wird, die Seelsorge in den Pfarrgemeinden nicht mehr gesichert ist und gerade die engagierten Christen angesichts der fehlenden Bereitschaft oder auch zu schwacher Mannhaftigkeit ihrer Bischöfe, mit Rom in einen offenen Diskurs einzutreten, sich enttäuscht wie verbittert zurückziehen, weil sie die Hoffnung verlieren, dass es noch lohnt, in einer reformscheuen und – gemäß ihrem kodifizierten Kirchenrecht – auch reformunfähigen Kirche die Kräfte zu verschleißen, dann deuten alle Zeichen der Zeit daraufhin, dass die bisherige Klerikerkirche sich in den nächsten Jahrzehnten ein neues Volk suchen muss. ⬌

Kann in einer solchen Situation, die sich bis auf die Ebene heutiger Familien, Schülerinnen und Schüler auswirkt, noch ein konstruktiver Religionsunterricht stattfinden? Läuft nicht alle Mühe ins Leere, wenn die real existierende Kirche keine Statur aufbringt, sich überzeugend mit ihrer eigenen Zeit auseinanderzusetzen und nicht einmal die überlieferten Glaubensinhalte und Glaubenssprache kritisch zu reflektieren wagt? Wenn selbst in der Religionspädagogik nur die übliche Alltagsbetriebsamkeit herrscht, in der Publikationen und Bildungsprogramme im Unverfänglichen bleiben? Die zurückliegenden Jahrestagungen des Deutschen Katecheten Vereins (DKV), reihum alle zwei Jahre in Deutschland, Österreich, der Schweiz oder Südtirol stattfindend, haben über das Jenseits, die Wahrheit des Mythos, Virtualität und Transzendenz gehandelt, sie haben fortwährend vom Glauben gesprochen, wie er zu »lernen« sei, wie er »verbinde« und »ins Spiel gebracht« werden könne …, ohne dass sich damit jemals die Frage verband, inwieweit ebendieser »Glaube« Ursache seiner eigenen Nichtmehrvermittelbarkeit ist.

Auch die Arbeitsgemeinschaft der Katholischen Hochschullehrer für Religionspädagogik und Katechetik (AKRK) ergeht sich im Ungefähren. Zwar handeln ihre Kongressthemen mehr als früher von empirischer Forschung, deklinieren damit aber kaum mehr als den üblichen wissenschaftlichen Betrieb. Man diskutiert über religiöses Lernen, über eine »Religionspädagogik, die an der Zeit ist« oder gar über den »Religionsunterricht in einer Kirche im Lernprozess«, ohne zu sagen, ja überhaupt sagen zu können, was denn die Zeit geschlagen hat und ob oder was diese »Kirche im Lernprozess« heute darstellt.

Eine Publikation, ein Aufsatz oder Buch, worin über der Abkehr vom Glauben in Relation zur christlichen Glaubenslehre nachgegangen würde, ist mir jedenfalls bisher nicht begegnet. Was nutzen also alle Anstrengungen, über Korrelationsdidaktik und Kompetenzerwerb neue akademische Traktate zu schreiben, aber die zum Problem gewordenen Glaubensinhalte nicht anzugehen? Das seit Jahren bemühte Schlagwort vom »Glauben lernen« sollte kassiert werden, solange man nicht zu fragen wagt, *welcher* Glaube denn noch zu vermitteln ist und Relevanz für das Leben heutiger Menschen besitzt. Hansjürgen Verweyen hat als Fundamentaltheologe (und Ratzinger-Schüler) einen fulminanten Traktat über den gerade erschienenen »Weltkatechismus« als »Symptom einer kranken Kirche« geschrieben: »Da dachte ich: 's wird Frühling, ihr Christen allzu gleich, Zeit für einen gründlichen Hausputz«, und kam zu dem Schluss, »dass dieses Werk in wesentlichen Punkten mit den Lehren des Zweiten Vatikanischen Konzils nicht in Einklang zu bringen ist«. Er schloss, dass sich das Lehramt mit dieser nach päpstlicher Aussage »reifsten und vollendetsten Frucht der Konzilslehre«, die jedoch ihre heutigen Adressaten missachtet und verfehlt, »selbst in einen Widerspruch verwickelt, wie er in der Geschichte der Kirche kaum seinesgleichen findet«[41]. Bei diesem Hausputz waren Religionspädagogen nicht beteiligt. Bis zum Tag rühren sie »den Glauben« nicht an, unterstellen ihn als kirchenamtlich definiert und verdrängen, dass er gerade in dieser Gestalt seine Vermittelbarkeit eingebüßt hat.

Da an dieser Stelle nun nicht die christliche Tradition breit aufgearbeitet werden kann – das habe ich meinerseits versucht in der Trilogie »Die Bibel«, »Das Christentum« und »Der Glaube« – soll an drei exemplarischen Themen gezeigt werden, worüber in dieser Zeit miteinander zu sprechen wäre.

1. Das Ende des theistischen Gottesglaubens

Theismus (vom griechischen θεός, *theos*, »Gott«) ist der Glaube an einen intelligenten, persönlich wirkenden Schöpfergott, der die Welt erhält und lenkend in das Weltgeschehen eingreift. Nach dieser Vorstellung ist

---

41 Hansjürgen Verweyen, Der Weltkatechismus. Therapie oder Symptom einer kranken Kirche? Patmos, Düsseldorf 1993, 138.

Gott ein übermächtiges, vollkommenes und unendliches Wesen, das über allem west und außerweltlich zu denken ist. Die ihm zugeschriebenen Eigenschaften bilden den positiven Gegensatz zu den mangelhaften Fähigkeiten des Menschen: Ist der Mensch gegenüber vielen Gewalten ohnmächtig, unvollkommen und endlich, so wird Gott als allmächtig, vollkommen und ewig gedacht.

Die gängige Gotteslehre kann sagen:

Gott ist der unendlich vollkommene Geist, der Schöpfer des Himmels und der Erde, von dem alles Gute kommt. Wir nennen Gott einen Geist, weil er Verstand und freien Willen, aber keinen Leib hat ... Wir sagen: Gott ist ewig, weil er immer gewesen ist und immer sein wird. Wir sagen: Gott ist allgegenwärtig, weil er überall zugegen ist, im Himmel, auf Erden und an allen Orten. Wir sagen: Gott ist allwissend, weil er alles weiß; er weiß das Vergangene, das Gegenwärtige und das Zukünftige, sogar unsere geheimsten Gedanken. Wir sagen: Gott ist allmächtig, weil er alles kann, was er will. »Bei Gott ist kein Ding unmöglich« (Lk 1,37). Wir sagen: Gott ist heilig, weil er das Gute liebt und das Böse verabscheut. Wir sagen: Gott ist gerecht, weil er das Gute belohnt und das Böse bestraft; »er wird einem jeden vergelten nach seinen Werken« (Röm 2,6).

Wir sagen: Gott ist gütig, weil er gut ist gegen seine Geschöpfe und ihnen zahllose Wohltaten erweist. Wir sagen: Gott ist barmherzig, weil er jedem reumütigen Sünder gern verzeiht. Wir sagen: Gott ist wahrhaft, weil er immer die Wahrheit sagt; er kann nicht irren und nicht lügen. Wir sagen: Gott ist getreu, weil er hält, was er verspricht, und erfüllt, was er androht.[42]

In der Bibel finden sich theistische Gottesbeschreibungen, die diesen Gott sogar Dinge tun wie fordern lassen, die heute als unmoralisch gelten: Die Ägypter drangsaliert er mit einer Plage nach der anderen; lässt in jedem Haus die erstgeborenen Kinder töten, nur um seinem auserwählten Volk Freiheit zu schaffen. Er spaltet das Rote Meer, um die Hebräer zu retten, die Ägypter zu ertränken. Er verlangt, dass in eroberten Städten alles Leben getötet wird, Männer, Frauen, Kinder, jung wie alt. Er fordert, den eigenen Gatten, Sohn oder Tochter, Vater oder Mutter zu denunzieren, wenn sie anderen Göttern dienen wollen, sie ohne Erbarmen zu steinigen ... Und andere Gemeinheiten mehr ...

Das Gottesverständnis dieser Geschichten spiegelt die geschichtlich bedingten Anschauungen – aber auch Eigeninteressen – alter Zeiten. Es

---

42 Katholischer Katechismus für das Bistum Paderborn. Bonifatius Verlag, Paderborn 1925.

belegt den theistisch gedachten Gott als ein menschliches Produkt, das zu einer dualen Weltsicht führt. Der so gedachte Gott steht der Welt gegenüber; er bestimmt alles Geschehen von außen. Er wird als Erstverursacher *hinter* allem Bestehenden gesehen, aber nicht *in* allem Bestehendem.

Die Ansätze zur Überwindung des Theismus finden sich bei genauem Hinsehen bereits in der Hauptlinie der Bibel: Mit dem Verbot jeglichen Gottesbildes (Ex 20,4) in einem kulturellen Umfeld, in dem Götterbilder gewissermaßen die Religion definierten, wurde der erste große Schritt aus dem theistischen Milieu getan. Ein weiterer Schritt lag in der Definition des Menschen als Gleichnis Gottes (Gen 1,28), welche die Ehre Gottes mit der Achtung vor dem Menschen verknüpft. Und wenn dem Mose auf seine Bitte, Gott sehen zu dürfen, die Antwort zuteil wird, nur den »Rücken« Gottes, nie sein Antlitz sehen zu können – »denn nicht sieht mich der Mensch und lebt« (Ex 33, 20-23) – so sind dies Schneisen, die aus dem üblichen Theismus der Religionsgeschichte bereits hinausführen.

Das theologische Niveau *dieser* biblischen Linie hat die spätere christliche Glaubenspraxis nicht gehalten. Der »Herrgott«, wie ihn die Gebete und Andachten des Volkes beanspruchten, wurde in alle Nöte des Lebens einbezogen, und wenn er die Pest auch nicht hinderte, aus Löwengruben und Feueröfen nicht befreite, er nährte zumindest die Hoffnung, dass sich aus den krummen Zeilen dieses Lebens einmal ein gerader Sinn ergebe.

Unter den Theologen war es vor allem Paul Tillich, der aus dem Bann eines anthropomorph gedachten Gottes herausführte. In seinem Verständnis des Symbols als einziger Sprache des Glaubens erweitert Tillich das Symbolverständnis und erläutert als fundamentales Symbol für jede Religion das Wort »Gott«. Dieses Symbol hält er in jedem Glaubensakt für gegenwärtig, selbst wenn der Glaubensakt die Leugnung Gottes einschließt:

Wiederum würde es völlig falsch sein zu fragen: Also dann ist Gott nur ein Symbol? Denn die nächste Frage müsste dann lauten: Ein Symbol wofür? Und darauf wäre nur die Antwort möglich: Für Gott. »Gott« ist Symbol für Gott …

Hier wäre es sinnlos zu fragen, ob die eine oder andere der Gestalten, in denen sich das Unbedingte symbolisch darstellt, tatsächlich »existiert«. Wenn man unter »Existenz« etwas versteht, was irgendwo im Ganzen der Wirklichkeit auffindbar ist, dann existiert kein göttliches Wesen.[43]

---

43   Paul Tillich, Gesammelte Werke, Bd. VIII. Ev. Verlagswerk, Stuttgart 1970, 142 f.

Tillich sieht in der »sogenannten Frage« nach der Existenz Gottes eine »Redewendung, die eine unmögliche Kombination von Worten ist«. Da er die traditionelle Gottessymbolik, die sich mit »Höhe« und »Himmel« verband, aus ihrer räumlichen Dimension herausnahm und gegen eine nicht mehr räumlich verstandene »Tiefe« austauschte, gab er zugleich eine Projektion Gottes ins außerirdische Jenseits auf:

Der Name dieser unendlichen Tiefe und dieses unerschöpflichen Grundes aller Seins ist Gott. Jene Tiefe ist es, die mit dem Wort Gott gemeint ist. Und wenn das Wort für Euch nicht viel Bedeutung besitzt, so übersetzt es und sprecht von der Tiefe in Eurem Leben, vom Ursprung Eures Seins, von dem, was Euch unbedingt angeht, von dem, was Ihr ohne irgendeinen Vorbehalt ernst nehmt. Wenn Ihr das tut, werdet Ihr vielleicht einiges, was Ihr über Gott gelernt habt, vergessen müssen, vielleicht sogar das Wort selbst. Denn wenn Ihr erkannt habt, dass Gott Tiefe bedeutet, so wisst Ihr viel von ihm. Ihr könnt Euch dann nicht mehr Atheisten oder Ungläubige nennen, denn Ihr könnt nicht mehr denken oder sagen: das Leben hat keine Tiefe, das Leben ist seicht, das Sein selbst ist nur Oberfläche. Nur wenn Ihr das in voller Ernsthaftigkeit sagen könnt, wäret Ihr Atheisten, sonst seid Ihr es nicht. Wer um die Tiefe weiß, weiß auch um Gott.[44]

Einen anderen Anstoß, das theistische Gottesverständnis zu übersteigen, bot das 20. Jahrhundert mit seinen monströsen Ereignissen. Dass sechs Millionen Juden fabrikmäßig ermordet werden konnten, dazu Sinti, Roma, geistig Behinderte, Regimekritiker … alle nach Plan und ohne jede göttliche Rührung angesichts des millionenfachen Schreis aus der Tiefe, das ließ an diesem Gott irre werden und führte zu neuen Fragen.

Die Rede von der Allmacht Gottes gewann ihre Plausibilität aus den Analogien mit den Machthabern dieser Welt. Kaiser und Könige verstanden ihre Herrschaft in Teilhabe an Gottes Herrschaft. Gott galt als Herr der Geschichte, dessen Wille ebenso Naturgewalten befehligte, wie er Kriege entschied. Nun aber ist »Auschwitz« der unumgängliche Anlass geworden, dieses naive Gottesbild zu revidieren. Die Vorstellung von einem Gott, der die Geschicke dieser Welt dirigiert, hat ihre Überzeugungskraft endgültig verloren.

Schlimmer noch: Denken wir von Auschwitz in die Evolutionsgeschichte zurück, stehen wir hier wie dort vor einem mitleidlosen Geschehen, das die gesamte Naturgeschichte bestimmt. Der menschlichen Passion gehen

44 Paul Tillich, Gesammelte Werke, Bd. XIV. Ev. Verlagswerk, Stuttgart 1975, 172. Nr. 7.

Milliarden Jahre katastrophaler Lebensgeschichte voraus. Das drängt zu der Frage, ob es überhaupt sinnvoll ist, Gott mit der Evolution von Welt und Leben zu verbinden. Wenn die Evolution nicht zielgerichtet ist, wenn die Entstehung des Menschen keiner »Absicht« entspringt, wenn die waltenden Naturgesetze kein Mitleid und Erbarmen kennen, wenn nicht nur im Pflanzen- und Tierreich Arten entstehen und vergehen, sondern auch menschliche Spezies auftreten und wieder untergehen; wenn der heutige Mensch angesichts weiterer Jahrmillionen neue Mutationen erfährt oder – wahrscheinlicher – sich selbst manipulativ neu erfindet, vielleicht auch den eigenen Garaus einleitet, welcher Ort kommt dann noch dem »Schöpfergott« zu, und welchen Sinn hat es, von ihm zu sprechen?

Das heutige Schrifttum zum Thema »Schöpfung«, zumal das katechetische Material, geht durchweg vom biblischen Befund aus, beruft sich auf das dogmatische Zeugnis der Kirche(n), um dann im pauschalen Blick auf die empirischen Wissenschaften verträgliche Konvergenzen festzustellen zu können. Eugen Drewermann hat allerdings mit Entschiedenheit die Bandbreite der Evolutionswissenschaften befragt, um die Theologie von den vagen Formeln und metaphysischen Gedankengebäuden abzulösen und mit dem Wissen und Denken der Gegenwart zu konfrontieren. Aus der Summe dieser Inspektionen zieht er folgendes Fazit:

Das Bild, das wir bisher von der Evolution des Lebens gewonnen haben, ist für die traditionelle Theologie ohne jeden Zweifel desolat. Es ist ja nicht nur, dass die großen Entwicklungsschritte sich außerhalb jeglichen »Plans« und jeglicher »Zielvorgaben« gestaltet haben, es ist vor allem die Einrichtung der Natur selbst, es ist ihre ganze »Machart«, die mit der Idee eines gütigen, weisen und fürsorglichen Gottes unvereinbar ist. Den Gott der überkommenen »Schöpfungstheologie« zur Erklärung der Lebensprozesse braucht es nicht zu geben – er ist absolut überflüssig, ja, seine Vorstellung bereits irrig, weil irreführend an jeder beliebigen Stelle, die sich empirisch nachprüfen lässt, und, schlimmer noch, es darf ihn nicht geben, da ein Gott in Bewusstsein und Freiheit so nicht handeln dürfte, wie die Natur jederzeit mit ihren Kreaturen verfährt. Allein diese beiden Feststellungen wiegen schwer und lassen sich nicht mit den üblichen Sophismen aus der Welt schaffen.«[45]

Verzichten wir aber auf die »Arbeitshypothese Gott« zur Erklärung der Weltentstehung, dann entfallen auch die ständigen »Eingriffe« Gottes in die Geschichte, von denen die Theologie zu wissen meint, dann gibt

---

45 Eugen Drewermann, … und es geschah so. Die moderne Biologie und die Frage nach Gott. Walter, Zürich-Düsseldorf 1999, 627.

es keine Vorsehung, deren permanente Unzuverlässigkeit der Erklärung und Entschuldigung bedürfte, und es gibt – jedenfalls in dieser Hinsicht – kein Theodizeeproblem. Auch von Gebets»erhörungen« kann dann nicht länger die Rede sein, ganz zu schweigen, dass die volksfrommen Interventionsversuche mit Gebeten um besseres Wetter oder gesegnete Ernten soweit möglich gegenüber der Einhaltung verantwortlichen Handelns zurücktreten. Im Rahmen der gängigen Glaubenstradition, der das kirchliche Personal durchweg untersteht, mag man aus diesen Positionen kurzschlüssig Atheismus herauslesen. Aber wenn etwas herauszulesen ist, so wäre es eine *theologia negativa*, die sich jeder Vergegenständlichung enthält und mit Dietrich Bonhoeffer sagt: »Einen Gott, den *es gibt*, gibt es nicht.« Gott gibt zur ursächlichen Erklärung des sonst Unbekannten nichts her. Er ist nicht mit dem identisch, was erforscht werden kann. Das Wort »Gott« bezeichnet keinen Begriff zur Erklärung bestimmter Vorgänge in der Welt, er hat mit Erdbeben, Überschwemmungen, Seuchen Krankheiten, Unfällen und dem Wettergeschehen nichts zu tun. Das Wort Gott steht vielmehr für eine ganz bestimmte Art, die Welt zu verstehen Werden aber Fragen der Welterklärung in die Symbolsprache des Mythos einbezogen, gerät die Theologie aus dem Lot und Gott und die Welt werden missverstanden. Darum ist das Wort »Gott« in den Sachbereichen der Wissenschaften systemfremd und störend. Alles Reden von Gott deutet das menschliche Leben: Religion ist Hermeneutik, das heißt Auslegung des menschlichen Daseins; zur rational-empirischen Erklärung der Weltwirklichkeit trägt sie nichts bei.

Gibt es Gründe, religiös zu sein, so liegen sie nicht in den objektiven Gegebenheiten der Welt. Sie unterstehen keinen wissenschaftlichen Erkenntnissen oder Beweisführungen. Da sie allein im Menschen liegen, müssen sie auch von ihm her entwickelt werden. Als Beispiel können die Zehn Gebote dienen, die eine lange Vorgeschichte haben. Sie wurden von Menschen erarbeitet, die überzeugt waren, dass es der Wille Gottes sei, das Lebensrecht eines jeden Menschen zu sichern. Was man als geboten und notwendig ansah, legte man Gott in den Mund. Nicht minder verkündeten die Propheten als »Wort Gottes«, was sie als absolut bindend verstanden. Im Grunde verfährt die Kirche auch heute so, bisweilen ohne sich zu fragen, ob der beanspruchte »Wille Gottes« frei von eigenen Interessen ist. Religion ist keine *Lehre* von Gott, keine Welterklärung aus göttlicher Perspektive, sondern der Versuch, sich als Mensch zu verstehen und sich vor dem Absoluten selbst zu bestimmen.

Die Naturwissenschaft kann die Wirklichkeit nicht ausmessen, auch die Religionen können es nicht. Die Wissenschaften erklären den Kosmos aus Ursachen, wobei sie alle Zusammenhänge streng mathematisch erfassen. Dagegen besteht die Aufgabe der Religion darin, *die Bedeutung der Welt für den Menschen* zu beschreiben, heute jedoch nicht unabhängig von dem, was wissenschaftlich erkennbar wird. Das »Göttliche« – um mit einem Wort alter Tradition zu sprechen – artikuliert letztlich den *Sinn*, in dem die Welt für den Menschen inneren Zusammenhang und Bedeutung erhält. »Gott« verstehen wir nur insofern, als wir uns selbst in der von uns begriffenen Welt verstehen.

Das Ende des Theismus oder den Tod des theistischen Gottes zu denken, wird die Religionspädagogik noch sehr lange mit großen existentiellen Problemen belasten, da das gesamte Schrifttum mit eben diesem theistischen Gottesbild arbeitet und sich bis heute davor drückt, »endlich konkret, auf die Lebenspraxis bezogen von Gott zu reden« (Dorothee Sölle). Es ist aber zugleich zu bedenken, dass die gegenwärtige Glaubenskrise aus nicht erfüllten Vorstellungen von einem Handeln Gottes erwächst, also auch aus einer enttäuschten Gebetspraxis. In einem nicht-theistischen Denken bekommt der Satz »Gott hat keine anderen Hände als unsere« einen neuen Klang.[46] ⤙

2. Das Ende des übergeschichtlichen Offenbarungsverständnisses

In älteren theologischen Büchern heißt es, Offenbarung sei »die Mitteilung bisher unbekannter Wahrheiten oder Tatsachen, die auf Grund göttlicher Autorität im Akt verstandesmäßiger Zustimmung angenommen werden«[47]. Eine entsprechende Beschreibung des Glaubens liest sich im Kompendium des Katechismus der Katholischen Kirche von 2005 so:

Gott tut sich schon von Anfang an den Stammeltern, Adam und Eva, kund und beruft sie zu einer innigen Gemeinschaft mit ihm. Nach ihrem Sündenfall bricht er seine Offenbarung nicht ab und verheißt das Heil für alle ihre Nachkommen. Nach der Sintflut schließt er noch mit Noach einen Bund zwischen ihm und allen lebenden Wesen ...

---

46 Siehe dazu Hubertus Halbfas, Der Sprung in den Brunnen. Eine Gebetsschule. Patmos, Ostfildern 1981; [18]2011.
47 RGG³, IV, 1610.

Die Nachkommen Abrahams werden zu Trägern der göttlichen Verheißungen, die an die Patriarchen ergangen sind. Gott macht Israel zu seinem auserwählten Volk: Er befreit es aus der Knechtschaft Ägyptens, schließt mit ihm den Sinaibund und gibt ihm durch Mose sein Gesetz. Die Propheten künden eine radikale Erlösung des Volkes an ... Aus dem Volk Israel, aus dem Stamm des Königs David, wird der Messias hervorgehen: Jesus ...

Er, der eingeborene und Mensch gewordene Sohn Gottes, ist das vollkommene und endgültige Wort des Vaters. Mit der Sendung des Sohnes und der Gabe des Geistes ist die Offenbarung nunmehr gänzlich abgeschlossen, auch wenn der Glaube der Kirche im Lauf der Jahrhunderte nach und nach ihre ganze Tragweite erfassen muss. (Nr. 7–9)

Das Zweite Vatikanische Konzil rückte in seiner Dogmatischen Konstitution über die göttliche Offenbarung »*Dei Verbum*« den Gedanken der Selbstoffenbarung Gottes in den Mittelpunkt:

Gott hat in seiner Güte und Weisheit beschlossen, sich selbst zu offenbaren und das Geheimnis seines Willens kundzutun: dass die Menschen durch Christus, das fleischgewordene Wort, im Heiligen Geist Zugang zum Vater haben und teilhaftig werden der göttlichen Natur. In dieser Offenbarung redet der unsichtbare Gott aus überströmender Liebe die Menschen an wie Freunde und verkehrt mit ihnen, um sie in seine Gemeinschaft einzuladen und aufzunehmen ... Die Tiefe der durch diese Offenbarung über Gott und das Heil der Menschen erschlossenen Wahrheit leuchtet uns auf in Christus, der zugleich der Mittler und die Fülle der ganzen Offenbarung ist. (Dei Verbum 2)

Eine solche Offenbarung als »Mitteilung bisher unbekannter Wahrheiten oder Tatsachen« will Erfahrung im Menschen begründen, die er nicht aus sich selbst heraus gewinnen kann. Das Verständnis von Offenbarung als Gewährung transzendenter Kenntnisse findet sich immer noch in theologischen Werken, obwohl es bereits seit der europäischen Aufklärung nicht mehr plausibel ist, Offenbarung als Gottes Handeln in der Geschichte zu verstehen. Das neuzeitliche Denken kennt »keine Fakta, die zwar in der Geschichte stehen, aber nicht aus der Geschichte stammen« (Ernst Troeltsch). Mit dieser Grundannahme wird die Sonderstellung einer biblischen Offenbarungsgeschichte nivelliert, die Bibel dem historisch-kritischen Denken unterworfen und die Geschichte Israels den Kriterien einer allgemeinen Religionsgeschichte. Jürgen Werbick artikuliert die davon ausgehende Ratlosigkeit:

Müsste zugestanden werden, dass diese religionsgeschichtliche Betrachtung biblischer Überlieferungen auch theologisch legitim ist, wo bliebe dann noch die

Möglichkeit – und worin läge die theologische Notwendigkeit begründet –, im Blick auf solche Wortmeldungen von *Gottes Wort* zu reden? Diese Notwendigkeit kann doch *nicht nur* darin ihren Grund haben, dass die biblischen Autoren bzw. Autorengruppen sich darauf beriefen, Gottes Wort zu verkünden, um ihren Optionen größere Durchschlagskraft zu verleihen. Liegen ihrer Inanspruchnahme des Gottesworts und des göttlichen Willens, den sie gültig bekanntzumachen beanspruchten, authentische religiöse Erfahrungen zugrunde? Was zeichnet sie als authentische aus? Was berechtigt Glaubensgemeinschaften und ihre Theologien dazu, ihnen Offenbarungsqualität zuzubilligen? Und was will man damit zum Ausdruck bringen?[48]

Man kann diese Problematik im Rückgriff auf exegetische Erkenntnisse fast beliebig steigern: Wenn man zum Beispiel weiß, dass »Adam« und »Eva« Prototypen bezeichnen und die Erzählung, in der sie figurieren, nicht historisch zu verstehen ist; dass »Abraham« als Adressat göttlicher Verheißung erst *nach* Entstehung des Monotheismus, also viele Jahrhunderte nach seinem mutmaßlichen Leben von JHWH »angesprochen« wurde; dass Mose »alles mögliche gewesen sein kann, aber ganz gewiss kein Religionsstifter« war (Fritz Stolz); dass die Tora erst nach 500 v. Chr. mit ihrer heutigen auf den Einen Gott Israels ausgerichteten Linie entstand … mit welchem Vorgang biblischer Erfahrung und Reflexion verbindet sich dann das Offenbarungsgeschehen? In dieser Gedankenspur kann man »leicht auf den Gedanken kommen, Offenbarung sei nichts anderes als eine Legitimationskategorie, deren Verwendung schärfste Skepsis hervorrufen sollte« (Jürgen Werbick).

Noch fraglicher wird die geläufige Rede von Offenbarung im Blick auf die heutigen Evolutionswissenschaften. Dann fragt sich, wie weit überhaupt die Rede von Offenbarung einem theistischen Gottesverständnis zugehört, von einem nicht-theistischen Verständnis aber revidiert wird oder im Rahmen einer *theologia negativa* sogar wegfällt? Die gängigen theologischen Äußerungen zu diesem Thema klammern fast immer den angedeuteten Problemhintergrund aus, um letztlich die traditionellen lehramtlichen Verbindlichkeiten zu bestätigen. Man akzeptiert damit ein viel zu naives Offenbarungsverständnis, denn in einem veränderten theologischen Koordinatensystem lassen sich natürliche Vernunft und »übernatürliche« Offenbarung ohne dogmatische »Setzungen« schwerlich verbinden.

48 Jürgen Werbick, Den Glauben verantworten. Eine Fundamentaltheologie. Herder, Freiburg/Basel/Wien ³2005, 261.

In der Gegenwart hat Eugen Drewermann den Offenbarungsbegriff neu bestimmt, ohne in einen Supranaturalismus zu verfallen. Für ihn hat Gott »keine andere Sprache an uns als die Sprache der Seele in uns«. Ohne Verständnis für die Sprache der Seele, die sich in symbolischen Bildern artikuliert, wird darum die einzige Sprache verfehlt, in der Göttliches wirksam sich mitteilen kann. Doch kann der Mensch diese Sprache nicht verstehen, ohne darin zugleich sich selbst zu verstehen.

Die Vorstellung herrscht in der Theologie immer wieder, dass Gott in Christus die zu unserem »Heil« notwendigen »Wahrheiten« historisch vermittelt habe; dabei hat gerade die historisch-kritische Exegese gegen den entschiedenen Widerstand der Dogmatik eindeutig gezeigt, dass die Glaubensinhalte des Christentums nicht eigentlich Inhalt der Botschaft Jesu waren ... Die Verbindung zwischen Geschichte und Glauben ist, historisch betrachtet, völlig opak [dunkel, undurchsichtig] und bislang nicht mehr als ein theologisches Postulat, ein Glaubenssatz zur Begründung des Glaubens ... Es geht also nicht um die Offenbarung irgendwelcher Inhalte, sondern spezifisch um die Vermittlung von symbolischen Inhalten, die den Menschen zu sich selbst befreien ...
Religiös gesehen, kommt es gerade darauf an, die überzeitlich gültige, bleibende Wahrheit herauszustellen, die sich nur in der Weise eines Mythos, eines Märchens, einer Sage, einer Legende etc. mitzuteilen vermag. Statt bedauernd die »tendenziösen« Verfälschungen der Historie in der Bibel festzustellen ... muss es theologisch gerade darum gehen, die Bedeutung der einzelnen Erzählinhalte und Bilder in sich selbst zu verstehen ... Nur auf diese Weise gelangt man zu einer Einsicht in die Gegenwartsbedeutung religiöser Texte ...; deren bleibende Wahrheit ist nicht historisch, sondern nur psychologisch zu verstehen ... Der Mythos stellt keine Verfälschung der Historie dar, sondern er bildet das einzige Verfahren, um die überzeitliche Bedeutung eines historischen Geschehens für alle kommenden Geschlechter mitzuteilen.[49]

Offenbarung als übernatürliches Geschehen ist Drewermann fremd. In seinem Rückbezug auf das Symbol als Sprache der Seele kann er sich auf Paul Tillich berufen, der deutlicher als irgendeiner vor ihm das Symbol als »die einzige Sprache, in der sich Religion direkt ausdrücken kann« betonte. Auch Jürgen Werbick verschließt sich diesem Aspekt nicht, wendet aber ein, dass Offenbarung – christlich verstanden – an eine geschichtliche Ereignisfolge erinnere, so dass es nicht genüge, auf das »zutiefst zwiespältige« *innere* Wort zu hören; hinzukommen müsse das korrigierende »*von außen* auf die Menschen zukommende Wort«. Dieses von außen

---

49 Eugen Drewermann, Tiefenpsychologie und Exegese. Bd. II. Walter, Olten 1985, 763; 767; 761; 767.

zukommende Wort muss nicht bestritten werden, auch von Drewermann nicht, denn es mag im Evangelium angenommen werden, doch zeigt sich nicht, dass dieses Wort von außen als »Handeln Gottes in der Geschichte« belegt werden kann. Auch Christoph Böttigheimer betont, die Aussage, Gott habe gehandelt, sei eine »reine Glaubensaussage hinsichtlich eines Ereignisses, welches sich von jedem anderen innerweltlichen Ereignis in nichts unterscheidet«.[50]

Dann aber verknüpft sich Offenbarung mit jener *Interpretation*, mit der biblische Autoren bzw. Autorengruppen ihr Material mehrfach wendeten und gegen den bisherigen Strich auslegten, von der Jahwe-allein-Bewegung über die joschijanischen und deuteronomistischen Reformen[51] bis hin zu den neutestamentlichen Autoren, die der Jüdischen Bibel eine letzte, auf Jesus den Christus bezogene Deutung gaben, welche aber das Judentum insgesamt nicht mehr mitvollzog.

3. Das Ende der Erlösungslehre von der Kreuzigung Jesu als Sühnopfer

Es war bereits davon die Rede, dass Paulus den Tod Jesu als Sühnopfer deutet. Er kann auch von »Loskauf«, »Erlösung« oder »Befreiung« sprechen oder erklären, »dass Christus als unser Paschalamm geopfert wurde« (1 Kor 5,7). Dabei bleibt zu bedenken, dass die Verknüpfung der Hinrichtung Jesu mit einem Opfertod im Rückgriff auf allgemein religiöse Traditionen geschah, wie sie seit Jahrtausenden in der Völkerwelt stattfanden. Etwas spezifisch Christliches ist dies nicht. Religionsgeschichtlich lässt sich die Deutung des Todes Jesu als ein von Gott gewolltes Sühnopfer nur als Rückschritt verstehen. Schon Jahrhunderte früher hatte die Entwicklung begonnen, blutige Tieropfer zu kritisieren, nachdem Menschenopfer vorweg aufgegeben worden waren. Seit dem 8. und 7. Jahrhundert vertraten die Propheten Israels die Meinung, dass Gemeinschaftstreue und Gotteserkenntnis wichtiger sind als alle Opfer.

---

50 Christoph Böttigheimer, Die Not des Bittgebetes. Eine Ursache der gegenwärtigen Gotteskrise?, in: Stimmen der Zeit, 7/2011, 435–444.
51 Vgl. Hubertus Halbfas, Die Bibel, erschlossen und kommentiert. Patmos, Düsseldorf 2001; Ostfildern ⁶2010, 284 f.: »Die Entstehung des Pentateuch als Gründungsurkunde Israels« und 286 f.: »Die Entwicklung des Monotheismus«.

In der nachexilischen Zeit standen im frühen Judentum die Reinheitsgesetze und die Sonderstellung der Priester mit ihren strengen rituellen Geboten im Vordergrund. Doch haben Jesus als auch die Qumran-Gemeinschaft die prophetische Linie wieder aufgegriffen: »Wenn du deine Opfergabe zum Altar bringst und dir dabei einfällt, dass dein Bruder etwas gegen dich hat, so lass deine Gabe dort vor dem Altar liegen; geh und versöhne dich zuerst mit deinem Bruder, dann komm und opfere deine Gabe« (Mt 5,23 f.).

Gefragt sind Liebe und Barmherzigkeit: die Seligpreisungen Jesu fassen das, worauf es ankommt, in erstaunlicher Dichte zusammen. Eine kultische Stellvertretung, wie sie sich in Tieropfern darstellt, liegt auf einer Ebene, die Jesus fremd ist. Was sich die Menschen in der Liebe schuldig bleiben, verlangt gegenseitige Vergebung – Feindesliebe nicht ausgenommen –, lässt sich aber nicht durch Sühnopfer löschen.

Zugleich verzerrt der Sühnopfergedanke das *Gottesbild*. Historisch gingen dem Tieropfer Menschenopfer vorauf; sogar in der Zeit der davidischen Könige war Israel davon nicht frei. König Ahas von Juda (741–725) ließ »seinen Sohn durch das Feuer gehen und ahmte so die Gräuel der Völker nach« (2 Kön 16,3); ebenso tat König Manasse (696–642) in Jerusalem (2 Kön 21,6). Zwar wurde das Kindesopfer mehrfach streng verboten (Lev 18,21; 20,2-4), aber noch König Joschija (639–609) musste die den Kindesopfern dienende Kultstätte im Hinnomtal unrein machen, »damit niemand mehr seinen Sohn oder seine Tochter für den Moloch durch das Feuer gehen ließ« (2 Kön 23,10), was auch Jeremia verurteilte (Jer 32,35).

In der Erzählung von der Tochter des Richters Jiftach (Ri 11,29-40) korrespondiert das Geschehen mit den griechischen Dramen von Aischylos und Euripides: Die Tochter des Jiftach hat in der Bibel keinen Namen. Sie ist das einzige Kind eines jüdischen Heerführers, der Gott um Kriegsglück bittet. Jiftach gelobt, das Erste, was ihm bei der Heimkehr entgegen springt, seinem Gott zum Dank für den Sieg zu opfern. Niemand zwingt ihn zu dem Versprechen. Er will Gott an sich binden, statt dem Geist Gottes, der »auf ihn« gekommen war, zu vertrauen. Der Vater liebt sein einziges Kind, aber glaubt sich vor Gott verpflichtet, dieses Kind als Opfer töten zu müssen. Er sieht dies als Unglück an, doch hat er kein Wort des Bedauerns für seine Tochter, sondern klagt allein über das Unglück, welches das Mädchen über ihn bringt. Die Tochter hingegen ermutigt den Jammernden noch, sein Versprechen zu halten.

Auch Agamemnon sprach wie Jiftach: »Wo ich Mitleid fühlen darf, da fühle ich Mitleid: denn ich liebe meine Kinder, ich wäre sonst ein Rasender. Mit schwerem Herzen, o Gemahlin, führe ich das Schreckliche aus.

aber ich muss. Troja wird nicht erobert, wenn ich nicht opfere!« Und Iphigenie richtet sich auf und sagt: »Ich habe beschlossen zu sterben, ich verbanne jede niedrige Regung aus meiner Brust und will es vollenden. Auf mir ruht jetzt jedes Auge des herrlichen Griechenland, die Fahrt der Flotte und der Fall Trojas. Alles dies werde ich mit meinem Tode schirmen.« Als dann der Altar errichtet war, sprach sie: »Vor der Götter Altar übergebe ich mein Leben, wenn es der Götterspruch denn so verlangt. Mutig und still will ich den Nacken dem Opferstahl bieten!«

Hintergrund solcher Opferpraktiken ist der Gedanke, dass es Verhältnisse gibt, die nur ein blutiges Opfer wenden oder sühnen kann. Das menschliche oder tierische Opfer soll die Gottheit versöhnen oder bewegen, ein Schicksal zu wenden. Offensichtlich aber kann die Gottheit ohne blutiges Opfer dazu nicht bewogen werden, ist also aus eigener Großmut nicht in der Lage, Güte zu zeigen und Ausgleich zu schaffen. Sie scheint in ein Denkschema eingebunden zu sein, nachdem bestimmte Verschuldungen des Menschen todeswürdig sind und endgültige Verstoßung verdienen, es sei denn, dass sie durch Tötung eines besonderen Opfers ausgeglichen werden.

Während die Opferpriester – die biblischen wie die heidnischen – den Menschen Versöhnung mit der Gottheit durch ein stellvertretendes Tieropfer anboten, verlangten Israels Propheten, die eigenen Beziehungen zu den Mitmenschen und zu Gott zu läutern. In diesem Verständnis sucht Gott keine Satisfaktion, sondern Menschen mit wachen Herzen, die sich anderer annehmen, und darin sich selbst angenommen wissen. Wer von gottgewollten Opfern spricht, spricht zugleich von einem Gottesbild, das bereits die prophetische Tradition Israels überwunden hat.

So naheliegend diese Sichtweise ist, so schwer arbeitet sich die Theologie gerade erst zu diesem Denken hin. Doch bereits für Adolf von Harnack (1851–1930) bedurfte es keiner Befreiung von Sündenschuld durch Kreuz und Auferstehung Jesu. Er hielt Karfreitag und Ostern auch nicht für eine Überbietung des Evangeliums Jesu:

Der Zöllner im Tempel, das Weib am Gotteskasten, der verlorene Sohn sind seine [Jesu] Paradigmen; sie alle wissen nichts von einer »Christologie«, und doch hat der Zöllner die Demut gewonnen, der die Gerechtsprechung folgt. Wer daran dreht und deutet, verwundet die Schlichtheit und Größe der Predigt Jesu an einer ihrer wichtigsten Stellen … Diese Verkündigung ist einfacher, als die Kirchen es wahrhaben wollten, einfacher, aber darum auch universaler und ernster … Jesus hat den Menschen die großen Fragen nahe gebracht, Gottes Gnade und Barmherzigkeit verheißen und eine Entscheidung verlangt … Es ist keine Paradoxie und wiederum auch nicht Rationalismus, sondern der einfache Ausdruck des Tatbestands, wie er in den Evangelien vorliegt: Nicht der Sohn, sondern allein der Vater gehört in das Evangelium, wie es Jesus verkündigt hat, hinein.[52]

Diesen Teil der paulinischen Theologie mit neuen Augen anzuschauen, wird noch viel Mühe und Umkehr des Denkens bereiten, sofern es überhaupt gelingt. Die Erlösungslehre, das Priesterverständnis und die katholische Messopfertheologie hängen daran – im Grunde das gesamte System. Ohne einen fundamentalen Neuanfang vom Evangelium Jesu her ist hier eine befreite Zukunft nicht denkbar.

4. Welche Theologie für welchen Religionsunterricht?

Aber wie soll dies geschehen, solange eine Kirche sich in dogmatischen Fragen für unfehlbar hält und das Interpretationsmonopol für ihre Amtsträger beansprucht? Welchem Glaubensverständnis ist der Religionsunterricht verpflichtet, wenn es darum geht, die nachwachsende Generation noch zu erreichen oder zu verfehlen?

Bevor diese Frage beantwortet werden kann, wäre zu klären, wie weit der Religionsunterricht seinerseits an der Misere eines nicht mehr vermittelbaren Glaubens beteiligt ist. Der stattfindende Glaubensverlust datiert ja nicht erst seit heute, sondern hat seinen Anweg bereits bei früheren Generationen, denen stets »der wahre Glaube« unterrichtet wurde. Es gibt nicht viele Religionspädagogen, die an dieser Stelle ansetzen.

Beispielsweise erschien 1969 von Hans-Dieter Bastian das bis heute wichtig gebliebene, aber nie wieder aufgelegte Buch »Theologie der Frage«. Religionspädagogisch blieb es unbeachtet. Bastian warnt darin die theologische Didaktik, »eine dogmatische Güteklasse von Fragen aufzustellen … Nicht das sind die notwendigen Fragen, die sich Kirche und Theologie bona fide selber stellen, sondern diejenigen, die ihr von draußen gestellt werden. Am wichtigsten aber erscheinen jene Fragen, die aus Trägheit, Dummheit oder Bosheit heute nicht gestellt werden und wegen

52 Adolf von Harnack, Das Wesen des Christentums. Berlin 1900. Gütersloh 1985, 90.

derer Abwesenheit der Immobilismus triumphiert, der Tod das Leben frisst und die Welt zerfällt.«[53] ⌣

Ein paar Jahre später versuchte Norbert Havers mit einer empirischen Untersuchung die aus dem damaligen Wahrnehmungshorizont gestellte Frage zu beantworten, warum der Religionsunterricht »eines der unbeliebtesten Fächer an unseren Schulen« ist. Eins seiner Ergebnisse lautete: Die Unterschiede zwischen Katholiken und Protestanten waren in den meisten Variablen nicht signifikant, nicht einmal in so spezifisch katholischen Fragen wie Verbot der Geburtenkontrolle und Zölibat. Auch in Glaubensfragen zeigte sich im Vergleich zu früheren Untersuchungen eine Nivellierung der Unterschiede. Ein Religionsunterricht, der auf dem Glauben einer Kirche aufgebaut ist, wird von der großen Mehrzahl der Schüler abgelehnt. Von folgenden Vorsaussetzungen kann ein Religionslehrer bei den allermeisten Schülern nicht mehr ausgehen: von einer allgemeinen Gläubigkeit, von einer religiösen Sinngebung des eigenen Lebens und von einer Bereitschaft, das Leben nach der Lehre der Kirche zu gestalten.[54]

1975 habe ich meinerseits zum Synodenpapier »Das katechetische Wirken der Kirche« gesagt, an vielen Stellen dränge sich der Eindruck auf, dass dieses Papier in allen Fasern von einer ekklesiozentrischen Grundströmung gehalten sei, »die Menschen und Welt im Prinzip für gerettet sieht, sofern sie nur ›Kirche‹ sind«, doch unterbleibe darin »selbst die Spur eines systemkritischen Ansatzes« gegenüber dem kirchlichen Apparat«. Das kirchliche Rechts- und Verwaltungssystem mit seinen Interessen, seiner systemimmanenten Logik und Politik würden konsequent ausgeklammert: Dass die Kirche »qua Institution Millionen Menschen im Wege steht, die Sache Jesu und des authentischen Christentums zu sehen«, umgehe das Synodenpapier, obwohl dies doch ein erster Schritt zu neuen Lernprozessen sei. Zwar müsse man sehen, dass solche Papiere stets *auch* ein Dokument der Identitätsproblematik der Kommissionsmitglieder gegenüber der amtlichen Kirche seien, doch wenn man schon nach den Ursachen und Motiven der Entfremdung forsche, sei zu bedenken, »dass die ›Fernstehenden‹ und Außenstehenden beispielsweise durch Kirchenrecht, Sakramentenpraxis und Glaubensverkündigung regelrecht produziert und in einer weder ihrerseits noch seitens der Gemeinden aufhebbaren Distanz zur Kirche gehalten werden«. Die beklagte »Entwurzelung und

---

53 Hans-Dieter Bastian, Theologie der Frage. Ideen zur Grundlegung einer theologischen Didaktik und zur Kommunikation der Kirche in der Gegenwart. Chr. Kaiser, München 1969, 263.
54 Norbert Havers, Der Religionsunterricht – Analyse eines unbeliebten Fachs. Eine empirische Untersuchung. Kösel, München 1972, 118.

Standortlosigkeit« aber könne auch inmitten der Orthodoxie zu Hause sein, wie Kirchenzugehörigkeit und Christsein nicht mit unreflektierter Selbstverständlichkeit in eins gesetzt werden dürften.[55]

Die hier herausgegriffenen Stimmen sind nicht breit vertreten. Sie zeigen aber, dass der Religionsunterricht auf seine Inhalte hin nie angemessen problematisiert worden ist, so dass eine grundlegende Neubesinnung bis heute unterbleibt. Zu untersuchen wäre: *Welcher* »Glaube« verfehlt die Schülerschaft? *Welche* Glaubensinhalte entziehen sich a priori jeder Infragestellung, weil sie als »Bildungsstandards« einfach gesetzt werden? Wie verhalten sie sich zu anderen Lernorten – der Familie, Jugendszene, Gemeinde – und zu deren Ausfällen? Oder ist der Religionsunterricht gar zu exkulpieren? Gerät er unter einen kirchlichen Erwartungsdruck, die Versäumnisse und Hilflosigkeiten der formelhaft erstarrten »Verkündigung« auszugleichen? Darf, muss er sich solchen Erwartungen entziehen? Besteht gar die Vorstellung, gelegen oder ungelegen, den Glauben »zeugnisgebend« zu unterrichten, so wie der »Youcat« die Tradition des Frage-Antwort-Schemas einfach weiterzuführen, obwohl (oder weil?) mit dieser Form ein Dialog weder angestrebt noch ermöglicht wird.[56]

Erscheint angesichts der Lehrstühle, die im deutschsprachigen Raum den Religionsunterricht analysieren und weiterentwickeln, die Frage respektlos, ob dort die Fundamente des Religionsunterrichts überhaupt benannt und grundlegend erörtert werden? Und ob das, was Religionsunterricht heißt, auch Religionsunterricht ist? Und dieses Schulfach, als Glaubensunterricht betrieben, in seiner Anbindung an das dogmatische Lehrsystem der Kirchen die Spannung zwischen Glaubensinhalt und Lebensform nicht zunehmend verschärft? Denn wenn der tradierte Glaubensinhalt in seiner eigentlichen Struktur und Inhaltlichkeit wesentlich daran beteiligt ist, dass er nicht mehr als lebensrelevant empfunden und angenommen wird, besteht dringlichster Anlass, über die Inhalte des Religionsunterrichts in intensiv angelegten Diskussionen nachzudenken. Diesen Prozess jenen zur Überwachung und Reform zu überlassen, die institutionell in die Ursachen des Glaubensverlusts eingebunden sind, erschiene kaum angezeigt.

---

55 Hubertus Halbfas, Konzept der guten Meinung, in: Georg Baudler (Hg.), Erneuerung der Kirche durch Katechese. Zum Synodenpapier »Das katechetische Wirken der Kirche«, Patmos, Düsseldorf 1975, 15–33.

56 Vielleicht nimmt man zum Vergleich einmal die Dialogform in meinem Buch »Der Sprung in den Brunnen. Eine Gebetsschule«, Patmos, Ostfildern 1981; [16]2011.

Nach derzeitigem Recht ist die allein zuständige Autorität für alle inhaltlichen Belange des Religionsunterrichts (Lehrpläne, Schulbücher und Beauftragung der Lehrperson) nach c. 824 CIC unterschiedslos der Diözesanbischof. Die Deutsche Bischofskonferenz und die bisherigen kirchlichen Schulbuchkommissionen sind nur noch eine organisatorisch koordinierende Vorinstanz im kirchlichen Prüfverfahren durch den einzelnen Bischof. Dieser kann dem Votum der Kommission folgen, aber auch entgegengesetzt entscheiden.

In dieser Rechtsstruktur unterliegt der Religionsunterricht dogmatischen Maßstäben, die sich von der aktuellen Glaubensproblematik, wie sie in der Gesamtgesellschaft und zumal der jungen Generation gegeben ist, nicht in Frage stellen lassen. Aber eben darum ist der theologische Bezugspunkt des Faches nicht hinreichend durchdacht; er muss neu justiert werden. Dabei geht es nicht darum, den Religionsunterricht von der Theologie abzukoppeln, wohl aber darum, ihn von einer erstarrten dogmatischen Matrix zu lösen und einer Wahrheit zu unterstellen, wie sie Jesus gelebt und gelehrt hat.

Bis heute hat die wissenschaftliche Religionsdidaktik strikte Distanz zu den Inhalten ihres Faches gehalten. Als ich 1968 in meinem Buch »Fundamentalkatechetik« zu fragen wagte, wie »Offenbarung«, »Jungfrauengeburt«, »Wunder« oder »Auferstehung« zu verstehen und zu unterrichten seien, wurden diese Überlegungen der Häresie bezichtigt – was zumindest der heutige Diskussionsstand (vielleicht?) überholt hat –, doch keiner wagte es fortan, noch einmal die Vermittelbarkeit der Unterrichtsinhalte substantiell anzurühren. Sollte das so bleiben, mag sich das Fach im Schutze des Grundgesetzes der Bundesrepublik Deutschland bis auf weiteres halten, aber das Bewusstsein derer, die hier reflektieren und unterrichten, wird die notwendige Problemsicht verfehlen und damit auch dem Auftrag eines Schulfachs nicht entsprechen. Die Distanz zu den Inhalten des Religionsunterrichts und ihrer Problematik wird in der Fachliteratur geschickt getarnt. Das Problem ist vielen Autoren nicht einmal bewusst, weil deren kirchliche Sozialisation hier keine Problematisierung vorsieht, aber man könnte es die Lebenslüge der Religionsdidaktik nennen. Sie hat sich bisher jeder Reflexion entzogen, welcher Anteil ihr selbst im Traditionsabbruch unserer Zeit zukommt.

Stattdessen werden Rechtfertigungen des kirchlich-konfessionellen Religionsunterrichts vermittelt. So etwa macht Thomas Martin Schneider im Materialdienst des Konfessionskundlichen Instituts Bensheim geltend, nur der konfessionelle Religionsunterricht gebe »ein größtmögliches Maß an Transparenz«. Nur hier wüssten Schüler, Schülerinnen und Eltern, wo die Lehrkraft und der Lehrplan weltanschaulich zu verorten seien. Man gaukle ihnen weder weltanschauliche Neutralität vor, die es nicht geben könne, noch versuche man, durch einen diffusen Begriff von sogenannter »Ökumene« oder »interreligiöser Verständigung« die tatsächliche Perspektive des Unterrichts zu verschleiern. Wer meine, es gebe einen abstrakten Religionsbegriff, irre. Religion sei immer konkrete, positive Religion. [57]

Eine solche Eindeutigkeit herrscht nur in Dogmatiken und Katechismen, kaum im realen Gemeindeleben und schon gar nicht in der gesellschaftlichen Gemengelage! Im breiten Spektrum von Evangelisch oder Katholisch berühren sich die Evangelikalen beider Lager. Nicht minder empfinden die exegetisch Gebildeten hohe Kongruenzen zwischen beiden Konfessionen. Wer Hermann Häring liest oder Hans Küng, wird deren Rütteln am Macht- und Wahrheitsmonopol der katholischen Kirche als Hinweis auf eine andere Konfession als jene des fundamentalistischen Lagers empfinden.[58] Und unterscheiden sich die nur nominell evangelischen oder katholischen Schülerinnen und Schüler (mit ihren Eltern) in ihren Glaubensvorstellungen noch voneinander?

Wo also gibt es heute noch »konfessionelles Profil«? Sollen wir sagen, in konfessionellen Lehrplänen und in Religionsbüchern, die kirchliche Amtsträger lizensieren? Diese Materialen haben unterschiedliche Verfasser, die sich im Denken, Können und persönlichem Profil unterscheiden. Doch sie alle müssen ein kirchliches Genehmigungsverfahren bestehen, das Konfessionalität sichert. Hier endet die Absicht, im Religionsunterricht dem aktuellen Traditionsabbruch gerecht werden zu können. Es wird verlangt, einen Satz über »Transsubstantiation« im Eucharistiekapitel einzuflicken, auch wenn keiner glaubt, der damit gemeinte Sachverhalt würde je bei den Schülern ankommen. Aber er gehört zum »Glauben«. Wer solche Pakete schnürt, sollte bedenken, dass der Religionsunterricht – einerlei, wer darüber das Sagen beansprucht – den tatsächlichen Verhältnissen Rechnung tragen muss, soll er nicht der Indoktrination geziehen werden können.

Hüter der unverzichtbaren Glaubensinhalte, *Depositum fidei* genannt, sind die Bischöfe. Damit sie mehr der Tradition als ihrer Übersetzung in die Gegenwart verpflichtet sind, praktiziert der Vatikan zunehmend

---

57 Materialdienst des Konfessionskundlichen Instituts Bensheim, Heft 5/2010, 86–89.
58 Vgl. Hermann Häring, Freiheit im Haus des Herrn. Vom Ende der klerikalen Weltkirche. Gütersloher Verlagshaus, Gütersloh 2011. Hans Küng, Ist die Kirche noch zu retten? Piper, München 2011.

konsequenter eine Personalpolitik, die von jedem zukünftigen Bischof gleichgerichtetes Denken und Linientreue verlangt.

Einem kommenden Bischof wird schon längst vor der Weihe das Rückgrat verbogen und ihm der unbedingte Gehorsam gegenüber Rom eingeimpft. Zugleich wird er vor seiner Ernennung von der betreffenden Nuntiatur mit Hilfe eines Fragebogens auf seine römische Rechtgläubigkeit überprüft. Aus diesem … Fragebogen wird deutlich, dass der Kandidat in jedem Fall zur Enzyklika »Humanae vitae« positiv stehen, das Zölibatsgesetz bejahen und die Frauenordination ablehnen muss. Wenn er auf eine dieser Fragen nicht romtreu antwortet, kommt er für das Bischofsamt nicht in Frage … Aufgrund von systemkonformen Bischofsernennungen und weitgehender Entmündigung der Ortskirchen präsentieren sich Episkopat und Kardinalskollegium seit Johannes Paul II. in einer bisher kaum dagewesenen Uniformität, die in kontroversen Fragen abweichende Stimmen kaum zulässt, geschweige denn ernst nimmt.[59]

Kann der schulische Religionsunterricht angesichts dieser Verhältnisse je mit einer Kirche rechnen, welche die Paradigmenwechsel der Theologie ihrerseits mitvollzieht? Und wird einer jungen Generation, die den Anschluss an das traditionelle Glaubensbekenntnis verloren hat, ein Religionsunterricht zugestanden, der – in Lehrplänen gesichert, in Religionsbüchern didaktisch erschlossen – statt Fürwahrhalte-Inhalten das Reich-Gottes-Programm Jesu erschließt, das nicht »geglaubt« werden muss, weil es eine *Lebensweise* ist, die Gläubige und Nichtgläubige verbinden kann?

Zurzeit ist es völlig ungewiss, ob die wissenschaftliche Theologie einmal Hilfestellungen für diesen Ansatz bieten wird, zumal sie weiß, dass die Begründung einer solchen Theologie voller Risiken steckt. Wenn zum Beispiel inzwischen auch genügend Theologen die Kreuzigung Jesu nicht mehr als Sühnetod verstehen, hat es bis heute doch noch niemand gewagt, die dogmatischen Konsequenzen aus diesem Ansatz zu ziehen. Das würde für das *Nihil obstat* eines katholischen Theologen, solange er dienstlich belangbar ist, zum Aus führen. Gerade deswegen stellt sich die Frage umso dringlicher, ob es heutige Theologen vor ihrem Gewissen verantworten können, den aktuellen Traditionsabbruch mit all seinen wegbrechenden Glaubensinhalten zu ignorieren. Ob es ihnen zugestanden werden darf, die verbindlich von Rom neu vorgelegten Glaubensbücher wie »Kompendium« und »Youcat« nicht weiterhin »einem gründlichen Hausputz« zu unterziehen, wie es Hansjürgen Verweyen mit dem »Weltkatechismus«

---

59   Hans Küng, ebd., 170; 172.

getan hat, um im Disput zu klären, was ein christlicher Zeitgenosse, der kritisch denkt, davon annehmen kann und was nicht. Das *Depositum fidei* ist nicht vom Himmel gefallen. Es hat, wie alles in der Welt, seine geschichtlichen Bedingungen und damit auch seine geschichtliche Verfallszeit. Das Einzige, was diesem Verfall nicht untersteht, ist das Evangelium Jesu als eine Wahrheit, die weder abstrakt, noch wissenschaftlich, noch theologisch ist, sondern die Wahrheit der tätigen Liebe, die von keiner Zeit überholt werden wird.

Es ist allerdings notwendig, dieser Sicht Geltung zu verschaffen – mit allen darin eingeschlossenen Konsequenzen. Daran hätte sich das religionspädagogische Schrifttum primär zu beteiligen, was angesichts allzu vieler Produktionen, die alte Sandhaufen lediglich umschaufeln, wohl noch eine Weile ausstehen dürfte, sofern überhaupt der drängende Handlungsbedarf nicht übergangen wird. Selbst auf der wissenschaftlichen Ebene ist nicht viel Alarmstimmung zu finden. In den nur intern erscheinenden »Religionspädagogischen Beiträgen« der Arbeitsgemeinschaft Katholische Religionspädagogik und Katechetik (AKRK) werden halbjährlich bunte Blumensträuße kollegialer Pflückkunst präsentiert, unter Verzicht auf eine Redaktionslinie, die in klarer Sprache die Zeit ansagt und zugleich ermutigt, immer offener, immer deutlicher, immer fordernder einen Weg zu gehen, der nicht fragt, was genehm ist, sondern sagt, was geboten ist.

Es gilt einen Fürwahrhalteglauben zu verabschieden, von dem man weiß, dass er bereits während der Religionsstunde, die ihn »behandelt«, an sein Ende kommt. Damit verbinden sich Berge neuer Aufgaben. So etwa wäre umfänglich zu diskutieren, was es heißt, den theistisch gedachten Gott aufzugeben: In welcher Weise ist dies Kindern bereits möglich? Welche Hilfen bietet ein nicht-theistisches Gottesverständnis Jugendlichen? Aber auch: welche Schwierigkeiten verbinden sich damit? Was bedeutet es für die Kirchen, wenn das mit dem theistischen Gottesbild verbundene Gebetsverständnis nicht mehr stimmig ist, jedoch in allen Gottesdiensten ungebrochen praktiziert wird? Wird dem Religionsunterricht überhaupt eine Theologie zugestanden, die dem verbliebenen Kirchenvolk fremd sein kann und zu Irritationen Anlass bietet? Auf den Kanzeln – katholisch wie evangelisch – ist ja die exegetische Forschung der letzten zweihundert Jahre bis heute nicht angekommen. Da gilt die »wunderbare Brotvermehrung« weiterhin als ein reales Ereignis, ist Jesus vierzig Tage nach Ostern vom Ölberg aus in den Himmel aufgefahren und wird Maria als Mutter und Jungfrau zugleich verstanden – was alles richtig und gut wäre, würde es nicht naiv eins zu eins aufgenommen.

Alles in allem: Es geht nicht mehr an, eine Religionsdidaktik zu konzipieren, die auf eine Standortbestimmung innerhalb des gegenwärtigen Paradigmenwechsels verzichtet. In der umfangreichen Religionsdidaktik von Hilger/Leimgruber/Ziebertz heißt es richtig: »Der Religionsunterricht muss keine ›Inhalte an sich‹ vom Depositum fidei auf die Jugendlichen deduzieren; vielmehr sind die Bedürfnisse und Sehnsüchte junger Menschen so mit den elementaren Inhalten des jüdisch-christlichen Glaubens zu verschränken, dass sie darin Antworten auf ihre Lebens- und Glaubensfragen erhalten.«[60] Es wird aber nicht reflektiert, was denn die »elementaren Inhalte des jüdisch-christlichen Glaubens« sind und mit keinem Wort wird auf die prekäre Glaubenssituation im stattfindenden Traditionsabbruch Bezug genommen, sondern nur eine »Verschränkung« von dogmatischen Inhalten mit jugendlichen Fragestellungen angemerkt. Doch wie kann eine Verschränkung möglich sein, wenn die Jugendlichen sich zwar für ihre Erfahrungen interessieren, nicht aber für die Antworten des Glaubens? Die allem zugrunde liegende Problematik, dass die hausgemachte Verfehlung des Evangeliums Jesu den christlichen Glauben in seinem regulären Bestand nicht mehr tradieren lässt, die christologische Struktur der Glaubenslehre also der eigentliche Grund eines sich auflösenden Glaubens ist, wird nicht gesehen. Damit stellt sich die Frage, welche Theologie den Religionsunterricht ausrichten darf.

60 Georg Hilger/Stephan Leimgruber/Hans-Georg Ziebertz, Religionsdidaktik. Ein Leitfaden für Studium, Ausbildung und Beruf. Kösel, München 2001; hier: Herbert Stettberger/Stephan Leimgruber, Was wird gelernt? – Inhaltsbereiche des Religionsunterrichts, 171.

IV. Die Religion des Religionsunterrichts

Halten wir fest: Es ist nicht das Reich-Gottes-Programm Jesu, das heute fragwürdig geworden ist, sondern jenes Lehrsystem, das Katechismen und Systematische Theologie traktieren. Wirklicher, nicht bezweifelbarer Glaube ist die Nachfolge Jesu, ein Glaube, der getan werden will. Jesus bezog sich in seiner Praxis auf eine prophetische Linie, die nicht im Tempelkult sondern in sozialer Gerechtigkeit und egalisierender Solidarität den wahren Gottesdienst erkannte. Darum noch einmal Nietzsche, der sehr genau erfasste, dass Jesus eine *Lebensweise* einforderte: »Es ist falsch bis zum Unsinn, wenn man in einem ›Glauben‹, etwa im Glauben an die Erlösung durch Christus, das Abzeichen des Christen sieht: bloß die christliche *Praktik*, ein Leben so wie der, der am Kreuze starb, es *lebte*, ist christlich …«

1. Die gelehrte Religion

Wir stehen allerdings, wenn wir fortan vom schulischen Religionsunterricht sprechen, mit diesem Verständnis einer Wahrheit, die *getan*, *nicht* »*für wahr gehalten*« werden will, in einem Dilemma. Es ist das Dilemma einer Religion, die im Übergang vom mythischen zum mentalen Denken entstanden ist. Solange das mythische Bewusstsein die alten Religionen prägte, wurde ein Glaube »mehr getanzt als gedacht«[61]. Der altisraelitische Glaube kannte ausgelassene Tempelfeste mit Schlachtopfern und Mahlzeiten, Gebeten und Reigentanz, hatte aber kaum lehrhafte Elemente. »Im ganzen Kult der älteren Zeit ist überhaupt der theologische Inhalt spärlich, und zwar deshalb, weil, abgesehen von einigen Formeln, in dieser Zeit der alttestamentlichen Religion das Wort im Sinne der Lehre und des Bekenntnisses fehlt. Es gibt keine Predigt.«[62]

---

61   R. R. Marett, zit. n. Bernhard Lang, Buchreligion. Wie sich der »getanzte« zum »gelesenen« Glauben entwickelte, in: rhs 33, 1990, 213–220, hier: 213.
62   Ludwig Köhler, Theologie des Alten Testaments. Mohr, Tübingen 1936, 182.

Der Abschied von Baalskult und getanztem Gottesdienst fällt in die Achsenzeit, als nach dem Babylonischen Exil im Frühjudentum die Bibel entstand. Mit diesem Übergang zu einem mentalen Bewusstsein geriet die Religion in die Hände der Bildungsschicht, welche die bisherigen Erzähltraditionen umformte, monotheistisch neu interpretierte und die bis dahin eher unwichtige und vielleicht gar unbekannte Gestalt des Mose an den Anfang stellte als »Gegner des Tanzes und Bringer der göttlichen Weisung, die allen Juden zu lehren ist«[63]. Seitdem gibt es die Tora als Buch der Weisung. Nachdem das Judentum die Bibel schuf, wurde es zu einem Geschöpf der Bibel, die bald das gesamte jüdische Leben bestimmte. »Höre, Israel!« heißt es jetzt, und seit dem 5. Jahrhundert v. Chr. entwickelte sich eine Liturgie zentral um dieses Buch: »Esra, der Schriftgelehrte, stand auf einer hölzernen Kanzel, die man für diesen Zweck errichtet hatte. Esra öffnete das Buch vor den Augen des ganzen Volkes; denn er stand höher als das versammelte Volk. Und als er das Buch aufschlug, erhob sich das Volk. Und Esra pries Jahwe, den großen Gott, und das ganze Volk antwortete mit erhobenen Händen: Amen, amen! Dann verneigten sich alle und warfen sich vor Jahwe nieder mit dem Gesicht zur Erde. Und Esra las aus dem Gesetz vor ... vom frühen Morgen bis zum Mittag. Und die Ohren des ganzen Volkes waren auf das Buch des Gesetzes gerichtet.« (Neh 8,4-6)

Die neue Gestalt, die der Gottesdienst jetzt findet, bringt die Synagoge hervor, eine religionsgeschichtlich bis dahin unbekannte Erscheinung. Bald finden nun jede Woche am Sabbat in allen jüdischen Städten und Dörfern opferlose Gottesdienste statt, um die im Dekalog zusammengefassten Grundforderungen wieder und wieder einzuschärfen. Der Gottesdienst wird zum Unterricht, der Priester wird durch Lehrer ersetzt und der Tänzer macht dem Leser Platz.[64] Der jüdische Philosoph Philo, ein Zeitgenosse Jesu, verstand die Synagogen insgesamt als Schulen.

In der gleichen Tradition um Buch und »Wortgottesdienst« stehen auch Christentum und Islam. Für keine anderen Religionen ist ein Buch als Vermittlungsgrundlage des eigenen Glaubens so bedeutsam. Entsprechend »lernt« man in den asiatischen Religionen auch nicht den Glauben, wie dies in Cheder, Koranschule und Katechese geschieht. Trotzdem unterscheiden sich Judentum und Christentum im Lernen des Glaubens erheblich (ganz zu schweigen vom Islam, der den Koran jeder Geschichtlichkeit enthoben sieht, da er von Gott selbst diktiert sei). Juden bleibt die

---

63 Bernhard Lang, Buchreligion (s. Anm. 61), ebd.
64 Ebd., 219.

Bibel in ihrer literarischen Vielfalt; darum ist ihr Glaube nicht auf System und Begriff getrimmt, wie im christlichen Lehrsystem. Wie sehr hier ein Verständnis von Glaubens*lehre* schon früh im Vordergrund stand, belegt Klemens von Alexandrien (um 200), der die Kirche *didaskaleion* nannte: eine Schule.

Aus dieser Tradition stammt auch der schulische Religionsunterricht; seine eigentliche Geschichte beginnt mit den Klosterschulen der Benediktiner.[65] Aber erst seit den 1970er Jahren werden Religionsunterricht und Katechese unterschieden. Während die Katechese in Gemeinde und Glaubenspraxis einführen soll, geht es im schulischen Religionsunterricht nicht um Glauben, sondern um Verstehen. In diesem Sinne realisiert er eine kulturhermeneutische Didaktik, die ihn mit allen übrigen Schulfächern verbindet. Die religiöse Biographie von Lehrerin oder Lehrer, auch ungenaues Denken, verwischen zwar immer noch die Differenz zwischen kirchlichem und schulischem Religionsunterricht und ziehen ihn auf enge Flaschen, doch wenn der Horizont weit genug ist, werden Bibel und Glaubensformel in breite geschichtliche und kulturelle Bezüge gerückt. Dann treten die Metaphern des christlichen Credo in Relation zu Anschauungen im Alten Ägypten; das Verständnis Jesu verknüpft sich mit dem Profil der Propheten Israels, des hellenistischen Judentums und des griechischen Kynismus; die christlichen Kirchen gewinnen im Vergleich mit dem griechischen und römischen Tempel ihre spezifische Eigenart; mit der Geschichte der Barmherzigkeit verbindet sich die Sozialgeschichte der Armut und die des Hospitals; die Gottesthematik wird in die Geschichte des abendländischen Denkens eingebunden; mit der Erlösungsthematik – auf die Liebe Gottes bezogen – korrelieren menschliche Liebeserfahrungen; die Schuld der eigenen Welt wird ablesbar am Zustand der Dritten Welt …

2. Religion und Identität

In all dem erschließt der Religionsunterricht den Schülern ihre eigene Herkunft und ihr geistiges Erbe. Freilich verhält es sich mit diesem Erbe wie mit dem Schatz hinterm Ofen: bevor ein junger Mensch das, was ihm

---

65 Ernst Christian Helmreich, Religionsunterricht in Deutschland. Furche, Hamburg/Patmos, Düsseldorf 1965.

von Anfang an zugehört, als zu sich gehörend und ihn selbst bestimmend erkennt, sind oft weite Wege notwendig. Welche Wege und wie weit jemand gehen muss, um am Fremden zu erfassen, was ihm seit jeher zugehört, ist nicht von außen zu bestimmen. Es hängt davon ab, welchen Nutzen der Mensch aus seiner eigenen Erfahrung ziehen kann, also letztlich, ob er den »Verborgenen Lehrer« in sich selbst findet.

Diese Alphabetisierung für das eigene Erbe erweist sich heute angesichts vieler Traditionsabbrüche als eine notwendige und zugleich schwere Aufgabe. In manchen Regionen Europas wird aus unterschiedlichen Affekten die Rolle des Christentums rundum verdrängt; in manchen deutschen Schulen, auch in den je eingerichteten Ersatzfächern zum Religionsunterricht, scheint es wünschenswerter und leichter zu sein, sich mit dem Islam zu befassen als mit dem nicht minder unbekannten Christentum. Dass in das ausgesparte Vakuum allerlei Spielformen eines naiven Neuheidentums einströmen, esoterische Ersatzformen, okkultistische Praktiken, sektiererische Gruppierungen und Fundamentalismen, ist eine Folgeerscheinung. Doch ob es sich nun um christliche, noch christliche oder nicht mehr christliche Kinder handelt, es bleibt in unserem Kulturkreis unverzichtbar, die geistigen Traditionen zu thematisieren, die unsere Kultur bestimmt haben und trotz aller Entkirchlichung als weiterwirkendes Ferment immer noch bestimmen.

Was aber wird aus einer Kultur, die sich selbst nicht mehr wahrnehmen will? Können es sich die europäischen Völker um den Preis ihrer Identität leisten, einen Religionsunterricht aufzugeben, der die Begegnung mit dem eigenen Erbe bearbeitet? Ein Ersatzfach, das geneigter wäre, lieber in andere Kontinente und Religionen zu schauen, als mit den Schülern die Bibel zu lesen und mit ihnen das Evangelium Jesu vom Evangelium des Paulus abzuheben, ist keine überzeugende Alternative. Niemand sollte sich selbst weglaufen. Und da es ja nicht darum geht, kirchenferne Schüler der Taufe zuzuführen, wohl aber, sie kundig und gesprächsfähig in der eigenen Kultur zu machen, auch gebildet genug, um sich ein profiliertes Verständnis des Christentums zu erarbeiten, ist es unverzichtbar, wie im Religionsunterricht so auch im Ersatzfach diese Verstehenszugänge zu bahnen.

Solange das mythische Weltbild die Denk-, Sprech- und Lebensweise der Menschen bestimmte, war es für sie nicht schwer, sich in der religiösen Symbolwelt zu orientieren, zumal diese der eigenen Seele unmittelbar war. Nachdem aber der naturwissenschaftliche Erkenntnisprozess sich aus diesem Symbolkosmos löste und die philosophische Aufklärung Wissenschaft und Religion als zwei unterschiedliche Eigenbereiche voneinander trennte, genügt es nicht mehr, Sprachbilder als Abbilder der Welt zu nehmen. Die religiöse Metapher will nun zwingend – um den Preis ihrer Wahrheit – *als* Metapher verstanden werden. Würde heute noch ein Mythos als Historie gelehrt, könnte der halbwegs denkende Zeitgenosse diesen Mythos nur ablehnen, es sei denn, er würde ihn *als* Mythos verstehen. Das Problem besteht nicht darin, dass Religionen in Mythen und Legenden, Symbolen und Metaphern reden, sondern in der Unfähigkeit oder wenigstens Unbeholfenheit, diese Sprache und ihr Verhältnis zur Wirklichkeit in ihren je gattungsspezifischen Formen zu erfassen. Solange eine Legende gegen historische Wahrheit aufgerechnet wird, muss sie als »Lügende«, wie schon Luther meinte, erscheinen; sobald es aber möglich wird, sie in ihrer gattungseigenen Wahrheit einzusehen, gewinnt sie wieder Unmittelbarkeit. Diese »Zweite Naivität«, das heißt die Unmittelbarkeit zweiter Instanz, die sich hinter den Wegen historisch-kritischer Forschung gewinnen lässt, ist primär eine Aufgabe sprachlicher Bildung. Es ist kein Resultat aufgeklärten Wissens, vielmehr die Frucht differenzierten Verstehens, also eines sprachlichen Vorgangs. Unser Verhältnis zu den Schätzen archaischer Kultur, zu den Zeugnissen alter und heutiger Religionen und auch das Verhältnis zu den biblischen und christlichen Glaubensüberlieferungen hängt an dieser Sprachbildung – jedenfalls dann, wenn »jedes Verstehen am Ende ein Sichverstehen ist«, wie Hans-Georg Gadamer betont. Bleibt solche Sprachbildung aus, fehlen die Zugänge. Bleibt sie ungenügend, häufen sich die Missverständnisse, und das schlimmste Missverständnis mag darin bestehen, dass eine religiöse Tradition sich fundamentalistisch zementiert, in allen ihren psychischen Prozessen einer Versteinerung verfällt, die Kommunikation und Lernfähigkeit einschnürt.

So ist der Religionsunterricht für die Schüler einer nachchristlichen Gesellschaft nicht unwichtig geworden, sondern gewinnt an Bedeutung. Dies gilt zunächst für die eigene kulturelle, gesellschaftliche und politische Reife, hat aber auch Bedeutung für eine immer enger werdende, sich immer bunter mischende interreligiöse Welt. Tourismus und wirtschaftliche Verflechtungen schaffen zunehmend intensivere Kontakte. In diesem Prozess den Völkern Asiens und Afrikas nicht allein als Tourist, Manager Techniker oder Kaufmann begegnen zu können, sondern zugleich als ein feinfühliger und verständigungsfähiger Freund ihrer Kultur, wird eine weitere Aufgabe des Religionsunterrichts sein.

3. Das »Darüberhinaus« des Religionsunterrichts

Nun steht es allerdings mit unserer Gesellschaft, soweit es um Aufgaben »inwendiger« Vermittlung geht, nicht zum Besten. Geschichte und Religionen, Literatur und Kunst bleiben durchweg in Dimensionen des Wissens stecken. Das gilt bereits für die Ausbildung an den Universitäten. Und entsprechend unsensibel gerät der schulische Alltag, dessen Sprache die vorherrschende Praxis kennzeichnet: *Stoffe* werden *durchgenommen*. Auch die wissenschaftlich betriebene Pädagogik und Didaktik entwickeln hier kein sonderliches Problembewusstsein. Die Erziehungswissenschaften haben die Religion aus ihrem Kulturverständnis entlassen und handeln über Ethos und Werte, Sinnfragen und Erziehung, als sei das alles an Christentum, Religion und Religionen vorbei zu haben und zu regeln. Dahinter steht Entfremdung zu Christentum und Kirche, auch der längst verlorene Anschluss an die theologische Forschung und Fragestellung; kommt schließlich noch ein Gran Opportunismus hinzu, ist für viele das dauerhafte Ignorieren der religiösen Dimension im pädagogischen Diskurs über Schule und Unterricht Signal genug, auf diesem Gebiet ihrerseits selbst taub, blind und stumm zu werden.

Doch messen den Religionsunterricht religiöse Alphabetisierung und kulturelle Fülle nicht vollständig aus. Hinzukommen muss auch ein prophetisches Element, das kritisches Bewusstsein gegenüber wechselnden Zeitströmungen und Trends wach hält und bei allen Beteiligten den Willen stärkt, mehr als eine Fun-Gesellschaft zu sein.

Dem Religionsunterricht sind letzte Fragestellungen aufgegeben, die den Schüler mit sich selbst konfrontieren, und vor eine Sinnperspektive stellen, welche die Gottesfrage in sich einschließt. Das ist kein abstrakter Diskurs, sondern ein konkreter, aufmerksamer Gang durch Leben und Welt. Er führt in die Natur und weckt philosophische Fragen; er konfrontiert mit der gekreuzigten Kreatur und dem ausgelieferten Mitmenschen; er stellt sich dem Leid wie der Erfahrung des Nichts und ist in diesem Prozess letztlich ein Weg der Menschwerdung, der Perspektiven stiftet und den Schülern hilft, sich über sich selbst klar zu werden. Das führt zu den Grundlagen der menschlichen Existenz, die dem Ethos des Grundgesetzes der Bundesrepublik Deutschland noch voraufliegen und deren Auslotung kein Ethikunterricht betreibt.

Der Religionsunterricht versteht die Gottesfrage als Frage nach dem Menschen selbst. Dabei zeigt sich, bis in welche Tiefen er auf diesem Wege vordringt, denn er kann die Geschichte der Menschheit nicht als Geschichte der Sieger aufzeigen, sondern als die Geschichte des gekreuzigten Menschen, die der Arroganz der Mächtigen, ihrer Habsucht und Erbarmungslosigkeit zum Opfer fielen und immer weiter zum Opfer fallen. Der Streit, ob »die Hoffnung der Elenden ewig verloren ist« (Ps 9,19) oder ob die Hoffnung auf Gerechtigkeit gegen Tod und Ungerechtigkeit ein *fundamentum in re* hat, ist ein Streit um Gott. Er äußert sich in Max Horkheimers »Sehnsucht, dass der Mörder nicht über das unschuldige Opfer triumphieren möge«. Quer zu allen Zerstreuungs- und Betäubungsneigungen in der Gesellschaft bleibt dem Religionsunterricht die Frage aufgegeben, was letztlich trägt und rettet. Es gilt einer Neigung zu widerstehen, die das Gedächtnis an die Opfer der Geschichte auslöscht, um selbst ungestört zu sein. Sich nicht mit einer Gesellschaft abzufinden, die an ihrem eigenen Konsum Genüge findet, und nicht mit einer Schule, die an ihren mit Brauchwissen zugestopften Lehrplänen erstickt. Der Religionsunterricht muss den »Sinn für den Sinn« (Jeanne Hersch) wach halten, den Wunsch, dass es im Leben »mehr als alles« gebe.

Religion, wie sie der Religionsunterricht zu lehren hat, ist der Aufstand gegen die Banalität, sowohl die individuelle Banalität als auch die institutionalisierte und konsumistische. Religionsunterricht will sensibilisieren, die Augen und Ohren öffnen, Lähmungen heilen, Stummheit und Sprachlosigkeit überwinden. Religion widersteht Fatalismus und Apathie, schafft Kommunikation und politische Handlungsbereitschaft, Engagement und Parteinahme. Natürlich kann Religion wie alles in der Welt, ambivalent sein, aber die Religion, wie sie der Religionsunterricht – Maß nehmend am Evangelium Jesu – aufzuzeigen hat, setzt auf Befreiung und Mündigkeit.

Was Religion ist, lehren keine Definitionen und Bekenntnisse, sondern Menschen wie Oscar Romero und Simone Weil. Darum soll der Religionsunterricht nicht »neutral«, sondern konfessorisch sein, nicht distanziert informativ, sondern engagiert. Er schließt eine sprachlos gewordene Tradition wieder auf, übersetzt die Befreiungspotentiale des Christentums in die Gegenwart und setzt sich für eine Schule ein, die der Jugend einer Konsumgesellschaft hilft, alle Haben-Wünsche gegen eigenes Engagement einzutauschen. »Less than All cannot satisfy Man« (William Blake).

4. Was ist eigentlich Religionsdidaktik?

Was für ein didaktisches Konzept braucht der schulische Religionsunterricht, um solche Zielsetzungen zu erfüllen? Seitdem die traditionelle Zweiteilung in Bibel- und Katechismusunterricht in den 1960er Jahren aufgegeben wurde, die neuen Stichworte »Problemorientierter Religionsunterricht« und »Schülerorientierung« hießen, wird darüber nachgedacht, Glaubensaussagen und heutige Erfahrungen so miteinander ins Gespräch zu bringen, dass sie sich wechselseitig erhellen. Damit stieß die Religionsdidaktik auf den Korrelationsbegriff, der vorweg bereits in den theologischen Werken von Paul Tillich und Edward Schillebeeckx eine Rolle spielte. Bei Tillich hieß es: »Die Methode der Korrelation erklärt die Inhalte des christlichen Glaubens durch existentielles Fragen und theologisches Antworten in wechselseitiger Abhängigkeit.«[66] Schillebeeckx nahm diesen Faden auf, betonte aber die Ambivalenz von Erfahrung, da sie stets Sinn und Widersinn einschließen kann, also vielfältiger Interpretation unterliegt.[67] Franz Wendel Niehl sieht in der Korrelationsdidaktik eine aktuelle Problemverschärfung, da der Religionsunterricht »sich überwiegend an Schüler wendet, die keine nennenswerte emotionale Beziehung zur Glaubenstradition haben. Ob in diesem Rahmen Verständigung über den Glauben prinzipiell gelingen kann, hängt von der Antwort auf zwei Fragen ab: Gibt es eine grundsätzliche Problemsolidarität zwischen Kirche (bzw. Theologie) und heutiger Gesellschaft, so dass Christen vom gleichen Fragehorizont her Antworten suchen wie Nichtchristen? Und umgekehrt: Ist der ›Zeitgeist‹ grundsätzlich empfänglich für jene Erfahrungen, zu denen der christliche Glaube anstößt?«[68] Georg Hilger resümiert: »Die Erwartung einer Vermittelbarkeit von Erfahrungen und Glaubensinhalten konnte zu selten eingelöst werden. Der Normalfall in der konkreten Unterrichtspraxis ist eher das Scheitern, nicht zuletzt wegen des mangelnden Bezuges der meisten Schülerinnen und Schüler zur Praxis des gelebten Glaubens.«[69]

---

66 Paul Tillich, Systematische Theologie, Bd. I, Ev. Verlagswerk, Stuttgart 1956, 74.
67 Edward Schillebeeckx, Erfahrung und Glaube, in: Christlicher Glaube in moderner Gesellschaft. Herder, Freiburg, 1980 ff., Bd. XXV, 73–116.
68 Franz Wendel Niehl, Korrelation, in: Handbuch religionspädagogischer Grundbegriffe. Hg. von Gottfried Bitter und Gabriele Miller. Kösel, München, Bd. 2, 1986, 754.
69 Georg Hilger, Korrelieren lernen, in: Hilger/Leimgruber/Ziebertz, Religionsdidaktik (s. Anm. 60), 327.

Zunächst scheint es geboten, die Unterstellung des Religionsunterrichts unter ein pauschales Korrelationspostulat aus Gründen eines genaueren didaktischen Denkens abzuweisen: »Seitdem sich diese Korrelationsdidaktik im öffentlichen Bewusstsein durchgesetzt hat, planiert sie mit der Rücksichtslosigkeit einer Walze die ehedem differenzierte didaktische Landschaft. Ist es heute eigentlich noch bekannt, dass der Begriff Religionsdidaktik keine einheitliche Sachstruktur kennt, sondern eine Anzahl höchst verschiedener und höchst anspruchsvoller Einzeldidaktiken umfasst?«[70] Diese Kritik hat im didaktischen Denken in den folgenden Jahrzehnten nicht viel geändert, jedenfalls nicht, wenn man den Ertrag in Lehrplänen und Religionsbüchern finden möchte, weil die Sachbereiche, mit denen der Religionsunterricht zu tun hat, niemals einer homogenen Fachdidaktik und noch weniger einer leitenden »Konzeption« unterstellt werden können. Der kerygmatische, hermeneutische, problemorientierte Religionsunterricht, gefolgt von einem modifizierten themenorientierten und schließlich dem korrelativen Religionsunterricht haben ein wirklich didaktisches Denken verhindert. Wie immer die Leitformel hieß, sie unterstand wechselnden Strömungen in Pädagogik und Gesellschaft. Statt mit derart vereinheitlichenden Konzeptionen zu arbeiten, ist didaktisches Denken von den vielgestaltigen Inhalten des Religionsunterrichts her angemessen. So ist im Umgang mit der Bibel eine Literaturdidaktik gefragt, die von der gattungsspezifischen Wahrheit der Formen ausgeht. Bei Vorgängen und Problemständen der Christentumsgeschichte haben wir es mit Geschichtsdidaktik zu tun. Für den Umgang mit dogmatischen Inhalten gelten wiederum besondere didaktische Arbeitsformen; ebenso sind – je nach Schulform und Alterstufe – Didaktiken für den ethischen Bereich, für Kirchenarchitektur, Bildinterpretation und Musik, sowie eine regionale Religionsdidaktik zu nennen …

Die Problematik der pauschalen Unterrichtskonzeptionen sollte inzwischen über den Kreis der Religionsdidaktiker hinaus erkannt worden sein. Hilger/Leimgruber/Ziebertz versuchen, den vielen Inhalten des Religionsunterrichts durch »didaktische Prinzipien« gerecht zu werden. Sie unterscheiden Ästhetisches Lernen, Symbollernen, Erinnerungsgeleitetes Lernen, Biographisches Lernen, Mystagogisches Lernen, Biblisches Lernen, Ethisches Lernen, Ökumenisches Lernen, Interreligiöses Lernen … Dazu kommen methodische Wege wie Projektorientiertes Lernen,

---

70 Hubertus Halbfas, Das dritte Auge. Religionsdidaktische Anstöße. Patmos, Düsseldorf 1982, 35.

Handlungsorientiertes Lernen und Freiarbeit. An dieser Stelle haben wir jedoch nicht die Auswahl der genannten Prinzipien zu erörtern, sondern die Frage, ob die Entfaltung von Prinzipien bereits den Lehrer befähigt, den Inhalten des Religionsunterrichts gewachsen zu sein. So eröffnet die »Religionsdidaktik« von Hilger et al. die Kategorie »Biblisches Lernen« mit einer Problemanzeige: wie Schüler sich zur Bibel verhalten und welche Konsequenzen postmoderne Charakteristika (Pluralismus, Individualisierung und Mehrperspektivität) für biblisches Lernen haben. Anschließend werden Begründungen für die Bedeutung des biblischen Lernens heute erörtert. Im dritten Teil geht es um Elementarisierung der Strukturen, der Erfahrungen, der Zugänge und der Wahrheiten. Unter dem letzten Aspekt soll »der Bibeltext auf Wahrheiten abgehört werden, in denen sich Grundüberzeugungen des christlichen Glaubens aussprechen«. Dem wird schließlich »im Kontext der Postmoderne« ein Votum für »wechselseitige Dekonstruktion von Text und Subjekt« angefügt mit einem Unterrichtsbeispiel über das Gleichnis von den Arbeitern im Weinberg.[71] Solch klugen Ausführungen muss nicht widersprochen werden, aber zu fragen bleibt, warum es in dieser Didaktik nicht die bescheidenste Hilfestellung zum Umgang mit Metapher und Symbol gibt und keine Anleitung, Mythe, Sage oder Legende in ihrem je eigenen Verhältnis zur Wirklichkeit zur Sprache zu bringen. In welch anderer Kategorie als in einer Religionsdidaktik sollten Lehrerin und Lehrer die elementaren Fähigkeiten gewinnen, mit Bibeltexten umgehen zu können?

Auch der Blick in die »Religionspädagogischen Beiträge«, in der katholische Religionspädagogen ihre Aufsätze publizieren, lässt an formaler Wissenschaftlichkeit nichts vermissen bei gesteigert unsinnlicher Sprache, doch kümmert bei ihnen der praktische Sinn für Schule und Alltag dahin. Die Fachschaft bewegt sich in einem geschlossenen System, das die Lehrerschaft kaum erreicht und jedenfalls nicht verändert. Schaut man aber in Lehrpläne und Religionsbücher, findet man auch heute noch den biblischen Stoffkanon von Texten bestimmt, die immer schon unterrichtet wurden. Doch die dafür notwendigen sprachlichen Sensibilisierungen, die Schülerinnen und Schüler fähig machen, mit biblischen Metaphern, Symbolen und Sprachformen umgehen zu können, fehlen weiterhin. Die heutige Religionsdidaktik zeigt sich ohne Problembewusstsein für ihre primäre didaktische Aufgabe.

---

71 Ulrich Kropac, Biblisches Lernen, in Hilger/Leimgruber/Ziebertz, Religionsdidaktik (s. Anm. 60), 385–401.

Was hier aussteht, ist eine elementare religiöse Sprachlehre. Denn wer das literarische Genus eines religiösen Textes nicht erfasst und für dessen Symbole und Metaphern kein inneres Verständnis entwickelt, wird an Bibel und Dogma, aber auch an den Ausdrucksformen fremder Religionen scheitern, wie dies seit den neuzeitlichen Jahrhunderten unzähligen Historikern und Aufklärungstheologen geschehen ist und dem normal gebildeten Zeitgenossen immer noch geschieht. Das Sprachverständnis unserer Schulen und Hochschulen, das übliche hintergrundlose Info-Deutsch. ist so sehr auf das Faktische ausgerichtet, dass alle übrigen Sprachspiele die erst die Abstufungen der Wirklichkeit erschließen, auf der falschen Ebene missdeutet werden. Lernziel wäre es, die je spezifische Wahrheit der Formen, wie sie dem Mythos, der Sage, der Legende, dem Märchen eigen ist, dem Gleichnis, der Prophetenrede, dem Paradoxon ... zu erfassen ohne diese Formen dem Urteil der Historie zu unterstellen.

Eine solche Didaktik setzt die Unterscheidbarkeit der Gattungen voraus. Die Literaturtheorien des 18. und 19. Jahrhunderts waren vorwiegend ästhetisch gerichtet, haben Lyrik, Epik und Dramatik geschieden, aber Untergliederungen in literarische Genera nicht verfolgt. Jacob Grimm war seiner Zeit wohl am meisten voraus, als er 1835 in der »Deutschen Mythologie« von der je »eignen Macht« der Formen sprach, »deren Gebiete auf der Grenze ineinander sich verlaufen, aber auch ihren *gesonderten, unberührten Grund* haben«.[72] Aber erst ein Jahrhundert später gab André Jolles 1930 mit seinem Werk »Einfache Formen« der morphologischen Literaturbetrachtung die entscheidende Grundlage, was immer später daran auch zu kritisieren und korrigieren war.[73] Bereits zwei Jahre zuvor hatte Vladimir J. Propp die strukturelle Einheit einer Gattung in seiner »Morphologie des Märchens« aufgezeigt.[74]

Für die Bibelwissenschaften hat nach Hermann Gunkel, dem »Vater der Gattungsforschung«, Klaus Koch mit seinem Buch »Was ist Formgeschichte?« den Sinn geschärft, die Eigenart und Intention eines Textes nicht zu verfehlen.[75] Neben ihm wandte sich Dieter Baltzer dem literarischen Genus zu, erstmals ein Alttestamentler, um für den Schulunterricht

72 Jacob Grimm, Deutsche Mythologie. Akademische Druck- und Verlagsanstalt, Graz ^{5}1968/69.
73 André Jolles, Einfache Formen. Legende, Sage, Mythe, Rätsel, Spruch, Kasus, Memorabile, Märchen, Witz. Niemeyer, Tübingen 1930.
74 Vladimir J. Propp, Morphologie des Märchens. Leningrad 1928; München 1972.
75 Klaus Koch, Was ist Formgeschichte? Neukirchener, Neukirchen-Vluyn 1964.

»ein subtileres Sprach- und Existenzverständnis einzuüben und damit auch ein differenzierteres theologisches Denkvermögen«[76]. Baltzer sieht literarische und literaturhistorische, religionswissenschaftliche, religionsgeschichtliche, historisch-kritische Textanalysen damit nicht als überflüssig an: »Im Gegenteil, die Ortung einer historischen, lokalen, kulturgeschichtlichen Notiz, die Identifikation der Fortschreibung eines Textes durch einen späteren Interpreten, die religionsgeschichtliche Einordnung in religiöse, Israel überschreitende Zusammenhänge, all das sind bleibende Aufgaben literaturwissenschaftlicher Textanalyse. Die Beantwortung der hermeneutischen Grundfrage indessen nach der Aussageabsicht des Mythos, der Sage, der Fabel, des Gleichnisses und in besonderer Weise der Legende entscheidet, ob der Wahrheitsanspruch dieser ganz verschiedenen literarischen Formen von innen her aufleuchtet, sodass die theologische Wahrheit, die diese Textformen jede für sich vermitteln wollen, ans Licht kommt.«[77] In diesen Kontext gehören auch die beiden voluminösen Bände von Eugen Drewermann, »Tiefenpsychologie und Exegese«, welche die bleibende Wahrheit der literarischen Formen nicht von ihrer historisch-kritischen Analyse, also der äußeren Geschichte, sondern »von ihrem wahren Zentrum, vom Traum her« zu verstehen suchen.[78]

---

76 Dieter Baltzer, Legende. Bibeldidaktische Problemanzeige alttestamentlicher Sprachlehre. Münstersche Theologische Vorträge, Bd. 8., Lit, Münster o.J., 27. Ders., Alttestamentliche Fachdidaktik. Gesammelte Studien. Lit, Münster 1996; ³2003.

77 Dieter Baltzer, ebd., Legende (s. Anm. 76), 26.

78 Eugen Drewermann, Tiefenpsychologie und Exegese. Bd. I: Die Wahrheit der Formen Traum, Mythos, Märchen, Sage und Legende, Walter, Olten 1985. Bd. II: Wunder, Vision, Weissagung, Apokalypse, Geschichte, Gleichnis. Walter, Olten 1985.

V. »Kompetenzorientierter Religionsunterricht« – das neue didaktische Konzept?

In den letzten Jahren hat sich eine neue didaktische Unterrichtskonzeption etabliert, die zunächst nicht den Religionsunterricht im Blick hatte, sondern jene Fächer, die in die internationalen PISA-Untersuchungen einbezogen waren. Die unerwartet schlechten Resultate, die den deutschen Schulen in diesen Leistungsvergleichen bescheinigt wurden, führten zu einer radikalen Umorientierung der Bildungspolitiker. Hinfort wollen sie den gesamten schulischen Bildungsprozess nicht mehr auf Lehr- und Lernziele ausgerichtet sehen, also nicht mehr vom *Input* sondern von seinem Resultat, dem *Outcome* her. Dies führt zu einem didaktischen Paradigmenwechsel: statt inhaltsbezogenes Lernen soll nun kompetenzorientiertes Lernen stattfinden. Die geforderten Kompetenzen gibt die Ständige Konferenz der Kultusminister der Länder in der Bundesrepublik Deutschland durch »Bildungsstandards« vor; sie definieren, was Schülerinnen und Schüler am Ende einer Unterrichtsstrecke *können* sollen, während Lehrpläne sich mit ihrer Ausrichtung auf Themen und Inhalte davon unterscheiden. »Bildungsstandards legen fest, welche Kompetenzen die Kinder und Jugendlichen bis zu einer bestimmten Jahrgangsstufe erworben haben sollen.«[79] Als Kompetenzen werden zum Beispiel Lese- und Rechtschreibfähigkeiten beschrieben, mathematisches Können oder im Fach Religion die Fähigkeit, Symbole zu deuten.

Unterschieden werden Bildungsziele, Bildungsstandards und Kompetenzen. Die vom Bundesministerium für Bildung und Forschung in Auftrag gegebene und im Jahr 2003 durch Eckhard Klieme et al. herausgegebene Expertise[80] definiert *Bildungsziele* als »allgemein gehaltene Aussagen darüber, welche Wissensinhalte, Fähigkeiten und Fertigkeiten, aber auch Einstellungen und Werthaltungen, Interessen und Motive die Schule vermitteln soll«, damit sich die Kinder und Jugendlichen

---

79 Eckhard Klieme et al., Zur Entwicklung nationaler Bildungsstandards. Eine Expertise, hg. vom Bundesministerium für Bildung und Forschung, Bonn, 2003, 9.
80 Eckhard Klieme, ebd.

in der Welt zurechtfinden und über die notwendigen »Kulturwerkzeuge« verfügen, um sich in den verschiedenen Bereichen der Welt bewegen zu können.

Bildungsstandards sind normativ. Sie definieren die erwarteten Lernergebnisse und sind folglich outcome-orientiert. Aus diesem Grunde sind Bildungsstandards auf Kompetenzen und Kompetenzmodelle bezogen, die in Aufgaben und Tests umgesetzt werden.

Unter Kompetenzen versteht die Klieme-Expertise vor allem kognitive Fähigkeiten und Fertigkeiten, bestimmte Probleme lösen zu können und dieses Problemlösungspotential in variablen Situationen erfolgreich und verantwortungsvoll nutzen zu können. Dabei wird die Konkretion des Kompetenzbegriffs vor allem den Fachdidaktiken zugewiesen. Diese sollen darlegen, in welcher Weise fachbezogene Kompetenzen gestuft sind und wie sie aufgebaut werden können. Die Fachdidaktiken benötigen deshalb Kompetenzmodelle als »wissenschaftliche Konstrukte«. Sie haben die »Aufgabe, die Ziele, die Struktur und die Ergebnisse fachlicher Lernprozesse zu beschreiben. Sie bilden die Komponenten und Stufen der Kompetenzentwicklung von Schülerinnen und Schülern ab und bieten somit eine Orientierung für schulisches Lehren und Lernen.«[81] Das im Unterricht zu vermittelnde Wissen wird damit auf Anwendungssituationen bezogen, so dass bereits beim Wissenserwerb deren Vielfalt mit zu bedenken ist. »Deshalb kommt alles darauf an, die Vernetzung des Wissens in den Lehr- und Lernprozessen anzustreben und seine Transfermöglichkeiten auszubauen ... Der Unterricht steht vor der Herausforderung, intelligente Lernsituationen herzustellen, die systematisch die Differenz von Wissen und Können überwinden. Dies muss und wird die Praxis des Unterrichts verändern.«[82]

1. Religionsunterricht und Kompetenzorientierung

Die Klieme-Expertise hatte in ihrer schulischen Ausrichtung zunächst die elementaren Kulturtechniken vor Augen. Der Religionsunterricht war nicht einbezogen. Dementsprechend haben die Kirchen, aber auch Religionspädagogen erörtert, ob und wie sich der Kompetenzbegriff mit

---

81 Eckhard Klieme, ebd., 135.
82 Gabriele Obst, Kompetenzorientiertes Lehren und Lernen im Religionsunterricht. Vandenhoeck & Ruprecht, Göttingen 2010, 27; 32.

dem Verständnis des Faches Religion verträgt. Die Denkschrift der EKD »Maße des Menschlichen. Evangelische Perspektiven zur Bildung in der Wissens- und Lerngesellschaft« fragt, nach welchen Maßstäben Bildung in ihrer humanen Qualität zu messen sei und kritisiert, es verbiete sich, Bildung auf optimale Funktionalität und Flexibilität zu beschränken: »Religion und Ethik sind keine direkt vermittelbaren ‚Fertigkeiten‘, vielmehr stellen sie vor Fragen, bei denen es um das gesamte menschliche Dasein geht. Beherrschbares und grundsätzlich Nicht-Beherrschbares, Verfügbares und grundsätzlich Nicht-Verfügbares sind auseinander zu halten.«[83] Einer Kompetenzorientierung des Religionsunterrichts wird zwar nicht widersprochen, jedoch deutlich gemacht, dass Standards und Kompetenzen nur begrenzte Reichweiten haben, die den Bildungsauftrag des Religionsunterrichts nicht abdecken: »Die evangelische Kirche versteht Bildung als Zusammenhang von Lernen, Wissen, Können, Wertbewusstsein, Haltungen (Einstellungen) und Handlungsfähigkeit im Horizont sinnstiftender Deutungen des Lebens.«[84] Aus dieser Sicht pointiert Bernhard Dressler, Theologie habe die Pädagogik immer daran zu erinnern, dass »Bildung nur dann funktional sein kann, wenn sie nicht nur funktional ist.«[85]

Ähnlich haben sich Karl Ernst Nipkow, Friedrich Schweitzer und Hans Schmid zum Bildungsverständnis, wie es hinter der geforderten Kompetenzorientierung aufscheint, geäußert. Sie alle betonen ein »Darüberhinaus« des Religionsunterrichts. Kinder und Jugendliche brauchten Erfahrungen, Einsichten und Anstöße, die sich nicht messen lassen. Darum dürfte das Denken in Standards und Kompetenzen auch nicht den ganzen Unterricht bestimmen. Insgesamt fühlen sich diese Autoren an den problemorientierten Religionsunterricht erinnert, der ähnlich wie die Kompetenzorientierung die Inhalte zugunsten angestrebter Resultate zurückstellte.

Zur Kritik des problemorientierten Religionsunterrichts hatte ich 1982 geschrieben:

---

83 Kirchenamt der Evangelischen Kirche in Deutschland (Hg.), Maße des Menschlichen. Evangelische Perspektiven zur Bildung in der Wissens- und Lerngesellschaft. Gütersloh 2003, 70.
84 Ebd., 66.
85 Bernhard Dressler, Menschen bilden? Theologische Einsprüche gegen pädagogische Menschenbilder, in: Evangelische Theologie 63, 4/2003, 261–271, hier: 262.

In einem problemorientierten Konzept, das dem »Stoff« seinen Eigenwert bestreitet, um stattdessen nach seinem Funktionswert im »schülerorientierten« situativen Zusammenhang zu fragen, wird der Unterricht immer inhaltsloser. Das ist zwangsläufig der Fall, weil sich das Interesse nicht mehr auf die Sachen, sondern auf Strukturen und Lösungswege, also letztlich auf formale Prozesse richtet. Die curriculare Theorie definiert diese formalen Zielsetzungen als Qualifikationen. Sie regieren heute unsere Lehrpläne.

Die bewusste Herausstellung von Fähigkeiten, die Schüler erwerben sollen, ist nicht grundsätzlich kritikwürdig. Einwände sind aber vonnöten, wenn die formale Zielsetzung alle Unterrichtsinhalte für austauschbar und letztlich für gleichgültig erklärt, wie es die Grundaxiome des problemorientierten Unterrichts tun. Wenn die »Sachen« ihre je einmalige »Kostbarkeit« verlieren, wenn sie nicht mehr der Liebe würdig sind, nicht mehr faszinieren, keine Leidenschaft mehr wecken, wenn sie in ihrem Anforderungscharakter jeden, der sich auf sie einlässt, nicht auch je in ihre Schule nehmen, dann endet dort auch alle Bildung und reduziert sich auf funktionalisierte Ausbildung.[86]

Die seit 1967 von Saul B. Robinsohn initiierte »Bildungsreform als Revision des Curriculum« hatte als Ziel schulischen Lernens »die Ausstattung zur Bewältigung von Lebenssituationen«, was sich in bestimmten Qualifikationen erweisen sollte. Das führte in der Religionspädagogik der siebziger Jahre zu einer Schüler- und Problemorientierung – mit einem fachlichen Identitätsverlust, den der einflussreiche Mainzer Religionspädagoge Gert Otto mit seinem biblisch bestimmten »Handbuch des Religionsunterrichts« und dem sich ausschließlich emanzipatorischen Zielen zuwendenden »Neuen Handbuch« am deutlichsten demonstrierte: Die traditionellen Inhalte des Religionsunterrichts tauschte Otto gegen formale »emanzipatorische« Ziele aus, was dem Fach seine Kontur nahm.[87] Darum bewahren heutige Religionspädagogen auch Skepsis gegenüber Qualifikationen, welche die Inhalte zurückstufen. Die Gleichsetzung von Problemorientierung mit Kompetenzorientierung mag zwar aus der Klieme-Expertise nicht abzuleiten sein, dennoch eröffnet die Verknüpfung von Wissen und Können, Lernen und Handeln einen Zusammenhang von »Problem und Lösung«, mit der jetzt neue Produkte auf den Markt kommen, deren didaktische Überlegenheit noch zu prüfen ist.

---

86 Hubertus Halbfas, Das dritte Auge (s. Anm. 70), 30. Religionsdidaktische Anstöße. Patmos, Düsseldorf 1982, 30.

87 Vgl. hierzu Gert Otto, Handbuch des Religionsunterrichts, Furche, Hamburg 1965 und Gert Otto / Hans Joachim Dörger / Jürgen Lott, Neues Handbuch des Religionsunterrichts. Furche, Hamburg 1972.

Hans Schmid vertritt als katholischer Religionspädagoge diese Skepsis: »Der ›Gegenstand‹ des Religionsunterrichts erschöpft sich nicht in Fähigkeiten, Probleme zu lösen. Es ist gerade eine Eigenart aller ›Inhalte‹, aller Ausdrucksformen des Glaubens, dass sie in den jeweiligen Kompetenzen nicht aufgehen. Sie haben ein Eigengewicht, einen Überschuss und weisen etwas Widerständiges und Fremdes auf. Insofern haben sie uns immer auch etwas zu sagen, was wir nicht suchen; sie führen uns über uns hinaus. Hierin liegt ihre eigene Qualität, die im Unterricht zur Entfaltung kommen muss. Sonst funktionalisieren wir die Inhalte und sie zerrinnen uns zwischen den Fingern.«[88]

Auf die Klage von Katja Boehme, der Religionsunterricht werde inhaltsleer[89], hatten Wolfgang Michalke-Leicht und Clauß Peter Sajak geantwortet, religiöse Kompetenz werde es nicht geben »ohne Wissen um theologische und religionskundliche Sachverhalte«. Hans Schmid sieht das Problem jedoch mit der Frage gegeben, *in welchem Verhältnis* Kompetenzen und Inhalte zueinander stehen: »In der kompetenzorientierten Logik treten die Inhalte hinter den Kompetenzen zurück. Sie bekommen eine Funktion und behalten sie, insofern sie den Kompetenzen dienen. Hierin zeigt sich eine funktionalistische Tendenz, die die Kompetenzorientierung von der Lernzieldidaktik der siebziger und achtziger Jahre übernommen hat ... Die Kompetenzorientierung stellt insofern noch eine Verschärfung dieser Tendenz dar, weil sie die Kompetenzen besonders in der Perspektive von ›outcomes‹ in den Blick nimmt.«[90]

Bereits im Jahr 2005 hat die Deutsche Bischofskonferenz hier gegenzusteuern versucht, indem sie vom Religionsunterricht die Vermittlung eines unentbehrlichen religiösen Grundwissens verlangte: »Wenn Einstellungen mehr als Gewohnheiten sein sollen, erfordern sie Einsichten. Deshalb gehört es zu den wesentlichen Aufgaben des Religionsunterrichts, den Schülerinnen und Schülern Kenntnisse des katholischen Glaubens sowie Fähigkeiten im sachgemäßen Umgang mit religiösen Fragen, Themen und Zeugnissen zu vermitteln.« Die Bischöfe verweisen zugleich auf den Zeithorizont schulischer Bildung, der vieles, was unterrichtet wird, erst nach Jahren oder jenseits der Schulzeit erfassen und wertschätzen lässt. »Deshalb ist es schon aus pädagogischen Gründen verfehlt, den

---

88 Hans Schmid, Falsche Alternativen. Welche Ziele kann der Religionsunterricht realistisch erreichen?, in: Herder Korrespondenz 65, 1/2011, 49–53, hier: 52.
89 Katja Boehme, Erhebliche Gefährdungen. Der Religionsunterricht und seine Gefährdungen, in: Herder Korrespondenz 64, 9/2010, 460–464.
90 Hans Schmid, Falsche Alternativen (s. Anm. 88), 52.

aktuellen Frage- und Erfahrungshorizont der Schülerinnen und Schüler zum Maß dessen zu machen, was im Religionsunterricht thematisiert werden kann.«[91] Darüber hinaus soll der Religionsunterricht die »Glaubenspraxis« erkunden und erschließen helfen, weil die kritische Reflexion des Glaubens »ohne ein zumindest ansatzweises Vertrautsein mit der Glaubenspraxis für die Schülerinnen und Schüler irrelevant« werde. Unter diesen Bedingungen wird einer »Kompetenzorientierung« des Religionsunterrichts nicht widersprochen, doch bleibt ungeklärt, wie angesichts eines unter Schülern schwindenden Glaubens »Kompetenz in Religion« gewonnen werden kann.

Allerdings haben die Bischöfe bereits 2004 »Kirchliche Richtlinien zu den Bildungsstandards für den katholischen Religionsunterricht in den Jahrgangsstufen 5–10 / Sekundarstufe I«[92] vorgelegt. Sie wollen darin »Kompetenzen und Wissensbestände ausweisen, die Schülerinnen und Schüler zu einem bestimmten Zeitpunkt, also etwa am Ende der Sekundarstufe I … erworben haben sollen«. Darin betonen sie, dass sich religiöse Bildung im katholischen Religionsunterricht »in Korrespondenz mit der konkret erfahrbaren Glaubensgemeinschaft der katholischen Kirche« vollzieht, »denn vom Neuen Testament her sind Glaube und Kirche unmittelbar miteinander verbunden«[93]. Als allgemeine Kompetenzen werden insbesondere sprachliche Fähigkeiten genannt; auch Fähigkeiten eigenen Wissenserwerbs, der Urteilskompetenz, der Verständigung und Dialogfähigkeit, doch werden diese formalen Qualifikationen Unterrichtsinhalten unterstellt, die das religiöse Grundwissen in sechs Bereiche gliedern: 1. Mensch und Welt; 2. Die Frage nach Gott; 3. Bibel und Tradition; 4. Jesus Christus; 5. Kirche; 6. Religionen und Weltanschauungen.

Was die bischöflichen Dokumente allerdings ausklammern, man kann auch sagen verdrängen, ist der aktuelle Traditionsabbruch in seinen täglich zu besichtigenden Ausmaßen. Die nicht mehr stattfindende religiöse Sozialisation der Schülerschaft wird eingeräumt, aber welche Inhalte davon am meisten betroffen sind, hat noch niemand untersucht, so dass sich die Frage stellt, ob bzw. auf welche Weise und auf welcher Ebene die Schüler religiöse Kompetenz noch erwerben können. Soweit es sich um »allge-

---

91 Die deutschen Bischöfe, Der Religionsunterricht vor neuen Herausforderungen. Bonn, 16. Februar 2005.
92 Die deutschen Bischöfe, Kirchliche Richtlinien zu den Bildungsstandards für den katholischen Religionsunterricht in den Jahrgangsstufen 5–10 / Sekundarstufe I. Bonn, 23. September 2004.
93 Ebd., 10.

meine Kompetenzen« handelt, beispielsweise Kenntnis und Umgang mit religiösen Sprachformen erwerben, gelten die üblichen unterrichtlichen Bedingungen. Auch bei den inhaltsbezogenen Kompetenzen unterliegt das Grundwissen den Bedingungen normaler Vermittlung. Wenn die Schülerinnen und Schüler aber wissen sollen, »dass Jesu Verhältnis zu Gott (Sohn – Vater) und die Geisterfahrung der Kirche (Pfingsten) im trinitarischen Bekenntnis bezeugt werden«, liegt bereits eine begriffliche Himmelfahrt vor, welche die Schüler unbetroffen auf der Erde lässt. Und wie sollen/können heutige Schüler »die Bedeutung der Eucharistiefeier für die Kirche« darstellen, wenn sie diesem Geschehen entfremdet sind? Wie sollen sie »die Bedeutung der sieben Sakramente für den Lebensweg eines Christen« erläutern können, wenn ihnen die damit gemeinten Vollzüge unbekannt geblieben, allenfalls nur als verbale Leerformeln begegnet sind? Wenn sie dennoch, »das eigene Verhältnis zur Kirche« bestimmen und begründen lernen sollen, liegt es den meisten nahe, hier Desinteresse oder Distanz zu betonen. Dann aber geht der Anspruch, »kompetenzorientiert« Religion zu unterrichten, ins Leere.

Entschiedene Vertreter des kompetenzorientierten Religionsunterrichts wie Clauß Peter Sajak und Wolfgang Michalke-Leicht schießen über das Ziel der bischöflichen Vorstellungen sogar noch hinaus, wenn sie meinen, »zukunftsfähiger Religionsunterricht« müsse Schülerinnen und Schüler befähigen, »eine religiöse, genauer: die katholische Perspektive auf Wirklichkeit zu entdecken und zu entwickeln« und definieren dieses Ziel mit dem Satz: »Das ist religiöse Kompetenz«![94] Auch hier bleibt unbedacht, wie dieser Kompetenzerwerb zustande kommen kann – zumal die gleichen Autoren vorweg feststellten: »Selbst diejenigen Schülerinnen und Schüler, die sich selbst als dezidiert katholisch bezeichnen, wissen mit ihrem Katholischsein nichts anzufangen. Es ist erstaunlich und erschreckend zugleich, wie spärlich die Früchte der religiösen Erziehung in Familien und Pfarrgemeinden sind.«[95]

Die Theoretiker des kompetenzorientierten Religionsunterrichts sind jedoch überzeugt, dass dieses Leitkonzept das Profil des Religionsunterrichts schärft und zur Verständigung über verbindliche Anforderungen nötigt. Gabriele Obst sagt dazu im Blick auf den evangelischen Religionsunterricht: »Vollmundige Beschwörungen unverfügbarer und

94 Clauß Peter Sajak/Wolfgang Michalke-Leicht, Bitte nüchtern bleiben. Ein Plädoyer gegen die Überforderung des Religionsunterrichts, in Herder Korrespondenz 64, 11/2010, 588–592, hier: 592.
95 Ebd., 589.

wertvoller Bildungserlebnisse helfen dabei nicht weiter, sondern nur der konkrete Nachweis, dass der RU auf einem hohen inhaltlichen Niveau, mit innovativen Lehr- und Lernkonzepten sowie mit nachvollziehbaren Ergebnissen zur aufgeklärten Mündigkeit der Schüler beiträgt. Er muss sich den Anforderungen und Zumutungen der öffentlichen Schule stellen, ohne seine evangelische Perspektive aufzugeben.«[96] Aber wird dieser Lernprozess angesichts der vorgegebenen »evangelischen Perspektive« bzw. der verpflichtenden »Korrespondenz mit der konkret erfahrbaren Glaubensgemeinschaft der katholischen Kirche« auch akzeptiert, wenn er ergebnisoffen praktiziert wird? Die von den deutschen Bischöfen vorgelegten Richtlinien zeigen, dass die erwarteten Kompetenzen aus theologisch vorgegebenen Inhalten deduziert wurden. Sie vermeiden die Frage, ob oder inwieweit diese Inhalte mit der Sprach- und Erfahrungswelt der Schülerinnen und Schüler zusammenzubringen sind, obwohl gerade hier die didaktische Reflexion anzusetzen hat. Dementsprechend beschreiben die ausgewiesenen Kompetenzen »in ihrer Mehrzahl theologisch steil formulierte Kenntnisse, deren Lebensbedeutsamkeit und Bezug zu elementaren Erfahrungen nicht ausreichend reflektiert und deren Überprüfbarkeit durch die beschriebenen Aufgaben nicht immer plausibel begründet wird.«[97]

Bevor weiterhin an einem kompetenzorientierten Metakonzept für den schulischen Religionsunterricht mit Kerncurricula, Lernplänen und Religionsbüchern herumgewerkelt wird, sollten die dafür grundlegenden Klärungen geschaffen werden. So wäre etwa – nicht ohne Ironie – zu fragen, wie sich denn bei dem tendenziellen Vorrang eines selbstgesteuerten Lernens vor dem Lehren, eine religiöse – zumal katholische – Perspektive auf Wirklichkeit einstellen mag. Wer *in catholicis* kompetent ist, sieht alle Kompetenz, zumindest die heilsrelevante, beim Lehramt verankert, nicht bei einem selbstgesteuerten Erkenntnisgewinn und eigener Problemlösungsfähigkeit. Und da die letztere autonome Kompetenz im Verständnis der amtlichen katholischen Kirche kein adäquates Ziel sein kann, ist es eher ein schismatoides Resultat. Die Deutsche Bischofskonferenz hat zwar dem kompetenzorientierten Religionsunterricht zugestimmt, war sich aber doch (mit Recht) bewusst, dass Kompetenzen an Inhalte gebunden sind. Sie macht es sich allerdings – ohne fachdidaktischen Einspruch zu erfahren – zu leicht, wenn sie das »Grundwissen« des

96 Gabriele Obst, Kompetenzorientiertes Lernen (s. Anm. 82), 58.
97 Ebd., 121.

Faches einfach aus der eigenen Glaubenstradition entwickelt, ohne die heute sich inhaltlich wie sprachlich erweisende Schwierigkeit oder gar Unmöglichkeit, bestimmte Traditionsstränge des dogmatischen Glaubens noch an die junge Generation weitergeben zu können, sorgfältig zu untersuchen. Diese Unterlassung ist auch für die evangelische Kirche zu beklagen. Es kann keine relevante Religionsdidaktik mehr geben, die den unbestrittenen Traditionsabbruch in ihrer Theorie wie Praxis übergeht. Importune, opportune: die aktuellen Vermittlungsbedingungen sind zu benennen, zu analysieren und mit ungeschönter Ehrlichkeit in die religionspädagogische Theorie einzubringen! Das *Depositum fidei* ist für die Religionsdidaktik zur Aufgabe geworden.

2. Kompetenzorientierte Leitlinien

Seitdem das Bundesministerium für Bildung und Forschung nach dem »PISA-Schock« das nationale Bildungswesen neu auszurichten versuchte und mit dem Klieme-Gutachten im Jahr 2003 bundesweit geltende Bildungsstandards formulierte, die verbindliche Anforderungen an die Schülerinnen und Schüler vorgeben, unterzogen die einzelnen Bundesländer ihre Schulformen und Bildungspläne einer Revision im Sinne des kompetenzorientierten Lernens. Was dabei herausgekommen ist, lässt sich in den je ausgeführten Curricula nicht einfach vergleichen, da die neuen »Kerncurricula« nach Schulsystem und Darstellungsform variieren. Die Sache und ihre Problematik lässt sich jedoch an Beispielen für verschiedene Altersstufen vorstellen.

a. Kerncurriculum Grundschule in Niedersachsen
»Wie ein konsequent kompetenzorientiert aufgebautes Kerncurriculum konkret aussehen kann«, urteilt Gabriele Obst, »wird an dem 2006 vorgelegtem und verabschiedeten niedersächsischen Kerncurriculum für die Grundschule beispielhaft deutlich«[98]. Einleitend wird gesagt, was ein Kerncurriculum ist:

---

98 Gabriele Obst, Kompetenzorientiertes Lernen (s. Anm. 82), 120.

Kerncurricula haben eine gemeinsame Grundstruktur: Sie weisen inhaltsbezogene und prozessbezogene Kompetenzbereiche aus. Die Verknüpfung beider Kompetenzbereiche muss geleistet werden.

Die prozessbezogenen Kompetenzbereiche beziehen sich auf die Verfahren, die von Schülerinnen und Schülern verstanden und beherrscht werden sollen, um Wissen anwenden zu können. Sie umfassen diejenigen Kenntnisse und Fertigkeiten, die einerseits die Grundlage, andererseits das Ziel für die Erarbeitung und Bearbeitung der inhaltsbezogenen Kompetenzbereiche sind, zum Beispiel

– Symbol- oder Fachsprache kennen, verstehen und anwenden,
– fachspezifische Methoden und Verfahren kennen und zur
  Erkenntnisgewinnung nutzen,
– Verfahren zum selbstständigen Lernen und zur Reflexion über
  Lernprozesse kennen und einsetzen,
– Zusammenhänge erarbeiten und erkennen sowie ihre Kenntnis bei der
  Problemlösung nutzen.

Die inhaltsbezogenen Kompetenzbereiche sind fachbezogen; es wird bestimmt, über welches Wissen die Schülerinnen und Schüler im jeweiligen Inhaltsbereich verfügen sollen.

Kerncurricula greifen diese Grundstruktur unter fachspezifischen Gesichtspunkten sowohl im Primarbereich als auch im Sekundarbereich auf. Durch die Wahl und Zusammenstellung der Kompetenzbereiche wird der intendierte didaktische Ansatz des jeweiligen Unterrichtsfachs deutlich. Die erwarteten Kompetenzen beziehen sich vorrangig auf diejenigen fachlichen Kenntnisse, Fähigkeiten und Fertigkeiten, über die Schülerinnen und Schüler am Ende von Doppeljahrgängen verfügen sollen.

Wichtig ist auch die Förderung von sozialen und personalen Kompetenzen, die über das Fachliche hinausgehen.[99]

Das niedersächsische Kerncurriculum »Katholische Religion« gliedert sechs »fachbezogene Fragehaltungen« aus: 1. Nach dem Menschen fragen; 2. Nach Gott fragen; 3. Nach Jesus Christus fragen; 4. Nach Verantwortung fragen; 5. Nach Glauben und Kirche fragen; 6. Nach Religionen fragen. Die Frage nach Jesus Christus findet sich folgendermaßen strukturiert:

---

99 Niedersächsisches Kultusministerium, Kerncurriculum für die Grundschule. Schuljahrgänge 1–4. Hannover 2006.

Erwartete Kompetenzen 3./4. Schuljahrgang	Inhalte	Mögliche Aufgaben zur Überprüfung der Kompetenzen
Die Schülerinnen und Schüler wissen, dass Jesus Gottes neue Welt verkündet und gelebt hat.	Gleichnisse, z. B. vom Senfkorn (Mk 4, 30-32); Heilungsgeschichten, z. B. Heilung am Teich Betesda (Joh 5, 1-9); Heilung der gekrümmten Frau (Lk 13, 10-13); Wundergeschichten, z. B. Speisung der Fünftausend (Mk 6, 30-44)	zu einem Bild, z. B. »Das Gastmahl der Liebe« (Sieger Köder) erzählen; »Jesus und sein Programm«: Von Gottes neuer Welt schreiben und erzählen
wissen, dass die Jünger Jesus als den Christus erkannten und verkündeten	Emmausgeschichte (Lk 24, 13-35), Frauen am Grab (Mk 16, 1-8)	erzählen, schreiben, darstellen, wie einer der Emmausjünger, wie eine der Frauen von dem Erlebten berichtet
können Jesu Tod als Konsequenz seiner Liebe zu Gott und den Menschen deuten	Passion Jesu, Symbol Kreuz, Kreuzwegstationen	ein Hungertuch, Kreuz oder eine Kerze gestalten
verstehen Jesu Auferstehung als dessen Bestätigung durch Gott und als neues Leben bei Gott	Osterbotschaft: die Frauen am Grab Osterbräuche: neues Leben erwacht	Auferstehungsbilder deuten und eigene gestalten
setzen das letzte Mahl Jesu mit seinen Jüngern in Bezug zur Eucharistiefeier der Kirche	Jesu letztes Mahl (Mk 14, 12ff); Verlauf und Worte der Eucharistiefeier	Darstellungen des Abendmahls, z. B. Dürer, mit Fotos von einer Eucharistiefeier vergleichen
stellen an Beispielen dar, dass der Glaube an die Auferstehung Menschen Mut und Hoffnung gibt	Durch den Geist Jesu bewegt, z. B. Elisabeth von Thüringen, Don Bosco; Beispiele diakonischen Handelns aus der Umgebung	Eine diakonische Aktion planen und daran teilnehmen, z. B. Vortragen und Spielen im Seniorenheim

Wenn man davon ausgeht, dass Kompetenzen so zu spezifizieren sind, dass die Schüler der jeweiligen Altersstufe sie bewältigen können, nicht die einer niedrigeren Stufe[100]; dass sie nicht nur für Lehrerinnen und Lehrer, sondern auch für die Schüler verständlich und nachvollziehbar formuliert sein sollen; dass sie nicht zuletzt realisierbare Ziele des Unterrichts benennen müssen, dann sind die hier formulierten »Kompetenzen« keine Kompetenzen, sondern Lehrplaninhalte, die lediglich durch ihre Einleitung mit entsprechenden Verben zu vermeintlichen Kompetenzen umfrisiert wurden. Die dazu in Spalte 2 benannten Bibeltexte unterstehen den theologischen Themen (hier als Kompetenzen gehandelt) der Spalte 1. Es liegt also ein Vexierspiel vor, wenn die Fragestellung, unter der die

100 Eckhard Klieme, Zur Entwicklung ... (s. Anm. 80), 76.

Bibeltexte ausgelegt werden sollen, den »Erwartete Kompetenz« genannten Themenbereichen zu entnehmen ist.

Insgesamt kaschiert der niedersächsische Plan seine Inhalte unter »sechs Leitfragen«, die weiter untergliedert werden. Der oben zitierte Ausschnitt aus dem Komplex 3 »Nach Jesus Christus fragen« lässt zunächst einwenden, dass die dogmatische Formulierung der vermeintlichen Kompetenzen nicht allein die Verstehensvoraussetzungen der Kinder verfehlt, sondern auch jene erwachsener Zeitgenossen. Noch bedenklicher aber ist es, Glaubensinhalte mit Kompetenzerwartungen zu verknüpfen:

– dass Jesus Gottes neue Welt verkündet und gelebt hat;
– dass die Jünger Jesus als den Christus erkannten und verkündeten;
– dass sie Jesu Tod als Konsequenz seiner Liebe zu Gott und den Menschen deuten können;
– dass sie Jesu Auferstehung als dessen Bestätigung durch Gott und als neues Leben bei Gott verstehen ...

Dies alles sollen die Schülerinnen und Schüler wissen und verstehen, in Beziehung zur Eucharistie setzen und als Hoffnung und Mut machenden Glauben an Beispielen darstellen können. Grundsätzlich gilt, dass Bekenntnisinhalte kein Gegenstand für Kompetenzerwartungen sind. Das würde zu Indoktrinationen führen. Hinzu kommt, dass Glaubensformeln meistens in einer Sprache begegnen, mit deren Begrifflichkeit Schüler nicht nach ein paar Unterrichtsstunden Deutungs- und Urteilskompetenz verbinden können: Was ist mit der Kompetenzerwartung gemeint, Kinder sollten nach dem 4. Schuljahr »Jesu Auferstehung als dessen Bestätigung durch Gott und als neues Leben bei Gott *verstehen*« können? Der Begriff »Auferstehung« bleibt ungeklärt. Es werden auch keinerlei Hinweise und Hilfen geboten, Herkunft und Reichweite des Begriffs zu untersuchen; vermutlich werden die durch Osterbilder vermittelten Anschauungen unterstellt, aber nicht aufgearbeitet, denn zu solchen unterrichtlichen (und anspruchsvollen) Wegen bietet dieses »Kerncurriculum« weder Herausforderung noch Hilfestellung. Auch setzt die zitierte Kompetenzerwartung den Glauben an Gott und die Auferweckung Jesu schlichtweg voraus. Jedes Wissen um die religiöse Herkunft heutiger Kinder bleibt ausgeklammert. Welche Spätwirkungen wird ein so unbestimmt bleibender Unterricht in der Erinnerung auslösen? Unüberlegt bleibt ebenfalls, inwieweit derartige Kompetenzformulierungen die Lehrerschaft dazu anleiten, einen unreflektierten Glaubensunterricht zu geben. Kann dieses Kerncurriculum Grundschule unter solchen Voraussetzungen davon ausgehen, dass

Lehrerin und Lehrer *sachlich kompetent* sind, neutestamentliche Ostertexte zu unterrichten?

Damit stellt sich die weitere Frage, inwieweit die von den Schülerinnen und Schülern erwarteten Kompetenzen durch eine hinreichend sichere theologische und didaktische Qualifikation ihrer Lehrer ermöglicht werden. Der Blick in das religionspädagogische Gebrauchsmaterial, wie es auf wenig anspruchsvollem Niveau produziert, verkauft und verschlissen wird, lässt keinen großen Optimismus aufkommen. Auch ist die Kirche an historisch-kritischer Fragestellung nicht sonderlich interessiert. Ihrerseits sind die Kultusministerien zufrieden, wenn formaljuristisch alles geordnet ist, ohne dass sie sich um die Qualität des erteilten Religionsunterrichts kümmern müssen. Man darf die Intention unterstellen, dass die bei den Schülern erwarteten Kompetenzen keine religiöse Unruhe wecken. Aber was ist dann ein »kompetenzorientierter Religionsunterricht« in Zeiten eines umfassenden religiösen Umbruchs und einer insgesamt verschleppten Aufarbeitung historisch-kritischer Exegese?

Noch ein paar Gedanken über die Osterthematik hinaus: Wenn der niedersächsische Grundschulplan formuliert, dass Jesus *Gottes neue Welt verkündete; die Jünger Jesus als den Christus verkündeten; Auferstehung als Bestätigung durch Gott zu verstehen* sei, so verfehlt bereits diese Sprache die Kinder. Die komplexe Formel »Jesus als den Christus zu verkünden« füllt theologische Buchregale, kann auch in den Lehrplan der gymnasialen Oberstufe gehören, ist aber sicherlich kein Thema für Grundschüler. Wer meint, dass sich in solchen Formeln christlicher Glaube vermittelt lässt, hat weder diesen Glauben für die eigene Zeit reflektiert noch empfindet er die Verschlossenheit dieser Formel: Es verwundert dann auch nicht, dass trotz der vielen hundert Religionsstunden, die deutsche Schülerinnen und Schülern in ihrer Schulzeit erleben, das Glaubenswissen verblasst, wozu bereits die Formulierung der oben zitierten Kompetenzerwartungen beiträgt. Allein ihr binnenkirchlicher Zungenschlag ist dem Alltagsdenken der Menschen entrückt, ganz davon abgesehen, dass die jeweilige Thematik aus den biblischen Texten ebenso kritisch wie frisch neu zu erschließen wäre. Wollte man jedoch einen Lehrplan entwerfen und dazu ein Unterrichtswerk, das an Inhalt und Sprache solch kritische Ansprüche stellt, brauchte man auch genehmigende Bischöfe, die diesen Anspruch mittragen – was freilich ein theologisches Denken voraussetzt, das heute bereits Grund genug ist, nicht Bischof werden zu können.

b. Leitgedanken zum Kompetenzerwerb für katholische Religionslehre in der Grundschule in Baden-Württemberg

Wählen wir ein zweites Beispiel zum gleichen Themenbereich, hier unter den Titel »Leitgedanken zum Kompetenzerwerb« gestellt.[101] Als im 3. und 4. Schuljahr im katholischen Religionsunterricht zu erwerbende Kompetenzen werden folgende Ziele genannt:

Die Schülerinnen und Schüler
– können biblische Geschichten erzählen, in denen Jesus Menschen in seine Nachfolge gerufen hat;
– können erzählen und auf kreative Weise darstellen, wie Jesus mit Menschen umgegangen ist, die schuldig geworden sind;
– können anhand einer Heilungsgeschichte und eines Gleichnisses die Reich-Gottes-Botschaft Jesu erläutern und kreativ gestalten;
– können biblische Geschichten erzählen und auf kreative Weise ausdrücken, dass die Freunde Jesus als den Auferstandenen erfahren haben;
– können an konkreten Beispielen aufzeigen, wie Menschen heute die Gegenwart Jesu Christi erfahren (zum Beispiel im Wort des Evangeliums, im Sakrament, im Gebet, im Nächsten).

Diesen Kompetenzen finden sich sieben Inhaltsfeldern zugeordnet, die jedoch unter dem vagen Titel »Leitgedanken« stehen: 1. Jesus von Nazaret; 2. Unser christlicher Glaube; 3. Zentrale Gestalten und Ereignisse der Bibel; 4. Andere Religionen; 5. Gottes Geist in unserem Leben; 6. Vergebung erfahren; 7. Leid und Tod gehören zum Leben.

Die Jesusthematik wird auf folgende Inhaltsbereiche verteilt:

Auf das Themenfeld »Für wen haltet ihr mich?« – Jesus von Nazaret
– Jesus ruft Menschen – Menschen folgen Jesus nach.
– Jesus bringt die Botschaft vom Reich Gottes.
– Jesus Christus im Wort und im Mahl begegnen.

Auf das Themenfeld »Unser christlicher Glaube«:
– Wir glauben an Gott den Vater, den Sohn und den Heiligen Geist (Glaubensbekenntnis).

Auf das Themenfeld »Gottes Geist in unserem Leben«:
– Menschen sagen die Botschaft Jesu weiter.

Auf das Themenfeld »Vergebung erfahren«:
– Jesus ermutigt Menschen, einander zu verzeihen.

---

101 www.bildung-staerkt-menschen.de/unterstuetzung/schularten/GS/bildungs-standards

Auf das Themenfeld »Leid und Tod gehören zum Leben«:
– Jesus trägt Leid und Kreuz im Vertrauen auf Gott.
– Die Auferweckung Jesu gibt Menschen Hoffnung und Zuversicht.

Im Vergleich zu anderen Curricula für den katholischen Religionsunterricht in Grundschulen ist der baden-württembergische Text knapp gehalten (10 übersichtliche Seiten) und leicht verständlich formuliert. Während das »Kerncurriculum Grundschule« aus Niedersachsen jedoch den erwarteten Kompetenzen in einer zweiten Spalte die Inhalte und in Spalte 3 »mögliche Aufgaben zur Überprüfung von Kompetenzen« an die Seite stellt, unterbleibt hier diese Hilfe. Religionslehrerinnen und -lehrer müssen sich die Materialien, mit denen sie den Unterricht gestalten wollen, offensichtlich selbst suchen. Weder gibt es biblische Basistexte noch sonstige Anregungen zum unterrichtlichen Vorgehen. Angesichts der Klage der Lehrerschaft über die ständig wachsende schulische Belastung, besteht die Gefahr, dass derart offene Leitgedanken dazu führen, den kompetenzorientierten Wechsel nur halbherzig mitzuvollziehen.

Was die Formulierung der erwarteten Kompetenzen angeht, so hebt sich die einfache und klare Sprache vorteilhaft von den Pseudo-Qualifikationen des niedersächsischen Kerncurriculums ab. Es ist ein großer Unterschied, ob es heißt: »Die Schülerinnen und Schüler wissen, dass die Jünger Jesus als den Christus erkannten und verkündeten« oder aber: »Die Schülerinnen und Schüler können biblische Geschichten erzählen, in denen Jesus Menschen in seine Nachfolge gerufen hat.« Doch so schlicht diese Formulierung auch daherkommt, sie schließt den Umgang mit Texten ein, die in ihrer literarischen Gattung von Lehrerin und Lehrer zunächst erfasst werden müssen, um Schülerinnen und Schülern zu hermeneutischer Kompetenz, Urteils- und Handlungskompetenz zu führen. Hier ist als die spezifische Gattung, in der sich Nachfolgegeschichten (für Jünger, Schüler, Fans) darstellen, dem Unterricht die Legende aufgegeben. Religionslehrerin und -lehrer müssen also eine Einführung in die Didaktik der Legende erfahren haben, um ihren Schülern das angezeigte Kompetenzziel zu ermöglichen.[102]

102 Vgl. Dieter Baltzer, Legende (s. Anm. 76); Hubertus Halbfas, Religionsunterricht in der Grundschule. Lehrerhandbuch 4, Patmos, Düsseldorf 1986, 549–572; Religionsbuch für das 4. Schuljahr, bsv/Patmos, München 2010, 80–85. Religionsbuch für das 7. Schuljahr, Patmos, Düsseldorf 2007, 134–143.

c. Kompetenzen für katholische Religion, Gymnasium, Klassen 6, 8 und 10, Baden-Württemberg

Die Frage nach Gott Klasse 6	Die Frage nach Gott Klasse 8	Die Frage nach Gott Klasse 10
Die Schülerinnen und Schüler	Die Schülerinnen und Schüler	Die Schülerinnen und Schüler
wissen, dass das Bekenntnis zum Schöpfergott eine Antwort auf die Frage ist, woher alles kommt und wohin alles geht; wissen, dass Religionen von Gott in Bildern und Symbolen sprechen, und können ein biblisches Bild für Gott erläutern; kennen Lebensgeschichten von Menschen, die mit Gott ihren Weg gegangen sind.	können das besondere Gottesbild in den Gleichnissen Jesu herausarbeiten; einige Gemeinsamkeiten und Unterschiede zwischen Gottesvorstellungen im Islam und im Christentum benennen; erklären, warum der Glaube der Muslime an Allah dem biblischen Gottesglauben sehr nahe steht	können an einem Beispiel Möglichkeiten des Redens von Gott erläutern und seine Grenzen aufzeigen; können an biblischen Texten zeigen, wie Geschichte als Weg Gottes mit den Menschen gedeutet wird und wie Nähe und Abwesenheit Gottes erfahren werden; verstehen, dass nach christlichem Verständnis Gott sich den Menschen bedingungslos zuwendet und dass dieses Angebot ernst zu nehmende Konsequenzen hat (unter anderem Weisungen und Normen).

Eine Stufung der Kompetenzerwartungen erfolgt hier in Zwei-Jahresschritten. Bei allen Formulierungen fragt sich, ob *Kompetenzbeschreibungen* oder *Themenangaben* vorliegen. Eine Beschreibung von lebensgeschichtlichen Herausforderungen, die mit Kenntnissen und Fähigkeiten beantwortet werden, haben die Verfasser nicht als notwendig angesehen. Wie bei den Kompetenzformulierungen für die Grundschule werden diese in Inhalte umbenannt, ohne die dafür erforderlichen formalen Qualifikationen herauszustellen. Die Schülerinnen und Schüler sollen »wissen, dass Religionen von Gott in Bildern und Symbolen sprechen, und können ein biblisches Bild für Gott erläutern«. Aber wie gewinnen sie dieses Verständnis? Dazu müsste zunächst auf die in der Grundschulzeit fundierte Kompetenz, mit Metaphern und Symbolen umgehen zu können, zurückzugreifen sein. Der Metaphernbegriff, der es mit analoger Sprache zu tun hat, die sich von symbolischer Sprache unterscheidet, fehlt jedoch in allen angeschauten Curricula, obwohl das unumgängliche Gleichnis bereits dazu nötigt. Stattdessen wird wie vor Jahrzehnten weiterhin von »Bildern« gesprochen, obwohl damit keine Bilddidaktik gemeint ist. Es scheint wie eh und je auch weiterhin zu genügen, an irgendeiner Stelle im Curriculum »Bilder und Symbole« unterzubringen, ohne einen stringenten Lernstrang religiöser Sprachlehre vom ersten bis zum zehnten oder zwölften Schuljahr zu entwerfen. Kompetenzentwicklung bei unterlassener religiöser Sprachbildung verfehlt deshalb *die* Aufgabe für alle anderen Aufgaben. Damit ist die Intention, den Unterricht auf »outcomes« zu beziehen, bereits gescheitert.

Die Formulierung, Lebensgeschichten von Menschen kennen, »die mit Gott ihren Weg gegangen sind«, lässt sich wohl auch nicht als »Kompetenz« in Anspruch nehmen. Dergleichen Sätze finden sich in jedem Lehrplan. Sie gewinnen durch verbale Einleitungen mit »wissen« oder »kennen« noch keine didaktische Qualität. An welche Menschen, »die mit Gott ihren Weg gegangen sind«, sollen Lehrer und Schüler denken? Werden sie auf den katholischen Heiligenkalender verwiesen, oder können sie auch überlegen, welche Namen des Alltags sich mit dieser Formel verbinden lassen, um ein noch nicht verschlissenes Urteilsvermögen zu gewinnen?[103]

Die vage Erwartung, die Schüler sollten »an einem Beispiel Möglichkeiten des Redens von Gott erläutern und seine Grenzen aufzeigen zu können« ist schwer zu konkretisieren. Was für *ein* »Beispiel« kann man ihnen da vorlegen? *Ein* Beispiel? Nein, viele Beispiele! Ein buntes Spektrum: Gebete, Lieder, Konzilstexte; wie Dichter von Gott sprechen, Heinrich Böll in »Dr. Murkes gesammeltem Schweigen« oder der »Diskutant« in der Novelle »Hundejahre« von Günter Grass; wie der Papst von Gott redet, wie Karl Rahner gesprochen hat, Hitler die »Vorsehung« in Anspruch nahm oder wie Sprichwörter und Redensarten »Gott« im Munde führen ... »Kompetenzerwartungen«, die abstrakt bleiben, gehen ins Leere. Sie führen nur zur Fortsetzung deklamatorischer Zielangaben, wie sie seit der sogenannten Curriculumreform der 1970er Jahre im Übermaß durch die Mangel gedreht worden sind.

Die letzte Kompetenzerwartung im zitierten baden-württembergischen Curriculum-Ausschnitt lautet: »Verstehen, dass nach christlichem Verständnis Gott sich den Menschen bedingungslos zuwendet und dass dieses Angebot ernst zu nehmende Konsequenzen hat (unter anderem Weisungen und Normen) « Man meint zu wissen, was damit gemeint sein kann, wenngleich die »bedingungslose Zuwendung Gottes« im Rahmen einer Kompetenzerwartung nicht nur an den Lebensumständen heutiger Jugendlicher vorbeigeht, sondern auch theologische Fragestellungen einschließt, denen sich noch lange nicht jeder gewachsen sieht.

---

103 Siehe dazu »Neun biographische Skizzen«, in: Hubertus Halbfas, Der Glaube (s. Anm. 21), 471–508.

d. Kernlehrplan für das Gymnasium in Nordrhein-Westfalen – Katholische Religionslehre Sekundarstufe I[104]

Im Vergleich zum Bildungsplan Baden-Württembergs mit drei Leistungsstufen in sechs Schuljahren, zählt Nordrhein-Westfalen die Sekundarstufe nur bis zur Klasse 9 und gliedert diese Zeit in zwei Leistungsstufen:

Sprechen von und mit Gott Kompetenzerwartungen in der Jahrgangsstufe 5/6	Sprechen von und mit Gott Kompetenzerwartungen in der Jahrgangsstufe 7–9
Die Schülerinnen und Schüler	Die Schülerinnen und Schüler
– begründen, warum Religionen von Gott in Bildern und Symbolen sprechen; – deuten Namen und Bildworte von Gott; – erläutern an Beispielen Möglichkeiten und Schwierigkeiten, Gott darzustellen; – zeigen Situationen auf, in denen Menschen sich im Gebet an Gott wenden; – zeigen auf, wie Widerfahrnisse des Lebens aus dem Glauben gedeutet werden können; – deuten biblische Psalmen als Ausdruck menschlicher Erfahrungen im Glauben an Gott; – erläutern den Glauben katholischer Christen an einen Gott in drei Personen.	– erläutern Gottesbilder der Bibel als Ausdruck unterschiedlicher Glaubenserfahrung und Weltdeutung; – charakterisieren die Erinnerung an die Befreiungserfahrung im Exodus als Spezifikum des jüdischen Gottesverständnisses; – deuten prophetische Texte des Alten Testamentes in ihrem politischen und historischen Kontext; – erläutern Berufungs- und Wirkungsgeschichten von Prophetinnen und Propheten; – deuten Gebet und Liturgie als Ausdruck der Beziehung des Menschen zu Gott; – erläutern an Beispielen, wie Juden und Christen den Exodus erinnern; – erläutern existentielle und weltanschauliche Anfragen an den Gottesglauben.

Dass auch hier trotz der in den Religionen begegnenden »Bilder und Symbole«, welche die Schülerinnen und Schüler begründen und deuten können sollen, hinter den Kompetenzanforderungen eine aufbauende religiöse Sprachlehre vermisst wird, bleibt das unverständliche Manko aller überprüften Religionslehrpläne und eine Ursache für allzu viel nicht verstandenes Religionswissen.

Die Kompetenzerwartung, zum Abschluss des 6. Schuljahrs sollten die Schülerinnen und Schüler »den Glauben katholischer Christen an einen Gott in drei Personen erläutern« können, lässt fragen, in welchem Wolkenkuckucksheim die dafür verantwortlich zeichnenden Fachdidaktiker eigentlich leben. Herbert Vorgrimler macht klar, dass »die Anwendung des modernen Personbegriffs auf Gott unweigerlich zu drei Göttern« führt und urteilt abschließend: »Die Redeweise, Gott sei eine Gemeinschaft von Dreien, bezeugt auf ihre Art die Trennung, ja die furchtbare Feindschaft

104 http://www.standardsicherung.schulministerium.nrw.de/lehrplaene/ kernlehrplaene-sek-i/gymnasium-g8/katholische-religionslehre-g8/

von Juden und Christen, die in letzter Konsequenz nach Auschwitz geführt hat. Sie entsteht aus einem unsensiblen, selbstgerechten Glauben, der Israel und damit Jesus den Rücken zugekehrt hat.«[105] Wenn Religionspädagogen meinen, man könne für Bildungspläne dem vorgegebenen *Depositum fidei* die Inhalte des Glaubens entnehmen, ohne sich selbst auf den mühevollen Weg einer eigenen theologischen Urteilskompetenz zu begeben, blockieren sie die notwendige Weiterentwicklung des Faches angesichts des stattfindenden Traditionsabbruchs. Solche Urteilskompetenz ist, wenn sie gegen traditionelle Erwartungen vertreten wird, ohne Konfliktbereitschaft nicht zu haben, aber für die Überzeugungskraft des heutigen schulischen Religionsunterrichts unverzichtbar.

e. Kerncurriculum für den evangelischen Religionsunterricht in der gymnasialen Oberstufe

Im Jahr 2006 hat die Kultusministerkonferenz »Einheitliche Prüfungsanforderungen« (EPA) für das Abitur verabschiedet. Diese Anforderungen unterscheiden sich von den früheren Katalogen dadurch, dass sie strikt auf Kompetenzen der Absolventen zielen. Damit sind auch für den Religionsunterricht alle Anforderungen auf grundlegende Kompetenzen religiöser Bildung ausgerichtet; sie bilden die Standards, die für die länderspezifischen Leistungsanforderungen Gültigkeit haben. Nicht einbezogen in die EPA ist jedoch die inhaltliche Ausfüllung des vorgelegten Referenzrahmens.

Angesichts der neuen Aufgabe, von inhaltsbezogenen Lehrplänen zum Ausweis von Kompetenzen und Standards zu kommen, beschloss die Kirchenkonferenz der Evangelischen Kirche in Deutschland (EKD) eine engere Zusammenarbeit der Gliedkirchen in den Fragen des Religionsunterrichts, weil die neuen Aufgaben bei zunehmender Professionalisierung der Schulfächer immer weniger nur von einer Landeskirche geleistet werden könnten. Es wurde eine landeskirchen-übergreifende Arbeitsgemeinschaft gebildet mit dem Auftrag, ein Kerncurriculum für den Religionsunterricht in der gymnasialen Oberstufe zu erarbeiten. Das 2010 vorgelegte Curriculum versteht sich als Orientierungsmodell für die länderspezifischen Lehrplankommissionen, soll aber zugleich offen sein für Erweiterungen und Veränderungen.

---

105 Herbert Vorgrimler, Gott. Vater, Sohn und Heiliger Geist. Aschendorff, Münster 2003, 122.

Die didaktische Ausgangsreflexion beschreibt das Kerncurriculum folgendermaßen:

Kompetenzorientiertes Unterrichten stellt das Lernen der Schülerinnen und Schüler in den Mittelpunkt des Evangelischen Religionsunterrichts. Die Schülerinnen und Schüler als Subjekte des Evangelischen Religionsunterrichts wahrzunehmen bedeutet, die individuellen Lernprozesse der einzelnen Schülerinnen und Schüler zu organisieren, zu fördern und zu begleiten. Es kommt darauf an, die Gegenstände des Religionsunterrichts mit der Lebensgeschichte und den eigenen Erfahrungen, den Interessen und dem Vorwissen der Schülerinnen und Schüler zu verknüpfen und über die Lebensbedeutsamkeit des neuen Wissens Auskunft zu geben. Lebensbedeutsamkeit erweist sich daran, ob das zu erwerbende Wissen hilft, elementare Fragen mit religiösen Dimensionen zu bearbeiten, mögliche Aufgaben und Herausforderungen des religiös pluralen Alltags zu bewältigen und die eigene Religiosität und das eigene Handeln zu reflektieren.[106]

Das Kerncurriculum konzentriert seine Inhalte auf sechs Komplexe: 1. Das christliche Bild des Menschen; 2. Das Evangelium von Jesus Christus; 3. Die christliche Rede von Gott; 4. Das Wahrheitszeugnis der Kirche als Gemeinschaft der Glaubenden; 5. Die christliche Ethik der Menschenwürde, der Gerechtigkeit, der Versöhnung und des Friedens; 6. Die christliche Zukunftshoffnung. Jeder Bereich umfasst zwei oder drei kompetenzorientierte Schwerpunkte.

Der einleitende Abschnitt *Situation und Herausforderungen* beschreibt die lebensgeschichtliche Situation der Schülerinnen und Schüler und welche zentralen Signaturen der Gegenwartskultur für den thematischen Schwerpunkt relevant sein können. Sie skizziert zugleich die Herausforderungen, vor denen Schülerinnen und Schüler stehen, und bildet daher den Referenzrahmen für den Unterricht.

Unter *Leitgedanken* wird der thematische Fokus formuliert, auf den es im Unterricht ankommt und den die Lehrperson als »roten Faden« im Blick behalten sollte.

Die *themenbezogenen Konkretionen* beschreiben die Kompetenzen, die die Schülerinnen und Schüler in der Auseinandersetzung mit spezifischen Aspekten des thematischen Schwerpunktes erwerben sollen. Sie bilden daher die zentralen Orientierungspunkte für die Konzeption der Unterrichtseinheiten.

Schließlich weisen die thematischen Schwerpunkte auch jeweils *biblische Basistexte* aus, die im Unterricht behandelt werden sollen. Sie zeigen an, dass Evangelischer Religionsunterricht durchgehend bezogen bleibt auf die Bibel, und bilden daher

---

106 Kerncurriculum für das Fach Evangelische Religionslehre in der gymnasialen Oberstufe. Themen und Inhalte für die Entwicklung von Kompetenzen religiöser Bildung. Hg. vom Kirchenamt der Evangelischen Kirche in Deutschland, EKD Texte 109, Hannover 2011, 22.

einen Kern unverzichtbarer und für die Perspektive des christlichen Glaubens maßgebender Leittexte.[107] – Als Beispiel sei hier der thematische Schwerpunkt 1 aus dem Themenbereich 3 »Die christliche Rede von Gott« vorgestellt:[108]

Das Wort »Gott« – Gott: Wer ist das eigentlich?

Situation und Herausforderungen: Vielen Schülerinnen und Schülern der Oberstufe begegnet das Wort »Gott« nicht in Kontexten, die für ihr Leben unmittelbare Bedeutung haben. Ihr alltägliches Leben ist einerseits von Planbarkeit, Verfügbarkeit und Berechenbarkeit geprägt, andererseits nutzen sie ihre Freiräume für individuelle Entdeckungen und intensive Selbsterfahrungen. Im geläufigen, naturwissenschaftlich-technisch geprägten Denken zählt vor allem das, was sich messen, berechnen und beweisen lässt. In Gesellschaft und Wirtschaft spielt »Gott« keine oder nur eine marginale Rolle. Dazu stehen das überlieferte und aktuelle Reden von Gott, aber auch die christlich geprägten Spuren der abendländischen Kultur in einer Spannung, die von Schülerinnen und Schülern – sofern sie nicht aus christlich sozialisierten Familien und kirchlichen Kontexten kommen – häufig als unüberbrückbarer Widerspruch empfunden wird. Auch wenn Schülerinnen und Schüler rudimentäre Vorstellungen mit dem Wort »Gott« verbinden, können sie häufig differenziertere Konnotationen des Wortes »Gott« nur schwer oder gar nicht entschlüsseln. Die Spannungen zwischen ihrer Lebenswelt und der Rede von Gott werden von manchen Schülerinnen und Schülern so aufgelöst, dass sie das Reden von Gott einer Sonderwelt und der Beliebigkeit der individuellen Meinungen zuordnen, die sich nach ihrer Auffassung prinzipiell einem argumentativen Dialog entzieht. Gleichwohl kommen im Unterricht nicht selten lebensgeschichtlich bedeutsame Erfahrungen und tiefgehende Suchbewegungen zur Sprache, die letztlich auf das zielen, was mit der Chiffre »Gott« gemeint ist. Dabei geht es z. B. um die Verlässlichkeit von Beziehungen oder die Sehnsucht nach sinnvollem Leben, um Geliebt- und Anerkanntwerden oder um Vertrauen und Orientierung. In, mit und unter diesen existenziellen Erkundungen ergeben sich Anknüpfungspunkte für eine zeit- und schülergemäße Thematisierung des christlichen Glaubens an Gott.

Grundlegende Kompetenzen der EPA

Deutungsfähigkeit:

– religiöse Motive und Elemente in Texten, ästhetisch-künstlerischen und medialen Ausdrucksformen identifizieren und ihre Bedeutung und Funktion erklären
– biblische Texte, die für den christlichen Glauben grundlegend sind, methodisch reflektiert auslegen
– theologische Texte sachgemäß erschließen
– Glaubenszeugnisse in Beziehung zum eigenen Leben und zur gesellschaftlichen Wirklichkeit setzen und ihre Bedeutung aufweisen.

107 Ebd., 28.
108 Ebd., 43–45.

Urteilsfähigkeit:

– Formen theologischer Argumentation vergleichen und bewerten.

Gestaltungsfähigkeit:

– typische Sprachformen der Bibel theologisch reflektiert transformieren
– Aspekten des christlichen Glaubens in textbezogenen Formen Ausdruck verleihen.

Leitgedanke	Themenbezogene Konkretionen
Im Unterricht kommt es darauf an, den existenziellen Sinn des Wortes »Gott« zu entfalten und zentrale Aspekte des biblischen Redens von Gott im Kontext gegenwärtiger Glaubensreflexion und Lebenspraxis zur Sprache zu bringen.	Schülerinnen und Schüler – können erläutern, dass Gott das bezeichnet, woran Menschen ihr Herz hängen und worauf sie sich bedingungslos verlassen – können darlegen, dass die Bibel einen Gott bezeugt, der sich den Menschen selbst vorstellt und zu erkennen gibt _ können darstellen, inwiefern der Grundkonflikt zwischen Gott und den Göttern nicht nur die Bibel durchzieht, sondern auch die Lebenspraxis von Christen heute prägt – können den Sinn des Bilderverbots aufzeigen und erläutern, dass das Reden von Gott und unsere Vorstellungen von Gott die Wirklichkeit Gottes nicht erfassen können.

Biblische Basistexte:
Ex 3,1-15; Ex 20,1-21; Mt 19,16-26; Mt 20,1-16

Was dieses Modell auszeichnet, ist die Beschreibung der Ausgangssituation, die den thematischen Schwerpunkt im Lebensumfeld der Schülerinnen und Schüler bewusst macht. Damit wird der Kompetenzanspruch auf die gesellschaftliche Situation bezogen, in der die Schülerinnen und Schüler Orientierung und Verhaltenssicherheit gewinnen sollen. Erst diese Beschreibung konkretisiert den Fokus der unterrichtlichen Arbeit. Die dazu angegebenen Basistexte verdeutlich den durchgehenden Bibelbezug des Unterrichts; sie bieten einen Leitfaden, der nichts ins Beliebige verlaufen lässt.

Der knapp formulierte Leitgedanke benennt den roten Faden, den der Lehrer in der Reihenfolge der Unterrichtsthemen im Blick behalten muss. Die zu erstrebenden Kompetenzen werden differenziert nach Deutungsfähigkeit, Urteilsfähigkeit und Gestaltungsfähigkeit.

Von den themenbezogenen Kompetenzen wäre das angegebene Ziel, die Schüler »können darlegen, dass die Bibel einen Gott bezeugt, der sich den Menschen selbst vorstellt und zu erkennen gibt«, näher zu erläutern, weil hier ein Offenbarungsverständnis unterstellt wird, das im Sinne von Ernst Troeltsch zu bedenken hätte, dass das neuzeitliche Denken keine

Fakten kennt, »die zwar in der Geschichte stehen, aber nicht aus der Geschichte stammen«. Dieser Punkt beleuchtet erneut, dass den kompetenzorientierten Religionsunterricht eine nur formale Ausrichtung bestimmen kann, welche über die je darin vertretene Theologie nichts besagt. Man kann beispielsweise im Sinne der Pius-Bruderschaft beanspruchen, kompetenzorientiert zu unterrichten; dann ist man »kompetent« in einem fundamentalistischen Religionsunterricht. Man kann eine Glaubensdidaktik nach Karl Barth verfolgen oder nach den Maßstäben des »Weltkatechismus«. Dann ist man kompetent im Rahmen der entsprechenden evangelischen oder katholischen Dogmatik. Ebenso denkbar ist ein Religionsunterricht »ausgewogener Offenheit«, theologisch im Mainstream bedacht, nur das zu denken, was allgemein gedeckt ist. Kompetenz ist also eine Vokabel, die im Religionsunterricht – ohne theologische Standortbestimmung – nichts garantiert.

Dies gilt jedoch nicht, wenn sich der Religionsunterricht auf eine Didaktik bezieht, welche die Ursachen und Ausmaße des heutigen Glaubensverlustes in ihre eigene Standortanalyse reflektiert einbezieht, wie es das oben vorgestellte *Kerncurriculum für den evangelischen Religionsunterricht in der gymnasialen Oberstufe* mit jedem thematischen Schwerpunkt hält. Darum sei zur weiteren Verdeutlichung noch ein zweites Beispiel aus dem Themenbereich 3 »Die christliche Rede von Gott« vorgestellt, hier unter dem Aspekt »Streit um die Wirklichkeit Gottes – Was hält der Kritik stand?«:

Situation und Herausforderungen: Schülerinnen und Schüler partizipieren an einer pluralen Gesellschaft, die zumindest partiell geprägt ist von alltagspraktischem Agnostizismus, Indifferentismus und Atheismus. Menschen leben faktisch ohne Gott, selbst wenn sie die Existenz eines göttlichen Wesens für möglich oder wirklich halten. Die explizite Bestreitung Gottes, so wie sie in medienwirksam vorgetragenen Positionen vertreten wird, hat keinen aufregenden Neuigkeitswert, da sie auf »gottlose« Lebenswelten und Lebenskonzepte trifft und diese auf einer geistigen Metaebene zu bestätigen versucht. Daher erscheinen Argumente, die gegen den Glauben an Gott sprechen, vordergründig plausibel, ohne dass deren geistige Herkunft, Voraussetzungen und Validität kritisch überprüft werden. Umgekehrt erleben junge Menschen die Berufung auf Gott nicht selten in der fanatisierten Weise religiöser Fundamentalismen jeglicher Provenienz, oft auch in der medialen Repräsentanz religiöser Symbole, die zum Zwecke der Vermarktung funktionalisiert werden. Auch diese Phänomene entziehen dem Glauben an Gott und dem Reden von Gott die Glaubwürdigkeit und verstärken damit indirekt dessen Verflüchtigung. In diesem Zusammenhang steht ein für den gesellschaftlichen Diskurs, aber auch für die Schule als zentrale Bildungsinstitution bedeutsamer Konflikt, der mittel- bis langfristig aktuell bleibt.

111

wird: die grundsätzliche Auseinandersetzung zwischen Vertretern des Neokreationismus bzw. des »intelligent design« und Wissenschaftlern, die für die Gültigkeit der Evolutionstheorie eintreten. An diesem Punkt kristallisiert sich brennpunktartig das Problem des Verhältnisses von Naturwissenschaft und Glaube, das auch die Schülerinnen und Schüler zu einer begründeten Stellungnahme herausfordert.

Trotz der alltagspraktischen und konzeptionellen Bestreitung der Möglichkeit, heute noch überzeugend die Wirklichkeit Gottes ins Spiel bringen zu können, wollen Schülerinnen und Schüler dieser Möglichkeit oft genauer auf den Grund gehen, sei es, um ihre eigenen, manchmal schlichten und unreflektierten Denkmodelle zu überprüfen, sei es um zu erproben, ob nicht doch das Reden von Gott auch argumentativ der massiven Kritik standhalten könne. In ihrem Interesse und in ihrer Neugier spricht sich möglicherweise ein Ungenügen an zweckrationalen Lebenskonzepten und funktionalen Welterklärungen aus, die letztlich Fragen nach tragfähigen Sinnbeziehungen unbeantwortet lassen. Wie diese Suchbewegungen nach einer auch persönlich vertretbaren Weise des Redens von Gott letztlich ausgehen, entzieht sich der Verfügbarkeit; wohl aber muss sich der Religionsunterricht als Raum der Freiheit für unterschiedliche, auch ablehnende Positionierungen der Schülerinnen und Schüler offen halten.[109]

Dies ist eine die Problemlage aufhellende Situationsanalyse, die dazu anleitet, »sich aus der Perspektive des christlichen Glaubens mit anderen religiösen und weltanschaulichen Überzeugungen argumentativ auseinanderzusetzen«. Von diesem Ansatz her lauten die themenbezogenen Konkretionen:

Schülerinnen und Schüler

– können aufzeigen, inwiefern religionskritisches Denken zum Grundbestand biblischen Redens von Gott gehört
– können das religionskritische Konzept Feuerbachs darstellen und theologisch begründet dazu Stellung nehmen
– können erörtern, wie angesichts von Haltungen wie Agnostizismus und Indifferentismus, Fundamentalismus und Atheismus heute von Gott theologisch reflektiert geredet werden kann.

---

109 Kerncurriculum für den evangelischen Religionsunterricht in der gymnasialen Oberstufe, Themenbereich 3 »Die christliche Rede von Gott« (s. Anm. 106).

Das Material, dass im Unterricht bearbeitet werden kann, um diese Kompetenzen zu erwerben, wird allerdings auch hier nicht angegeben. Nur Ludwig Feuerbach wird genannt, dessen Religionskritik Karl Marx, Friedrich Nietzsche und Sigmund Freud weiterführten. Heute mündet diese Linie in einem atheistischen Spektrum zwischen einem betrübten und einem aggressiv-kämpferischen Atheismus. Die jeweilige Kompetenzbeschreibung verlangt also nach Inhalten, die – bezogen auf die konkreten Verhältnisse der Schülerschaft – notwendig auch den Weg beschreiben müssen, auf dem die erwartete Kompetenz erreicht werden kann.

3. Wieso verzichtet das Kompetenzkonzept auf Lehrpläne?

Mit der Einführung von Bildungsstandards und dem Wechsel von einer Input- zur Outcome-Orientierung, mit der sich überprüfbare Kompetenzen der Schülerinnen und Schüler verbinden, soll erstmals nicht der Stoff im Zentrum des Interesses stehen, sondern das, was die Lernenden zum Abschluss bestimmter Unterrichtsstrecken wissen, können und beherrschen sollen. Das zieht »automatisch eine veränderte Position der Lehrerinnen und Lehrer nach sich: Nicht mehr von dem, was diese wollen und für unbedingt wissenswert halten, ist auszugehen, sondern sie unterrichten immer mit dem Blick auf das Lernen der Schülerinnen und Schüler; die Lehrerinnen und Lehrer treten zurück, hören zu und schauen genau hin.« So wird der Paradigmenwechsel vom inhaltsbezogenen hin zum kompetenzorientierten Lernen in *einem*, nicht in »dem« »Praxisbuch für den Religionsunterricht«[110] beschrieben. Die Vermittlung »der neuen Inhalte« sei nun »mit deren Problematisierung für die Schülerinnen und Schüler zu verbinden. Auf diese Weise geben Lehrerinnen und Lehrer vor sich selbst permanent Rechenschaft darüber ab, was an diesem Thema für Schülerinnen und Schüler relevant, bedeutsam sein könnte.« Dieser Einstellungsänderung bei den Lehrerinnen und Lehrern und der daraus folgenden Änderung ihrer Rolle stehe »eine konventionelle Unterrichtsstunde, bestehend aus einem Feuerwerk von unterschiedlichen Medien und Methoden diametral gegenüber. Hier werden Schülerinnen und Schüler in eine Konsumentenrolle gedrängt, sie haben Anweisungen auszuführen.

---

110 Cornelia Patrzek-Raabe in: Wolfgang Michalke-Leicht (Hg.), Kompetenzorientiert unterrichten. Das Praxisbuch für den Religionsunterricht. Kösel, München 2011, 24.

die auf ein von den Lehrenden definiertes Ziel hinführen. Ihre Mitbestimmung des Unterrichtsgeschehens ist dabei sehr gering, ihre Motivation oft eine eher extrinsische.«[111]

Wenn man das liest als einer, der fünfzig Jahre schulpädagogische Entwicklungen, wechselnde Konzeptionen und Moden erlebt hat, denkt man, hier hat jemand aus den schülerorientierten Konzeptionen der 1970er Jahre abgeschrieben und sich von dem Enthusiasmus anstecken lassen, wie er damals von Hans-Bernhard Kaufmann, Siegfried Vierzig, Horst Heinemann und einer großen Gefolgschaft in religionspädagogischen Instituten ausging. Wenn man zugleich verfolgt, in welche Währung dieser Enthusiasmus unter den formalen Anforderungen der Curriculum-Theorie umgetauscht und ausgegeben wurde, weiß man mit großer Sicherheit, dass die derzeit von Bildungsplänen, Bildungsstandards und Kompetenzbeschreibungen als verbindlich festgelegten Erwartungen den schulischen Alltag nicht grundlegend verändern werden. Allein die oben angeschauten, von vielköpfigen Länderkommissionen diskutierten und verabschiedeten Kerncurricula und Leitlinien haben gezeigt, dass auch unter der kompetenzorientierten Neuausrichtung weiterhin mit Wasser gekocht wird und oft genug nicht einmal mit frischem Wasser.

Diesmal verbindet sich die Kompetenzausrichtung mit Lehrplanskepsis. »In der Sprache der Kultusminister der deutschen Bundesländer: Lehrerinnen und Lehrern wird nicht mehr vorgegeben, was sie mit den Schülerinnen und Schülern erarbeiten sollen, sondern es wird ihnen vorgegeben, was Schülerinnen und Schüler am Ende der Schulzeit können sollen.«[112] Legt man dies für orthographische und mathematische Qualifikationen fest, auch für Physik, Biologie, Chemie oder Fremdsprachenkenntnisse, lassen sich damit erlernbare kognitive Fähigkeiten und Fertigkeiten anfordern und kontrollieren. Doch gilt eine Kompetenzorientierung keineswegs für den Unterricht schlechthin, nicht einmal im Rahmen der genannten Fächer und gewiss nicht für Geschichte, Literatur, Kunst, Musik und Religion. Es verwundert darum, dass die deutschen Bischöfe den Wechsel von Lehrplänen zu Bildungsstandards ohne größere Vorbehalte mitvollzogen haben. Sie warnen zwar davor, Unterricht nicht »im Sinne einer Output orientierten Systemsteuerung, sondern als kommunikatives Handeln zu verstehen und zu gestalten«, verweisen auch

111 Ebd., 25.
112 Clauß Peter Sajak, Bildungspläne – Bildungsstandards – Kompetenzen, in: Wolfgang Michalke-Leicht, Kompetenzorientiert unterrichten (s. Anm. 110), 35.

darauf, dass der Erwerb von Haltungen und Einstellungen »nicht in gleicher Weise wie der Erwerb von Kenntnissen und Fähigkeiten operationalisiert und evaluiert werden« kann.[113] Aber was sie dann in sechs »Gegenstandsbereichen« (Mensch und Welt; Gott; Bibel und Tradition; Jesus Christus; Kirche; Religionen und Weltanschauungen) als inhaltsbezogene Kompetenzen ausweisen, ist letztlich nichts anderes als ein (dürftiger) Lehrplan, der das Grundwissen in einem Fach festlegt. Wie schon mehrfach in früheren Jahrzehnten, erschienen auch diesmal die Richtlinien für die Sekundarstufe I (September 2004) *vor* den Richtlinien für die Grundschule (April 2006), was darauf hinweist, dass der Sekundarbereich wiederum nicht auf den Primarbereich bezogen wurde, didaktische Folgerichtigkeit für ein aufbauendes Lernen also nicht bedacht worden ist. Im Übrigen begegnen in diesen bischöflichen Richtlinien die gleichen Schwächen wie in den oben vorgestellten Kerncurricula. Vor allem fehlt jede Standortbeschreibung des Religionsunterrichts im Blick auf die religiöse Sozialisation der Kinder bzw. deren *tabula rasa* in Sachen Religion. In ihrer inhaltlichen Ausrichtung wären diese bischöflichen Richtlinien auch in jedem früheren Jahrzehnt denkbar gewesen. Sie übergehen nach wie vor die religiöse Entfremdung, in der die meisten heutigen Schülerinnen und Schüler heranwachsen, wenn sie erwarten:

Die Schülerinnen und Schüler

– kennen die Aufgaben von Papst, Bischöfen, Priestern, Ordensleuten und Laien in der Kirche;
– kennen Struktur und Elemente der Eucharistiefeier;
– stellen die Bedeutung der Eucharistiefeier für die Kirche dar;
– erläutern die Bedeutung der sieben Sakramente für den Lebensweg eines Christen
– bestimmen das eigene Verhältnis zur Kirche und begründen es.

Eine solche auf dem Papier geforderte »Kompetenz« werden die Schüler, die größtenteils keine Messfeier kennen und ihre Erstkommunion im üblichen Folklorestatus erfahren, mit Sicherheit nicht erfüllen, wie sie auch weitere »Bildungsstandards« verfehlen werden. Wenn Schüler und Schülerin im Mittelpunkt des kompetenzorientierten Religionsunterrichts stehen sollen, wie die Theorie besagt, darf man feststellen, dass sie hier kirchlichem Wunschdenken untergeordnet werden. Diese

---

113 Kirchliche Richtlinie zu Bildungsstandards für den katholischen Religionsunterricht in den Jahrgangsstufen 5–10/Sekundarstufe I. Bonn 2004, 12 f.

»Richtlinien« lassen sich mit Sollerfüllungsansprüchen vergleichen, wie sie die Planwirtschaft des untergegangenen Ostblocks kannte: Alles steht nur auf dem Papier. Man weiß, dass man sich gegenseitig belügt. Clauß Peter Sajak aber beschließt seine Darstellung über die neuen Bildungspläne mit dem Satz: »Gemäß der Richtlinienkompetenz der deutschen Bischöfe für die Katholischen Religionsunterricht in der Bundesrepublik Deutschland sind sowohl die allgemeinen religiösen Kompetenzen als auch die Themenbereiche mit den hier ausgewiesenen inhaltsbezogenen Kompetenzen als Referenzrahmen zu verwenden, wenn in den einzelnen Bundesländern nun kompetenzorientierte Bildungs- und Kernlehrpläne erstellt werden.«[114]

Kernlehrpläne werden erstellt ... und sind zu verwenden ...! Wie kompetent dürfen die Lehrenden sein? Wie ernst ist die Lebensbefindlichkeit der Schülerschaft einzubeziehen? Kann man Kompetenzen erwarten, wenn man sie von konkreten Inhalten löst? Wer verantwortet den Verzicht auf Lehrpläne?

4. Ein geschichtlicher Rückblick auf katholische Religionslehrpläne

In den vergangenen fünfzig Jahren ist ungefähr in jedem Jahrzehnt ein neuer Religionslehrplan eingeführt worden. Als 1955 der »Katholische Katechismus für die Bistümer Deutschlands« nach zwanzigjähriger Vorarbeit erschien, wurden anschließend umfassende Kommentarreihen[115] erarbeitet sowie ein darauf abgestimmter Lehrplan. Hier stand der Lehrplan im Gefolge des offiziellen Katechismus. Doch bereits zwölf Jahre später wurde die riesige Mühe makuliert: 1967 erschien der »Rahmenplan für die Glaubensunterweisung mit Plänen für das 1. bis 10. Schuljahr«, den ich damals so kommentierte: »Unübersehbar ist, dass dieser ›Rahmenplan‹ auf den Status quo der zur Zeit (noch) eingeführten Religionsbücher bezogen bleibt und sich selbst damit nur eine Übergangsbedeutung zuspricht ... Wieso fehlt es nur an Kraft, trotz aller aufwendigen Kommis-

114 Clauß Peter Sajak, Bildungspläne (s. Anm. 112), 44.
115 Alfred Barth, Katechetisches Handbuch zum katholischen Katechismus der Bistümer Deutschlands. Schwabenverlag, Stuttgart 1955. Handbuch zum Katholischen Katechismus, hg. von Franz Schreibmayr und Klemens Tilmann, Herder, Freiburg 1958. Beide Werke in mehreren Bänden.

sionen und jahrelanger Arbeit Entwürfe zu projektieren, die nicht bereits nach fünf Jahren antiquiert sind?«[116]

Tatsächlich hieß es dann im Vorwort zum nachfolgenden »Zielfelderplan für den katholischen Religionsunterricht der Schuljahre 5–10«, der 1973 erschien: »Im Jahre 1967 ist der Rahmenplan für den katholischen Religionsunterricht mit Plänen für die Schuljahre 1–10 für alle Diözesen der Bundesrepublik verpflichtend eingeführt worden. Im gleichen Jahr kamen erste Veröffentlichungen auf den pädagogischen Markt, welche die hergebrachte Vorstellung von der Dauerhaftigkeit von Lehrplänen erschütterten. Man lernte Lehrpläne als ständig zu revidierende, daher immer als vorläufige Entwürfe von möglichen Unterrichtsplanungen verstehen.«[117]

Die Revision, genauer gesagt, die Ablösung des Zielfelderplans, nahm wiederum eine mehrjährige Kommissionsarbeit in Anspruch. Ihr Ergebnis führte zum »Grundlagenplan für den katholischen Religionsunterricht im 5.–10. Schuljahr« von 1984.[118] Dieser Plan wollte die modifizierten Länderlehrpläne in einem Rahmenkonsens halten, um dem Religionsbuchmarkt einen offenen Wettbewerb mit unterschiedlichen Angeboten zu sichern. Der Versuchung, aus diesem Verpflichtungsrahmen auszubrechen, erlagen bereits auf dem Anweg zum »Grundlagenplan« die Bistümer Rottenburg-Stuttgart und Freiburg, indem sie sich von der gemeinsamen Lehrplanarbeit des DKV lösten und ehrgeizige eigene Lehrpläne und Lehrbuchreihen für alle Schulformen des Primar- und Sekundarbereichs entwickelten. Besonders das Bistum Rottenburg-Stuttgart monopolisierte diese eigenen Produkte und versperrte Konkurrenzwerken den Weg.

Die Stationen dieser Lehrplanarbeit belegen eine Abhängigkeit von Zeitströmungen, in denen sich gesellschaftliche, kirchliche, politische und pädagogische Intentionen mischen, und da die Schule der Gesellschaft nicht autonom gegenübersteht, wird es auch immer solche Abhängigkeiten und Veränderungsanlässe geben. Daneben drängt sich aber doch die Frage auf, ob ein solch häufiger Wechsel hingenommen werden muss, und falls ja, ob es in allem Wechsel nicht auch durchhaltende Strukturen

---

116 Hubertus Halbfas, Fundamentalkatechetik. Sprache und Erfahrung im Religionsunterricht. Patmos, Düsseldorf 1968, 302 f., Anm. 1.

117 Zielfelderplan für den katholischen Religionsunterricht der Schuljahre 5–10, Grundlegung, München 1973, 5.

118 Grundlagenplan für den katholischen Religionsunterricht im 5.-10. Schuljahr. Revidierter Zielfelderplan, hg. von der Zentralstelle Bildung der Deutschen Bischofskonferenz, München o. J.

geben kann, die wenigstens eine strukturell-didaktische Kontinuität bei gleichzeitiger Offenheit und Beweglichkeit kennzeichnet. Der jüngste diskussionslose Austausch des Lehrplans gegen kompetenzorientierte Richtlinien zeigt erneut, dass das Instrument Lehrplan in seiner Wertigkeit nicht erfasst und – unabhängig von seinen Inhalten – in seinen didaktischen Steuerungen nicht grundlegend durchdacht worden ist. Zwar sah Georg Hilger den Zielfelder- und den Grundlagenplan von der Intention bestimmt, »Motor für eine fachdidaktisch erwünschte Erneuerung des Religionsunterrichts« zu sein. »Sie wollen das didaktische Handeln des Lehrers beeinflussen und somit einen Beitrag zur religionspädagogischen Fortbildung des Lehrers leisten.«[119] Dennoch stehen wir heute vor »Richtlinien«, die das, was sie als kompetenzorientiert sein wollen, nicht sind und darum ihrer Aufgabe nicht gerecht werden, gleichzeitig aber die an einen Lehrplan gerichteten Erwartungen nicht einmal mehr bedenken, nachdem das Instrument Lehrplan als überholt zurückgestuft wurde.

Um einige Versäumnisse der Lehrplanarbeit zu sehen, seien hier Überlegungen zu »Lehrplanperspektiven des Religionsunterrichts«[120] eingefügt, die ich vor vierzig Jahren geschrieben habe. Es war dies die Zeit, in der Herbert Schulze eine Analyse aller Lehrpläne für den Religionsunterricht innerhalb der deutschen Bundesländer und Kirchengebiete vorgelegt hatte[121] und die Curriculumreform nach Saul B. Robinsohn[122] diskutiert wurde. In meinem Aufsatz, der auch Zeitbedingtes enthält, finden sich unter anderem »curriculare Grundsätze für zukünftige Lehrplanprojekte«, von denen drei Thesen auch heute noch bedenkenswert sind:

1. Jede detaillierte und spezifizierende Lehrplanarbeit muss von einem Curriculumentwurf für die gesamte Schulzeit ausgehen.

Die Auswahl der Lehrplaninhalte für einzelne Schulstufen und deren Koordination mit anderen Inhalten kann sinnvollerweise erst dann erfolgen, wenn der gesamte Materialbereich feststeht, der im Laufe der vollen Schulzeit aufgegeben ist. Die Ermittlung der Curriculuminhalte zielt also zunächst auf einen Gesamtentwurf, dann

119 Art. Lehrplan/Curriculum, in: Handbuch religionspädagogischer Grundbegriffe, hg. von Gottfried Bitter und Gabriele Miller. Kösel, München 1986, 484.
120 Hubertus Halbfas, Lehrplanperspektiven des Religionsunterrichts, in, ders., Aufklärung und Widerstand. Beiträge zur Reform des Religionsunterrichts und der Kirche. Patmos, Düsseldorf 1971.
121 Herbert Schulze, Religion im Unterricht. Analyse und Kritik der Pläne für den Religionsunterricht in der heutigen Schule. Beltz, Weinheim 1970.
122 Saul B. Robinsohn, Bildungsreform als Revision des Curriculum. Luchterhand, Neuwied/Berlin 1967.

auf Teilentwürfe für die Primar- und Sekundarstufe. Die Differenzierung dieser Pläne für einzelne Zeitabschnitte oder Schuljahre und die Integration aller Curriculumelemente in jeden Planabschnitt sind die nächsten Schritte. Dass die Curriculumkonzeption für die Grundschule sich in jedem Fall als relevant für alle weiterführenden Schulen erweist und dass deshalb der Primarbereich nur in steter Korrespondenz zur Sekundarstufe entworfen werden kann, wie umgekehrt der Sekundarbereich allein in reflektierter Anknüpfung an das Grundschulcurriculum konzipiert werden kann, soll besonders unterstrichen werden.[123]

Wie oben bereits erwähnt, haben die bischöflichen »Richtlinien« von 2004 und 2006 in der Reihenfolge ihrer Erarbeitung und Veröffentlichung diesen Grundsatz erneut ignoriert – zum Schaden religionsdidaktischen Denkens.

2. Ein zukünftiges Curriculum muss lehrzielorientiert sein, neben der Angabe der umfassenden Ziele exakt beschriebene – und soweit wie möglich – operationalisierte Teilziele haben; außerdem die Ziele begründen als auch deren Korrelation zu der genannten Inhalten und Methoden; schließlich ein Kontrollinstrumentarium für die praktische Effizienz dieses Curriculums bieten, samt Analyse von Neben- und Fernwirkungen.

Die Erarbeitung von Lehrzielen ist nicht einfach, da jeder Unterrichtsinhalt mehrere Zielsetzungen denkbar macht. Das bestimmende Kriterium liegt in der Frage, was der Schüler unserer Gesellschaft in einer konkreten Situation unter Einbeziehung seiner Voraussetzungen und Fähigkeiten, angesichts seiner und unserer Zukunft wissen und können muss. Die Lehrzielbestimmung ist umso effektiver, je exakter sie beschreibt, was die Schüler am Ende des Lernprozesses können sollen. Allgemeine oder vage Ausdrücke wie z. B die Schüler sollen »erkennen«, »wissen«, »verstehen« sind bei einer Lehrzielbestimmung zu vermeiden und durch Beschreibungen zu ersetzen, die handlungsanweisend (operational) und darum überprüfbar sind. Das für jeden Lehrplan geforderte *feedback* bezieht Lehrer, Schüler und die weitere Öffentlichkeit in die Kontrolle der curricularen Entscheidungen und Wirkungen ein. [124]

Es zeigt sich hier erstens, dass die aktuelle Kompetenzorientierung keine neue Erfindung, schon gar nicht ein didaktischer Paradigmenwechsel, sondern eine Variante schon damals geforderter Schülerorientierung und Curriculumtheorie ist; zweitens dass die heute formulierten Kompetenzerwartungen im Religionsunterricht die seinerzeit formulierten Beschreibungsbedingungen nicht erfüllen. Dies ist auch nicht zu leisten.

123 Hubertus Halbfas, Lehrplanperspektiven … (s. Anm. 120), 93 f.
124 Ebd., 98 f.

solange im Blick auf die Inhalte des Lehrplans Kenntnisse und Fähigkeiten nicht unterschieden, Haltungen und Einstellungen davon nicht davon abgehoben werden.

3. *Die sprachliche Formulierung der Curriculum-Inhalte muss kommunikativ für alle Gruppen der Gesellschaft sein. Die parteipolitischen, weltanschaulichen oder religiösen Vorentscheidungen einer Gruppe der Gesellschaft sind keine legitimen Curriculum-Determinanten*

In den heute geltenden Lehrplänen implizieren die einzelnen Inhaltsangaben zugleich Glaubenspositionen. Statt einer streng sachbezogenen Inhaltsbeschreibung, die für informative und argumentierende Unterrichtsprozesse Vorbedingung ist, begegnen nahezu durchgehend Formulierungen, die ein Glaubensbekenntnis bereits beinhalten und dementsprechend vor jeder sonstigen Klärung gesellschaftlicher, schulischer und unterrichtlicher Voraussetzungen eine dogmatische Position in den didaktischen Ansatz des Unterrichts hinein verpflichten. Lehrplanformulierungen, die als Bekenntnissätze gelten wollen, sind natürlich für die kirchliche Katechese möglich, aber in Curricula, die auf den gesamtschulischen und gesellschaftlichen Zusammenhang ausgerichtet sind, wesensfremd. Selbstverständlich sind religiöse oder ideologische Überzeugungen curriculumrelevant, jedoch als Gegenstände des Unterrichts, nicht als qualifizierende Instanzen der Lehr- und Lernprozesse.[125]

In allen oben besprochenen Kerncurricula und Leitlinien begegnen Kompetenzformulierungen, die Bekenntnisinhalte zum Thema haben. Wenn ich solche Formulierungen 1970 aus grundsätzlichen Überlegungen ausschloss, müsste der mit dem Traditionsabbruch einhergehende Glaubensverlust heute sensibilisieren, dogmatische Unbedachtheit zu vermeiden, die den Religionsunterricht Indoktrination unterstellen kann.

5. Lehrplandidaktik

Die Lehrpläne für den katholischen Religionsunterricht von 1957 bis heute haben keine Theorie des Lehrplans entwickelt, an der sich das didaktische Denken in der Folge hätte orientieren können. Auch hier muss nicht bis zu den Arbeiten von Josef Dolch und Wolfgang Klafki zurückgegan-

---

125 Ebd., 100.

gen werden[126], wenngleich geschichtliche Kenntnisse stets hilfreich sind es mag im aktuellen Zusammenhang genügen, ein didaktisches Struktur-gitter zu beschreiben, das die wichtigsten Desiderate an einen Religions-lehrplan enthält.

a. Stufenlehrplan oder Gesamtcurriculum

Üblicherweise sind Lehrplankommissionen jeweils nur mit Vertretern der jeweiligen Schulform und Altersstufe zusammengesetzt. Dabei ent-stehen Lehrpläne, die – etwa im Sekundarbereich – die voraufgegangene Grundschulzeit ignorieren. Umgekehrt besteht dann für die Grundschule kaum ein Zwang, Verstehensvoraussetzungen, zum Beispiel im Bereich der religiösen Sprachlehre, so zu vermitteln, dass weiterführende Schu-len im 5. Schuljahr darauf ähnlich sicher zurückgreifen können, wie dies der Mathematikunterricht für die Beherrschung der Grundrechenarten erwarten muss. Die Folge ist ein unkalkulierbarer Ertrag des Religionsun-terrichts, der niemals Sicherheiten über Wissenskenntnisse und Verste-hensfähigkeiten gibt. Dass hier jede Kompetenzvermittlung ihren Boden hat, sollte irgendwann doch einsichtig werden.

Zu fordern ist deshalb ein Lehrplankonzept für die gesamte Schulzeit, unter Einbeziehung des Elementarbereichs und einer späteren religiösen Erwachsenenbildung, an dem sich regionale Bildungswerke orientieren können. Dieses Konzept muss Grundschullehrerinnen und -lehrern ihre Aufgabe im Blick auf die Weiterführung im Sekundarbereich beschreiben. Es muss aber auch den Religionslehrerinnen und -lehrern in der Sekun-darstufe I deutlich zeigen, von welchem Niveau religiöser Vorbildung im 5. Schuljahr ausgegangen werden kann.

b. Quereinstiege

Diese Überlegung entspricht der Notwendigkeit, den Wechsel der Schul-formen und den allfälligen Lehrerwechsel in der Anlage des Lehrplans zu berücksichtigen. Dabei stellt sich die Aufgabe schon beim Wechsel vom 2. zum 3. Schuljahr, mit dem sich für gewöhnlich auch ein Wechsel der Lehrperson verbindet. Was muss die neue Religionslehrerin über die vor-auf geleistete Arbeit sicher wissen? Mit welchem ertragsicherndem Ein-stieg kann sie ihre weiterführende Arbeit beginnen?

---

126 Josef Dolch, Lehrplan des Abendlandes. Zweieinhalb Jahrhunderte seiner Ge-schichte. Henn, Ratingen 1959; Wolfgang Klafki, Studien zur Bildungstheorie und Didaktik. Beltz, Weinheim 1963. S. a. zusammenfassend: Karl Frey (Hg.), Curriculum-Handbuch, 3 Bde. Piper, München 1975.

Diese Frage stellt sich mit besonderer Relevanz zu Beginn des 5. Schuljahrs. Die Kinder dieser Jahrgangsstufe kommen aus unterschiedlichen Schulen, haben unterschiedliche Lehrer und Religionsbücher gehabt und bringen also auch unterschiedliche, bisweilen sogar stark divergierende Voraussetzungen für den Religionsunterricht in der Sekundarstufe mit. Wenn bei solchen Übergängen kein einheitlich geregelter Kompetenzanspruch verbindlich besteht und kontrolliert werden kann, wird nie eine aufbauende Religionsdidaktik entwickelt. Dann entstehen vor allem keine gesicherten Kenntnisse und Fähigkeiten im Bereich der religiösen Sprachlehre, d. h. die Verstehensvoraussetzungen für die Inhalte des Unterrichts bleiben uneinheitlich und vor allem werden sie in den damit zu verbindenden Kompetenzen nicht überprüft.

Die Lehrpläne (und in deren Gefolge die Lehrbücher) müssen darum sicherstellen, dass bei Lehrerwechsel und Schulübergängen Sequenzen einbezogen werden, die eine Ertragssicherung des bisherigen Unterrichts bzw. die Wiederholung und Vermittlung des zurückliegenden Lernertrags für die neue Klassengemeinschaft betreiben. Diese Sequenzen sind hermeneutischer Natur; sie haben das Verhältnis von Sprache, Wahrheit und Wirklichkeit in den gattungsspezifischen Spielformen zum Inhalt und bedürfen darin der altersgerechten Ausführung. Es geht hier also nicht um die Summe der unterrichteten Inhalte, sondern gezielt um die grundlegenden Verstehenskompetenzen für diese Inhalte.

c. Spiralcurriculum

Die in den 1970er Jahren geführte Curriculum-Diskussion und deren z. T. überbordende Theorieversstiegenheit hat viele Praktiker in der Lehrplanarbeit bald abwinken lassen.[127] Doch sollten nicht alle Bemühungen dieser Jahre vergessen werden. Zu erinnern ist der vorrangig von Jerome Bruner vorgelegte Strukturansatz, der bei den grundlegenden und allgemeinen Gegebenheiten eines Faches anknüpft. Es geht nicht darum, den Schülern eine Anhäufung von Einzeldaten zu vermitteln, sondern sie mit den jeweiligen Sachstrukturen so vertraut zu machen, dass sie fähig werden, sich eigenständig weitere Inhalte zu erarbeiten.

Mit diesem Ansatz verbindet sich die Idee des Spiralcurriculums: Der Stoff ordnet sich nicht linear an, sondern in Form einer Spirale: einzelne Themen kehren im Laufe der Schuljahre mehrmals wieder, auf jeweils

---

127 Ein Beispiel dafür bietet das Curriculum-Handbuch, hg. von Karl Frey, 3 Bde. Piper, München 1975.

höherem Niveau. Auf einer elementaren Stufe etwa mag der Inhalt vorrangig handelnd erschlossen werden, auf einer zweiten Stufe dominiert die bildhafte (ikonische) Vermittlung, erst auf der dritten Stufe erreicht der Inhalt die begriffliche Vermittlungsform. Für die Grundfragen des menschlichen Lebens fordert Bruner, dass sie von Anfang an den Unterricht zu bestimmen haben und in stets sich ändernden Erschließungsformen oftmals wiederkehren.

Man kann gegen diesen Ansatz geltend machen, dass dem Religionsunterricht ein homogenes Strukturschema fehlt, da er sehr unterschiedliche Sachbereiche vereint, die auch didaktisch-strukturell verschiedene Fundamente haben und deshalb keine einheitliche Aufbauform gestatten. So etwa liegen die didaktischen Ansätze des Bibelunterrichts, der Glaubenssystematik, der Ethik, der Christentumsgeschichte und der Darstellung anderer Religionen weit auseinander. Doch so sehr ein Curriculum diese unterschiedlichen Sachbereiche in ein einheitliches System integrieren muss, ist es doch unmöglich, die je spezifischen struktureller Ansätze zu ignorieren. Infolgedessen müssen die verschiedenen Sequenzen eines Curriculums unterschiedliche Didaktiken berücksichtigen. Ein einheitliches Schema für die Strukturierung der Inhalte ist nicht möglich. Die verschiedenen Strukturansätze sind zu verdeutlichen und didaktisch schrittweise zu entfalten.

Im Blick auf eine stoffverteilende Lehrplanstruktur hat Klafki mehrere Möglichkeiten aufgeführt: einmal die lineare Strukturierungsform, welche die Lernziele und die ihnen zugeordneten Inhalte sukzessiv aneinanderreiht. Dann Inhalte, die einen lockeren Aufbau gestatten ohne zwingende Sequentialität; dies ist die am häufigsten praktizierte Lehrplanform. Schließlich eine diskursive Strukturierungsform, die zwischen den einzelnen Inhalten in ihrer Ausrichtung auf ein Gesamtziel keinen zeitlich kontinuierlichen Zusammenhang wahrt. Diese von Klafki genannten Möglichkeiten sind aber nicht zu beliebiger Auswahl wohlfeil. Nachfolgend soll hier genauer unterschieden werden zugunsten einer besseren didaktischen Qualität der Lehrpläne.

d. Längsschnitt-Systematik

Unter diesem Stichwort geht es um die innere Folgerichtigkeit der Lernprozesse, um Anknüpfung und Weiterführung im Sinne einer strukturellen Konsequenz. Dies ist eigentlich ein selbstverständliches Lehrplanprinzip, wenngleich es wenig beachtet wird. Innerhalb der sechs Gegenstandsbereiche, die von den »Kirchlichen Richtlinien« als verbindlich zu vermittelndes Grundwissen beschrieben werden, wären vor allem formale und inhaltliche Kompetenzen in ihrer wechselseitigen Bedingtheit zu unterscheiden – in erster Linie eine Aufgabe der didaktischen Analyse und einer darauf basierenden Strukturierung.

a) Formalreligiöse Fähigkeiten

Alte Lehrpläne waren durchweg Stoffverteilungspläne. In ihrem Erbe sind die heutigen Religionscurricula immer noch dominant von thematischen Inhalten bestimmt, während die Entwicklung formalreligiöser Fähigkeiten wenig oder auch keine Aufmerksamkeit findet. Es geht vor allem um die Qualifikationen, religiöse Sprache verstehen und lesen zu können. Um mit Bibel, Glaubensformeln oder religiösen Symbolen umgehen zu können, ist die gestufte Einübung in die Grammatik dieser Traditionen Bedingung. Eine solche Sprachlehre lässt sich nicht auf ein oder zwei Jahrgänge beschränken, sondern muss als Spiralcurriculum entwickelt werden. Wenn dies unterbleibt, entwickelt sich keine Kompetenz im Umgang mit religiösem Ausdruck, denn die hier zu erwartende Kompetenz ist von folgerichtigem Aufbau, Kontinuität und dauerhaft übender Praxis abhängig. Da die Lehrpläne hier bis zum Tag versagen, sind die Defizite an jeder beliebigen Schule überprüfbar: Zwar mögen die Schülerinnen und Schüler zahlreiche Religionsstunden absolvieren, um dennoch religiöse Analphabeten zu bleiben. Sie lernen nicht, die jeweilige sprachliche Problemstruktur zu handhaben, so dass sie die Kompetenz verfehlen, sich mit weiteren Texten und Themen aus eigenem Vermögen zu befassen.

»Sprache« meint in diesem Zusammenhang nicht das gesprochene oder geschriebene Wort allein, sondern im weiteren Sinn jeden religiösen Ausdruck, sei er verbal, ikonisch oder gestisch. Der Kompetenzerwerb auf diesem Gebiet muss vom 1. bis zum 12. Schuljahr in stets erweiterten Ansätzen geübt werden. Dabei kommt der Grundlegung im Primarbereich erhöhte Bedeutung zu. Entgegen der verbreiteten Ansicht, mit dieser Sprachbildung erst im 3. Schuljahr zu beginnen, ist mit Nachdruck auf einer Grundlegung bereits im Anfangsunterricht Wert zu legen.

Der Gewinn dieser Lehrplansteuerung käme noch vor der Schülerschaft den Lehrerinnen und Lehrern zugute. In den zentralen Inhalten des Religionsunterrichts würde ihnen eine wirkliche Vermittlungskompetenz zuwachsen und ein differenziertes Bewusstsein ihrer didaktischen Aufgaben. Anders gesagt: Ohne die Fähigkeit, mit metaphorischer und symbolischer Sprache umgehen zu können, diese in den unterschiedlichsten Gestaltungen des Christentums und anderer Religionen auslegen und gestuft zum Verständnis bringen zu können, lässt sich von Vermittlungskompetenz in Sachen Religion nicht sprechen. Dies ist *die didaktische Ba-*

sis für alle, die in Sachen Religion heute in Vermittlungsdiensten stehen. Von hier her wird im Ansatz über religiöse Kompetenz entschieden.

Der andere Gewinn fiele den Schülerinnen und Schülern zu. Mit einer systematischen religiösen Sprachbildung gewinnen sie erst die Verstehensvoraussetzungen für alle Modi religiösen Ausdrucks. Dass diese Aufgabe seit Generationen versäumt worden ist, rächt sich in der allgemeinen Unfähigkeit, mit Inhalten von Bibel und Glaubenslehre umgehen zu können (und zwar bis in die höchsten Ränge der kirchlichen Hierarchie). Auch der gebildeten Welt fehlt oft genug die Reife, die Wahrheit einer Legende, die Gültigkeit einer Mythe, das Spannungsverhältnis vom Mythos und Logos verstehen und darstellen zu können.

b) Inhaltliche Kompetenzen
Es kann an dieser Stelle nicht gelingen, für alle sechs »Gegenstandsbereiche«, welche die bischöflichen Richtlinien für die Sekundarstufe I beschreiben, einen inhaltlich folgerichtigen Aufbau zu beschreiben. Hier sei der Bereich 6 »Religionen und Weltanschauungen« gewählt. Die Richtlinien gliedern ihn in vier Kompetenzblöcke:

Die Schülerinnen und Schüler können

1. das Judentum in Grundzügen darstellen.
2. den Islam in Grundzügen darstellen.
3. das Verhältnis der Kirche zum Judentum und zum Islam in Grundzügen erläutern.
4. sektenhafte Frömmigkeit als Fehlentwicklung einer Religion beispielhaft benennen.

Die untergliedernden Kompetenzerwartungen formulieren für das Judentum: Die Schülerinnen und Schüler kennen Beispiele jüdischen Lebens (möglichst) aus ihrer näheren Umgebung; erklären die Bedeutung von Festen wie Sabbat, Pessach, Bar/Bat mizwa; erläutern die Ausstattung und die Bedeutung der Synagoge für das jüdische Gemeindeleben; stellen die Bedeutung der Tora für das jüdische Leben an Beispielen dar. – Die Anforderungen im Bereich Islam sind ähnlich gehalten.

Es bedarf keiner Frage, dass diese beiden Religionen in den Lehrplan des Primar- und Sekundarbereichs gehören. Wünschen würde man sich von einem Lehrplan, der mehr ist als eine outcome-gerichtete Kompetenzenliste, dass der geschichtliche »Ort« für die Beschäftigung mit Judentum und Islam angegeben würde: einerseits die dem Christentum immanente Judenfeindschaft seit seiner bewussten wie unbewussten Entjudaisierung in der griechisch-römischen Welt, die (auch) bis Auschwitz führte, sowie das seit Karl Martell, den Kreuzzügen und den Türkenkriegen vorhandene Feindbild des Islam. Hier wie überall stellt sich die Frage, wie Schülerinnen und Schüler in Sachverhalten Kompetenz gewinnen sollen, wenn diese in ihrer geschichtlichen und gesellschaftlichen Situation nicht analysiert werden.

Daneben wäre von einer *partizipatorischen Hermeneutik* zu sprechen, die nicht in objektivierender Distanz zur jeweiligen Religion und Kultur bleibt. Eine »Sachkunde Religion« ist auch im Umgang mit nichtchristlichen Religionen unangemessen. So wie jedes Kunstwerk, jedes Gedicht, jede Biographie ein Recht auf *teilhabendes* Verstehen haben, gilt dies auch für andere Kulturen und Religionen. Nur wenn der Religionsunterricht in die Innenräume anderer Welten hineinführt – mit Worten, die Interesse wecken, Emotionen stiften und Sympathie übertragen – lässt sich von einer interkulturellen Didaktik sprechen. Alles andere bleibt ein Wissen für Kreuzworträtsel.

Nun gehören Judentum wie Islam zu den heutigen Weltreligionen. Dass aber Hinduismus und Buddhismus in den bischöflichen Richtlinien keine Erwähnung finden, verwundert, zumal die meisten Religionsbücher und ältere Lehrpläne hier seit Jahrzehnten eine andere Linie praktizieren. In den Klassen 8 und 9 darauf zu verzichten, bedarf einer Begründung.

Will der Lehrplan schließlich seine Inhalte im Bereich Religionen schlüssig aufbauen, muss er sich unter didaktischen Aspekten mit dem Stellenwert der Naturreligionen auseinandersetzen. *Hier* finden sich die Zugänge zur mythischen Struktur aller Religionen, *hier* liegen Voraussetzungen für die Bibeldidaktik; *hier* geht es auch um wesentliche Ansätze einer fundamentalen Symboldidaktik, jedenfalls solange wir davon überzeugt sind, dass Glaubensinhalte nicht bereits durch begriffliches Definieren und dogmatische »Sätze« vermittelt werden.

Eine Religionsdidaktik, die um diese Zusammenhänge weiß, kann sich mit den problemblinden Vorgaben heutiger Lehrpläne nicht abfinden, die noch nie Naturreligionen beachtet haben, obwohl diese mit wesentlichen Elementen doch die didaktische Basis zentraler Traditionen auch des christlichen Religionsunterrichts sind. Es wird ignoriert, dass die heutigen Universalreligionen mit wesentlichen Teilen ihrer Traditionen im mythischen Bewusstsein der Naturreligionen wurzeln. Die archaischen Elemente dieser Schicht tragen immer noch, zumal deren Symbolsprache sich elementar mit den Tiefenschichten der menschlichen Seele verbindet. Ein Beispiel dafür mag das Kapitel »Das Welthaus der Sioux«

bieten, dessen Symbolkosmos alles umgreift, was heute unter dem Stichwort »Bewahrung der Schöpfung« thematisiert wird.[128]

e. Wiederholung und Weiterführung

In den heutigen Lehrplänen und Religionsbüchern ist Wiederholung kein erkennbares didaktisches Prinzip. Zwar ließ sich an den Lehrplänen noch in den sechziger Jahren kritisieren, dass sie »in der Dauerrille des Kirchenjahres« bestimmte Inhalte mehrfach wiederholten, ohne dass der erneute Durchgang andere Perspektiven und Tiefen vermittelt hätte. Heute hingegen hindert ein stärkeres Konsumentenverhalten, die innere Unruhe der Schüler und Unsicherheit, auf bereits unterrichtete Inhalte noch einmal zurückzukommen, einen bereits besprochenen Text und ein schon bekanntes Bild erneut aufzunehmen. Es sind wohl nur noch die Waldorfschulen, in denen das wiederholende Verweilen bei einer Sache zu den wichtigsten Prinzipien ihres Unterrichts zählt. Dort weiß man, dass die einmalige Begegnung nicht ausreicht und kein volles Ausschöpfen gestattet. Erst bei wiederholtem Hören und Sehen gelingt es, sich in eine Wirklichkeit tiefer einzuleben, in ihr sich zu bewegen und zugleich, von ihr sich bewegen zu lassen.

Einen ähnlichen Zug zur Besinnlichkeit entbehren unsere Lehrpläne und Religionsbücher, vermutlich auch zukünftig, wenn Kompetenzorientierung und überprüfbares Verhalten das einzig entscheidende Kriterium des Faches sein soll. »Vieles kann gemessen werden. Manches kann nicht gemessen werden. Nicht alles darf gemessen werden.«[129] Beispielsweise wird »die Frage nach Gott« so thematisiert: »1. Die Schülerinnen und Schüler können an Beispielen zeigen, in welchen menschlichen Erfahrungen sich die Frage nach Gott heute stellt.« – »2. Die Schülerinnen und Schüler können zu alltäglichen Gottesvorstellungen Stellung nehmen …« Bei solchen Erwartungen ist es unerlässlich, Texte, auch Bilder zu benennen, die in wachsendem Ringen ein sich ständig vertiefendes Gottesverständnis gewinnen lassen, geleitet von der Einsicht, dass Theologie Anthropologie ist.

Ein Beispiel dafür könnte die visionäre Schau der Hildegard von Bingen sein: »Die wahre Dreiheit in der wahren Einheit«. Es ist kein Bild ausschmückender Erzählfreude und keine Augenweide, sondern

128 Vgl. Hubertus Halbfas, Religionsbuch für das 4. Schuljahr. bsv/Patmos, München 2010, 64–69. Lehrerhandbuch 4. Patmos/Düsseldorf 1986, 473–494.
129 Leistungsbewertung und Notengebung in Schule und Religionsunterricht. Neun Thesen aus dem Vorstand des DKV, München 2003, These 7.

ein Symbolwerkzeug, das den Blick nach innen lenkt. Die Grundgestalt wird durch konzentrische Kreise bestimmt: Das überhelle Licht des äußeren Kreises symbolisiert die bildlose Gottheit, die funkelnde Lohe des inneren Kreises den Göttlichen Geist, dessen Rund seinerseits die saphirblaue Menschengestalt des »Sohnes«, d. h. des Menschen schlechthin umschließt. Im Kreis sind alle Gegensätze aufgehoben und dennoch alle Potenzen enthalten. Die innen- und die außengerichteten Kräfte befinden sich im Gleichgewicht. So ist der Kreis ein Symbol der Mitte und des Alls, der göttlichen Vollkommenheit, der kosmischen Universalität und der menschlichen Ganzheit in einem. Gewiss ist für den bildverwirrten Zeitgenossen eine solche Darstellung »uninteressant«. Es kann ihm ein einziger Blick genügen, um sagen zu können, was hier zu »sehen« ist. Aber eben dieses schnelle Erschöpfen der äußeren Gestalt, die »lange Weile«, die dieses Bild einfordert, die spirituellen Dimensionen für den Weg nach innen, sind die entscheidenden didaktischen Kriterien, die an ein »Gottesbild« anzulegen sind. Diese Darstellung schließt eine theologische, eine mystische und eine meditative Didaktik der Gotteslehre *und* des Gottesverhältnisses ein – bei gleichzeitiger Konvergenz zu den besten außerchristlichen Traditionen religiöser Erfahrung –, so dass von hierher die bisherigen »Bebilderungsversuche« zur Gotteslehre, aber auch ihr dogmatischer und spiritueller Weg, eine neue didaktische Ausrichtung finden können. Ein solches Bild lediglich in einem einzigen Jahrgangs-Religionsbuch zu zeigen, ohne in späteren Jahren erneut darauf zurückzukommen, heißt, es zu missachten. Es aber mit erweiterter Erfahrung zu füllen und zugleich die eigene Erfahrung von diesem Bild ordnen zu lassen, wäre die hier anstehende Aufgabe. Gewiss gibt es nicht beliebig viele Bilder solcher Art. Dass sich die Schülerinnen und Schüler daran »leid« sehen und dem Bild eine Zurückweisung aus Überdruss geben könnten, dürfte nur dann zu erwarten sein, wenn sie es nicht im Verständnis des alten Sanskrit-Wortes *Tat tvam asi* – »Das bist du selbst!« sehen lernen.

Das hier Gesagte gilt auch für viele Geschichten der Bibel sowie anderer Traditionen. Jede bedeutsame Geschichte, die Schülern nur einmal erzählt wird, ist in den meisten Fällen eine vergeudete Geschichte, und jedes nur einmal angeschaute Symbol ein missachtetes Symbol. Die Kerncurricula führen zu solchen Erfahrungen nicht hin, weil sie Hinweise auf konkretes Unterrichtsmaterial, das die Alltagswelt der Schülerinnen und Schüler überschreiten hilft, in ihre auf Kompetenzbegriffe reduzierten Listen nicht aufnehmen. Zwar könnte man einwenden, dies sei Sache der Schulbücher, doch greift ein solcher Einwand zu kurz. Der Hinweis auf Unterrichtsinhalte, die Wiederaufnahme und Weiterführung früherer Unterrichtsinhalte, sollte als Anforderung an die didaktische Struktur des Curriculums selbst verstanden werden. Würden die Religionslehrpläne mehr von inhaltlichen Strukturansätzen bestimmt und weniger von »Zielfeldern«, die lediglich mit funktional verstandenen Themen aufgefüllt werden, ließen sich alle hier beschriebenen Desiderate realisieren. Vertikale Systematik, didaktische Folgerichtigkeit, wiederholende und vertiefende Weiterführung wären ein deutlich helfender Gewinn.

f. Verschränkung

Das didaktische Vexierwort, mit dem man seit der Würzburger Synode (1974) den Religionsunterricht beschwört, heißt Korrelation. Er galt seitdem als »Schlüsselbegriff« des religionspädagogischen Rekurses, von George Reilly zwar schon 1993 als »praxisfähig« bezweifelt[130], von Georg Hilger als eher zu meiden empfohlen[131], von Erich Feifel – in der Tradition von Edward Schillebeeckx – verstanden als »gelebter Glaube« der »identisch ist mit vollzogener Korrelation«[132], das heißt als Wechselbeziehung zwischen der menschlichen Erfahrung und dem christlichen Glauben. Dennoch nennt Christiane Thuswaldner das »Anliegen der Korrelationsdidaktik unaufgebbar«: »Mit Hilfe des Korrelationsbegriffs werden die *theologischen und hermeneutischen Voraussetzungen religiöser Lernprozesse reflektiert* und die Intelligibilität und die Kommunikabilität der christlichen Botschaft gewahrt und entfaltet.«[133]

Im Grunde geht diese Korrelationsthematik von einem Offenbarungsverständnis als »die Mitteilung bisher unbekannter Wahrheiten oder Tatsachen« aus, »die auf Grund göttlicher Autorität im Akt verstandesmäßiger Zustimmung angenommen werden«, wie es ältere Dogmatiken darstellen. Doch gibt diese Offenbarung nach Schillebeeckx »keine ›Antwort‹ auf heute sich stellende Lebensfragen und Zeitprobleme. Sie beinhaltet vielmehr selbst ein in ihrer Zeit spielendes Frage-Antwort-Geschehen, das ein ebensolches Geschehen anlässlich der Fragen und Probleme

---

130 George Reilly, Süß, aber bitter. Ist die Korrelationsdidaktik noch praxisfähig?, in: Georg Hilger/George Reilly (Hg.), Religionsunterricht im Abseits? Das Spannungsfeld Jugend – Schule – Religion. Kösel, München 1993, 16–27.

131 Georg Hilger, Korrelation als theologisch-hermeneutisches Prinzip, in: KBl (118), 12/1993, 828–830, hier: 829.

132 Erich Feifel, Didaktische Ansätze in der Religionspädagogik, in: Hans-Georg Ziebertz/Werner Simon, Bilanz der Religionspädagogik. Patmos, Düsseldorf 1995, 86–110, hier: 100.

133 Christiane Thuswaldner, Das Anliegen der Korrelationsdidaktik ist unaufgebbar, in: RpB 61/2008, 55–71, hier: 67.

unserer Zeit anstoßen kann, ohne aber dafür Lösungen vorzugeben«.[134] Karl Rahner hat den Offenbarungsbegriff erweitert mit seiner These vom »übernatürlichem Existential« des Menschen, das für den einzelnen Menschen gültig sein könne (und nur für diesen), und das ihm gestatte, *für sich* und für *seine* Überzeugung Kritik an der geschichtlichen, amtlichen Offenbarung zu üben.[135] Wie aber verhält es sich mit diesem Offenbarungsverständnis und der damit gegebenen Korrelationsaufgabe, wenn – wie oben bereits zitiert – Ernst Troeltsch dagegen setzt: Offenbarung erschließe keine Fakten, »die zwar in der Geschichte stehen, aber nicht aus der Geschichte stammen«? Wäre dann nicht, statt auf *heutige* Erfahrungen zu rekurrieren, zu fragen: Woher kommt die Rede von »Maria, der Jungfrau«? Oder: Welche Religionsgeschichte verbindet sich mit der Formel von Jesus als dem »Sohn Gottes«? Jedenfalls darf argumentiert werden, dass ein Übergehen solcher Fragen keineswegs zum Kern einer Offenbarungswahrheit führt, sondern zu deren Verschleierung.

Sinnvoller als hier Korrelationsmöglichkeiten zu suchen, wäre es, die Bibel mit der altorientalischen Religionswelt zu verschränken, beispielsweise die lukanische Kindheitsgeschichte mit der ägyptischen Szenenfolge zu vergleichen, welche die Zeugung des Pharao darstellt, wie sie sich in den Zyklen von Deir el-Bahari und Luxor vorfindet. Dort verursacht das Motiv der Jungfrauengeburt keinerlei biologische Problematik. Auch hatte jeder ägyptische König benennbare natürliche Eltern, und dennoch konnte man sagen, dass der König den Geistgott Amun zum Vater hat.[136]

Es ist die Frage, wie ehrlich die Theologie in Zukunft sein will. Oben haben wir gesagt, der Verzicht auf die »Arbeitshypothese Gott« zur Erklärung der Weltentstehung, lasse auch die ständigen »Eingriffe« Gottes in die Geschichte entfallen. Das Wort »Gott« bezeichne keinen Begriff zur Erklärung bestimmter Vorgänge in der Welt, er habe mit Erdbeben, Überschwemmungen, Seuchen, Krankheiten, Unfällen und dem Wettergeschehen nichts zu tun, vielmehr stehe das Wort Gott für eine ganz bestimmte Art, die Welt zu verstehen: Alles Reden von Gott *deutet* demnach das menschliche Leben: Religion ist Hermeneutik, das heißt Auslegung des menschlichen Daseins; zur rational-empirischen Erklärung der Weltwirklichkeit trägt sie nichts bei.

---

134 Zit. nach Georg Baudler, Die Bedeutung Karl Rahners für die neuere Religionspädagogik, in: RpB 53/2004, 109–118, hier: 115.
135 Ebd.
136 Vgl. Das Alte Ägypten und die Christologie, in: Hubertus Halbfas, Der Glaube (s. Anm. 21), 318–325.

Es müsste darum möglich werden, theologisch so zu sprechen, dass jede Rede auch dann noch als sinnvoll, anregend und die eigene Erfahrung vertiefend, möglicherweise sogar qualitativ verändernd erlebt wird, wenn der Adressat weder christlich glaubt noch überhaupt an Gott glaubt. Ein Satz mit dem Wort »Gott« darf in seiner Bezogenheit auf den Menschen auch nicht bedeutungslos werden, wenn der Angesprochene sich als Atheist versteht. Und eine Anleitung zum »Gebet« sollte so welt- und lebenseröffnend sein, dass auch der »religiös Nichtpraktizierende« dadurch Hilfestellung zu einem qualitativ anderen Leben gewinnen kann.[137]

Eine »den Glauben« abgrenzende und systembildende Sprache objektivierender Begrifflichkeit ist hierzu nicht in der Lage. Je weniger Theologen oder Religionslehrer ihren Glauben in die eigene weltliche Lebensform assimilieren können, desto abgesperrter bleibt die Sprache. Die Aufhebung dieser Wirklichkeitsspaltung gelingt nicht durch Korrelation, sondern durch eine entgrenzende, mehrdimensional beziehbare Sprache, wie sie in den erzählenden Traditionen analoger und symbolischer Sprachformen gegeben ist. Metapher und Symbol bieten Sinngestalten an, die auch ein Nichtglaubender annehmen und mit eigener Erfahrung ausfüllen kann, ohne dass das je gegebene Verständnis die volle Sinnperspektive ausmessen muss. Der Sinngehalt der Sprache vertieft sich mit der eigenen Reifung und ermöglicht Christen wie Nichtchristen, Heranwachsenden wie Erwachsenen, ein je befriedigendes, für den einzelnen zureichendes Verständnis.

g. Religiöse Sprachlehre

Seit meinem Buch »Fundamentalkatechetik. Sprache und Erfahrung im Religionsunterricht« von 1968 versuche ich mit größter Eindringlichkeit zu sagen, dass die Voraussetzungen für einen Mitvollzug christlicher Glaubensvorgänge schwinden bzw. auf breiter Front verschwunden sind sodass es in keinem Schuljahr mehr möglich ist, die bisherigen Inhalte des Religionsunterrichts heutigen Schülerinnen und Schülern unmittelbar zu vermitteln. Ihnen begegnet ein christlicher Glaubensausdruck immer weniger in familiären und kirchlichen Vollzügen. Vor dem aktuellen Traditionsbruch hatte der Religionsunterricht noch eine begleitende Funktion. Zentrale Inhalte fanden ihre Auslegung durch Feste, die in Gemeinde und Haus gefeiert wurden. Heute sind die Zugänge zur

---

137 Als ein didaktisches Modell dafür mag mein Buch »Der Sprung in den Brunnen. Eine Gebetsschule« angesehen werden. Patmos, Düsseldorf 1981, Patmos, Ostfildern [18]2011.

Glaubenswelt in Bibel, Bekenntnis und Liturgie an ein *Verständnis* der begegnenden Formen gebunden, die jedoch in ihrem metaphorischem und symbolischem Ausdruck weitgehend unverstanden bleiben, weil das gängige Bewusstsein Sprache und Wirklichkeit auf ein 1:1 Verhältnis verengt. Demnach ist nur etwas »wahr«, was real »passiert«. »Erzähl kein Märchen!«, sagt man oder »das ist ein Legende!«, wenn einem Bericht Glaubwürdigkeit abgeht. Dass aber Sprachformen wie Märchen, Mythe, Legende und Sage eine tiefere Wirklichkeit erschließen können als jeder Zeitungsbericht, ist oft neu zu vermitteln.

Religiöse Sprachlehre ist deshalb nicht länger ein unterrichtliches Themenfeld *neben* anderen Inhalten, sondern *ein didaktischer Schlüssel für alle anderen Inhalte.* Erst durch eine curricular entfaltete religiöse Sprachlehre werden Schülerinnen und Schüler religiös alphabetisiert. Von Religionsdidaktik sollte nicht einmal die Rede sein, wenn als deren Ausgangspunkt und Kern die Sprachlehre fehlt. Erstaunlicherweise setzt sich diese Erkenntnis nur mühsam durch. Keiner der offiziellen deutschen Religionslehrpläne hat einen durchhaltenden sprachbildenden Lernstrang, wahrscheinlich weil bereits der universitären Theologie diese Didaktik der Vermittlung fremd ist, so dass es schwer fällt, für die Schule etwas einzurichten, was im theologischen Studium keinen Ort hat.

Somit beginnt die heutige religiöse Sprachlosigkeit nicht erst bei Lehrplänen und Religionsbüchern, sondern schon im theologischen System selbst, das seinerseits in der Kirchenstruktur wurzelt. Solange aber Religionsdidaktiker keine Didaktik entwickeln, die zu einer religiösen Alphabetisierung als Basisqualifikation anleitet, bleiben auch Lehrerinnen und Lehrer »religiös inkompetent«. Und sind die Lehrer in Sachen Religion nicht kompetent, wie könnten es die Schüler werden? Wer also bestimmt die Vorbedingungen, um in Sachen Religion kompetent zu sein? Wer entwirft dafür die curriculare Bildungsgrundlage?

Die aktuellen Lehrpläne begnügen sich mit einigen Tupfern. Die bischöflichen Richtlinien für die Sekundarstufe I benennen als Kompetenzziele: »Religiöse Sprache verstehen und verwenden ..., religiöse Zeugnisse verstehen ..., religiöses Wissen darstellen ...« und ergänzen: »Religiöse Sprachformen (Metaphern, Symbole, Analogien) erkennen und deuten; religiöse Sprachformen sachgemäß verwenden; zentrale theologische Fachbegriffe verwenden und erläutern ...«. Aber das Ganze erfährt keine Konkretisierung in folgerichtigen Schritten von Klasse zu Klasse. Wenn irgendwo, hätte hier der Religionsunterricht auf Kompetenzorientierung größten Nachdruck zu setzen. *Hier ist ihr Ort* und *hier* muss dieser Ansatz seine Beglaubigung finden. Was immer sonst Lehrpläne und Religionsbücher aus dem Kompetenzanspruch machen, bleibt formales Spiel. Um nachhaltigen Kompetenzerwerb zu gewinnen, muss religiöse Sprachlehre in den Lehrplan eingearbeitet werden und dort Folgerichtigkeit zeigen.

Beispiel für die Entfaltung des Lernstrangs »Religiöse Sprachlehre« für die Klassen 1 bis 10:

	Sprachverständnis	Symbolverständnis
1. Schuljahr	Metaphorik des »Sehens«	Elementare Symbole: Herz, Herzauge, Herzseher
2. Schuljahr	Metaphern in Sprichwörtern Biblische Metaphern	Sakramentale Grundsymbole: Wasser; Brot Die Sonne als Gottessymbol
3. Schuljahr	Analoge Sprache: Das Gleichnis	Symbolische Elementarformen: Kreis und Kreuz
4. Schuljahr	Symbolische Sprache: Die Legende	Komplexe Symbolfelder: Labyrinth, Garten, Berg, Baum
5. Schuljahr	Metaphorische Alltagssprache: Lebesmetaphorik Religiöse Metaphorik	
6. Schuljahr	Symbolische Sprachformen: Märchen	
7. Schuljahr	Symbolische Sprachformen: Die Legende	
8. Schuljahr	Mythos und Logos: Mythen Mythos als Weltbild	
9. Schuljahr	Dogmatische Sprache: Das Wort »Gott«	
10. Schuljahr	Poetische Sprache: Wie spricht religiöse Erfahrung heute?	

h. Religionslehrplan und Schulleben

Gewissermaßen als Präambel wird im Grundschullehrplan von Baden-Württemberg den jahrgangsbezogenen Kompetenzlisten und Inhalten folgende Beschreibung des katholischen Religionsunterrichts vorangestellt:

Der katholische Religionsunterricht leistet auf seine spezifische Art seinen Beitrag zum Bildungs- und Erziehungsauftrag der Grundschule. Er knüpft an der Lebenswirklichkeit der Kinder an und beachtet die unterschiedlichen religiösen Erfahrungen aus Elternhaus und Kindergarten. Still werden und staunen ist durchgängiges Unterrichtsprinzip in allen Klassenstufen. Es geht darum, den Kindern die verschiedenen Dimensionen der Wirklichkeit zu erschließen und sie ihre »inneren Räume« entdecken zu lassen. Dies geschieht sowohl in Stille-Erfahrungen (Phantasiereisen, Meditationsübungen, Übungen der Stille) als auch in Bewegungs-Erfahrungen (in Bewegung sein – still sein). Die Schüler entdecken mit allen Sinnen: Sie hören, sehen, riechen, fühlen, schmecken. Sie üben mit dem Herzen »sehen«, mit dem Herzen »hören«. Dabei werden Erfahrungen kreativ verarbeitet im Entdecken, Be-greifen, Mit-teilen. Der Weg führt vom Wahrnehmen über das Staunen zum Deuten. Die Hinführung zu Stille und Gebet sowie die Begegnung mit Symbolen sind grundlegend und richtungweisend ... Über den Unterricht hinaus leistet der Religionsunterricht einen Beitrag zur Gestaltung des Schullebens und der Schulkultur.[138]

Auch hier käme es darauf an, derartige präambelähnliche »Leitgedanken« durch gestufte Konkretionen im Lehrplan zu verankern, denn es ist ein Unterschied, mit Kindern des 1. oder des 4. Schuljahrs Stille-Übungen zu machen oder diese sogar einem 7. oder 10. Schuljahr anzubieten. Mein eigenes Unterrichtswerk, das dem obigen Zitat wohl zugrunde liegt, zumal die entnommenen Vignetten darauf verweisen, verfolgt Stille-Übungen über alle zehn Jahrgänge. Im Lehrerhandbuch 10 findet sich ein Resümee mit Grundsätzen und Regeln und mit einer Reflexion über »die ruhelose Schule und die Übungen der Stille«[139]. In jedem Fall darf man sagen, dass Übungen der Stille den Grundwasserspiegel des Religionsunterrichts, ohne den nichts gedeiht, konstant halten.

Damit berühren wir auch die Einbindung des Religionsunterrichts in die allgemeine Schul- und Unterrichtskultur. Für keinen Aspekt des Religionsunterrichts ist es gleichgültig, in welcher Art Klassenzimmer die Schüler sitzen, ob der Raum wohnlich oder kahl ist. Über Lernen als räumliche Erfahrung als steuernde Qualität haben Otto Friedrich Bollnow[140] und Hugo Kükelhaus[141] Grundlegendes gesagt. Ebenso relevant sind die schulischen Umgangsformen und Bräuche, das Niveau der Feste und die Lebendigkeit des allgemeinen Lebens. Würde der Religionsunterricht das, was er »grundsätzlich« verficht, nicht auch im eigenen Erfahrungsfeld ernst nehmen, minderte dies sowohl seine Wirksamkeit als auch seine Glaubwürdigkeit. Für das »Leben und Ler-

138 Leitgedanken (s. Anm. 101), 32 f.; 35.
139 Hubertus Halbfas, Religionsunterricht in Sekundarschulen. Lehrerhandbuch 10. Patmos, Düsseldorf 1997, 55–58.
140 Otto Friedrich Bollnow, Mensch und Raum. Kohlhammer, Stuttgart 1963.
141 Hugo Kükelhaus, Unmenschliche Architektur. Von der Tierfabrik zur Lernanstalt. Gaia, Köln ⁴1978.

nen in der Schule« sollten darum Lehrplan und Lehrbuch deutliche Erwartungen aussprechen.[142] Wenn Schulräume keine Lebensräume sind, vielmehr mit Standardinventar ausgestattete Warteräume, in denen sich Ungeduld staut, und die man ohne einen Blick zurück lieber jetzt als nachher verlässt, hat der Religionsunterricht keine guten Voraussetzungen für seine Arbeit.

i. Religionsunterricht im Kanon der Fächer

Das Wirklichkeitsspektrum, das die bisher genannten formaldidaktischen Eigenschaften des Religionsunterrichts erschließen, eröffnet einen weiten Horizont von Allgemeinbildung und gibt dem Religionsunterricht einen hohen Stellenwert im Kanon der Fächer: Sprachbildung, Erschlossenheit für die Ästhetik des Lebens durch die breite Einbeziehung von Literatur und Kunst, zugleich Sensibilität für Situationen der Armut und Not, geschichtliche Bewusstheit, historisch-kritisches Denken im Umgang mit Bibel und Glauben, Offenheit für alte und fremde Kulturen und Religionen … Ein Beispiel, wie sich der Religionsunterricht im Gesamtcurriculum des Schulunterrichts verweben kann, indem er sowohl andere Fächer inspiriert als auch im Rahmen dieser Fächer Ergänzung seines Lehrplans findet, mag das hier abgebildete Schema bieten (s. S. 136/137), das dem Lehrerhandbuch 10 entnommen wurde.[143]

Abschließend sei betont: Es kann keine Religionsdidaktik geben, die sich den *outcomes* einer kompetenzorientierten Konzeption generell unterwirft. Für viele Anforderungen des Religionsunterrichts, zumal jene, die das Verstehenspotential betreffen wie Umgang mit Sprache, literarischen Gattungen, Bibeltexten, Synopsen, Bildern etc., lassen sich kontrollierbare Kompetenzanforderungen formulieren. Deren Durchsetzung kann dem Religionsunterricht einen bedeutsamen Niveauanstieg bringen. Aber die mit dieser Konzeption verbundene Missachtung von Lehrplänen geht fehl.

142 Siehe zum Ganzen die Kapitel »Leben und Lernen in der Schule« in allen Religionsbüchern und Lehrerhandbüchern für die Klassen 1 bis 10 von Hubertus Halbfas.
143 Hubertus Halbfas, Religionsunterricht in Sekundarschulen. Lehrerhandbuch 10 (s. Anm. 139), 20–21.

	Deutsch	Geschichte	Erdkunde
Sprache	Wie spricht religiöse Erfahrung heute?		
Gott	Meister Eckhart als früher deutscher Schriftsteller	Der Beitrag der Mystik zur Geistesgeschichte, Mystik und Mystiker der Religionen	Mystik fremder Völker und Kulturen
Welt	Krieg und Frieden in der Literatur	Die Religionen und Krieg und Frieden Hitlers Kriege und die Kirchen	
Jesus	Jesus im Spiegel der Literatur		
Neues Testament		Die chirstlichen Anfänge Apg und Geschichts- schreibung	
Kirche	Konfession und Ökumenismus in der Literatur	Die großen Kirchenspaltungen Die chirstlichen Konfessionen	
Lebenszeit und Lebenswenden	Sterben und Tod in der Literatur	Geschichte des Todes im Abendland	
Leben	Spirituelle Texte Zen-Geschichten		
Altes Testament	Frauenschicksale in der Literatur Das Mädchen ohne Hände; Iphigenie	Das Patriarchat Gab es ein Matriarchat? Frauen in der Geschichte	Die Frau in den Kulturen und Völkern der Welt
Bibel	Bibel und Literatur Luthers Bibelüber- setzung		
Religion	Absolutheitsanspruch und Toleranz in der Literatur	Zur Geschichte der Toleranz	Die abrahamitischen Religionen – früher und heute
Kirchengeschichte	Literatur und soziale Erfahrung (z.B. Haupt- mann »Die Weber«/ Literatur und NS-Staat	Napoleon; Restaura- tion und Romantik; die soziale Frage; Nationalsozialismus	Religion – Wirtschaft – Sozialstruktur
Kirchenbau			
Menschen	Aus den Tagebüchern von Simone Weil und Óscar Romero	Simone Weil – Jüdin, Marxistin, Christin Óscar Romero und Lateinamerika	

Politik	Kunst	Musik	Biologie
	Moderne Kunst und religiöse Erfahrung: Klee – Werhol – Beuys		
Was haben Mystik und Politik miteinander zu tun?	Kunst der Mystik? Mystik der Kunst?		
Krieg und Frieden	Krieg und Frieden im Spiegel der Kunst	Benjamin Britten: War requiem	Menschliche Aggressivität und die Möglichkeit des Friedens
Der einzelne und die Medien	Jesus im Spiegel der Kunst		
	Frühchristliche Kunst		
Was macht das Christentum schismatogen?	Das Bild in den Kirchen der Reformation	Der protestantische Beitrag zur Musikgeschichte	
	Sterben und Tod in der Kunst	Musik der Trauer Das Requiem	Sterben und Tod in biologisch-medizinischer Sicht
	Meditationsbilder	Meditative Musik	
Männer und Frauen in Gesellschaft und Politik	Vor-/frühchristliche Frauenstatuetten Eva und Maria	Komponistinnen	Geschlecht und gesellschaftliches Schicksal
	Bibel und Kunst		
Absolutheitsanspruch und Toleranz	Islamische, jüdsche und christliche Kunst	Islamische, jüdische und christliche Musik	
Kirche und Sozialpolitik Staat und Kirche	Wie sich Gesellschaft und Politik in der Kunst des 20. Jh. spiegeln		
Gemeindezentrum und Kirchbau	Klassizismus; Neogotik; Moderne Architektur		
Politik und die Theologie der Befreiung			

VI. Das Religionsbuch

Es ist schon aufschlussreich, dass sich die wissenschaftliche Religionspädagogik, die sich seit Gründung der AKK, heute AKRK, in bislang
66 Nummern der »Religionspädagogischen Beiträge« mit vielem Nütz-
lichen befasst, mit einer Metatheorie der Religionspädagogik, den Neu-
rowissenschaften oder der Evaluation des Religionsunterrichts, aber
Lehrpläne und Religionsbücher außen vor lässt. Zwar zwingt die Her-
ausgabe von lexikalischen Werken oder systematischen Handbüchern
zu einem entsprechendem Stichwort, aber darüber hinaus schaut sich
kaum jemand freiwillig auf diesem Zentralgebiet der religionspädagogischen Praxis um. Als mein Unterrichtswerk ab 1982 erschien, hat Georg
Hilger den Grundschulteil rezensiert, 1992 Hans-Bernhard Petermann
die Bände der Sekundarstufe, aber wo blieben eingehende Rezensionen
zu den vielen sonstigen Unterrichtswerken, die es seitdem gibt?[144] Die
Religionspädagogischen Beiträge bieten Aufsätze über »Narthikales religiöses Lernen. Neudefinition des Religionsunterrichts als Pilgerreise«,
oder »Außerschulische Koinonia-Erfahrung« und »Abduktive Korrelation«, aber das Allernächste und Allernötigste erfährt keine kontinuier-
liche Weiterentwicklung.

Manchmal taucht in den Vorlesungsankündigungen theologischer
Fakultäten oder Fachbereiche das Religionsbuch als Thema auf, aber die
Vorhaben zeitigen keine Publikation. Inhaber religionspädagogischer
Lehrstühle, die noch nie ein Unterrichtswerk realisieren mussten, sind

---

144 KBl 117 (1992) Heft 7/8, 552–567. Nach Erscheinen aller Bände des Unter-
richtswerks von Werner Trutwin waren Rezensionen zu verzeichnen von
Rudolf Laufen, Freude – Glauben – Hoffnung in: rhs 45, 2002, 316–325;
ders., Von der Freude aus Glaube und Hoffnung. Die neue Grundfassung von
Werner Trutwins Unterrichtswerk für die Sekundarstufe I, in: rhs 51, 2008,
111–114; und zu einem Einzelband: ders., »Jesus«. Ein neues Arbeitsbuch
Christologie. Aus der Reihe »Neues Forum Religion« von Werner Trutwin,
rhs 52, 2009, 116–120. Daneben von Heribert Fischer Rezensionen zu Georg
Bubolz (u.a.), »Religion im Kontext 5–10«, in: rhs 50, 2007, 132–135; und zu
einem Einzelband: ders., Grundwissen Religion. Sekundarstufe II, in: rhs 54,
2011, 258 f.

der Sache auch viel zu fern, als dass sie hier Kompetenz beanspruchen könnten. Die Lektoren der schulbezogenen Verlage haben ungleich mehr zu sagen. Hin und wieder bekommen auch Student oder Studentin einen Untersuchungsauftrag in Sachen Religionsbuch, aber soweit ich über Jahrzehnte darin Einsicht bekam, fehlt es grundlegend an reflektierten Kriterien, die hier anzulegen sind, an Sach- und Urteilskompetenz, um auf diesem theoretisch unterentwickelten Gebiet spürbar voranzukommen.

Der Typ des jahrgangsbezogenen heutigen Religionsbuchs entwickelte sich erst nach dem Ende des Bibel- und Katechismusunterrichts zu Beginn der 1970er Jahre. Um für die Grundschule vier, für die Sekundarstufe I sechs Jahrgangsbände zu entwickeln, bilden sich seitdem vielköpfige Arbeitskreise, die in meist noch wechselnder Besetzung ein Unterrichtswerk realisieren. Seit einiger Zeit gliedert sich die Arbeitsgemeinschaft sogar in einen Herausgeberkreis, einen Beraterkreis und ein Redaktionsteam, ohne dass die jeweiligen Arbeitsanteile deutlich würden. Dabei bleiben Inkongruenzen nicht aus. Manche Kapitel zeigen deutliche Nötigung zu Kompromissen im theologischen Denken wie in der Wahl von Texten und Bildern. Wie sich die Pluralität im Redaktionsteam niederschlägt, wird nicht transparent. Das Layout deckt die sachlichen, stilistischen und ästhetischen Brüche zu. Nur Patmos-Autoren – Werner Trutwin, Theodor Eggers, Georg Bubolz, Benno Haunhorst und ich – zeichnen als alleinige Verfasser von Religionsbüchern, was als Fakt freilich keine Auszeichnung ist, wenn es die Stringenz der Arbeit nicht belegt.

1. Beurteilungskriterien für Religionsbücher

Um erste Kriterien für die Beurteilung von Religionsbüchern zu gewinnen, können Maßstäbe, die vorangehend für Lehrpläne benannt wurden, auch hier herangezogen werden.

a. Religionsbücher und Schulstufen

So wenig es bis heute schulstufenübergreifende Lehrpläne gibt, so wenig ist dies für Religionslehrwerke selbstverständlich. Man konzipiert im Blick auf die Schulart, ohne in übergreifenden Kontinuitäten zu denken. Bei Lehrwerken, die von Teams mit zehn, zwölf Mitarbeitern erarbeitet werden – die seinerzeitigen Rottenburger Unterrichtswerke »Lebenslinien (für Hauptschulen) und »Jahresringe (für Realschulen) gaben an, »auf den Erfahrungen der etwa 200 Autoren« zu basieren –, so dass jeder Mitarbeiter nur ein Kapitel oder Teilkapitel bestreitet, fehlt leicht die innere Kohärenz: Querverweise, didaktisch reflektierte Wiederholungen, ein durchhaltender roter Faden. Solche Religionsbücher tragen bereits eine didaktische Schwäche in sich, die man ihnen nicht ansehen muss, die selbst beim Gebrauch nicht auffällt, wenn man mit ihnen so umgeht, wie es derartige Bücher nahelegen: man wählt nach Belieben aus, lässt mal das Buch hinten, mal in der Mitte, mal vorne aufschlagen. Dann ergibt sich eine Beliebigkeit, die jedem aufbauendem Lernen im Wege steht, was große Unsicherheit über den Wissensstand einer Klasse zeitigt. Kompetenz am Ende einer Unterrichtsstrecke zu erwarten, kann nicht bedeuten, die Inhalte im Vagen zu belassen, sondern sie in ihrer didaktischen Folgerichtigkeit zu bedenken.

Nicht minder ist aufbauendes Lernen – mit Rückbezügen, bewusst inszenierten Wiederholungen, Anknüpfung und Erweiterung – geradezu ausgeschlossen, wenn die Autorschaft für ein Unterrichtswerk von Jahrgang zu Jahrgang variiert. Einwurzelndes Lernen wird eher möglich, wenn ein Spiralcurriculum von unterschiedlichen Positionen aus bereits Vertrautes erneut aufnehmen, unter veränderter Perspektive bedenken und in neue Zusammenhänge eingliedern lässt. Je weniger sich solche inneren Vernetzungen anbieten, um so flüchtiger kann der Lerngewinn sein.

b. Quereinstiege

Bei Lernsträngen wie religiöse Sprachlehre kann man kein Unterrichtswerk für die Sekundarstufe beginnen, ohne zu bedenken, auf welche Weise ein Ertrag der Grundschulzeit wahrgenommen und weitergeführt werden kann. Diese Überlegung erfolgt so gut wie nicht, weil die Grundschulzeit von den weiterführenden Schulen nicht hinreichend ernst genommen wird, der Religionsunterricht in der Grundschule auch nicht vor Augen hat, mit welchen Kompetenzen er die Kinder in den nächsten Schulabschnitt entlassen muss.

Solche Sicherungen des Lernertrags beachtet ein Unterrichtswerk, wenn zum 3. Schuljahr, zum 5. und zum 7. Schuljahr Module eingebaut werden, die vor allem beim Lehrerwechsel helfen, stabilisierende und weiter tragende Fähigkeiten zu schaffen. (Vgl. hierzu oben S. 121 f.)

c. Religionsbuch und Lehrerhandbuch

Die inhaltliche Erschließung eines Religionsbuches kommt bald an seine Grenzen, wenn der Religionslehrerin oder dem Religionslehrer nicht zusätzliche Dimensionen erschlossen werden. Insofern ist die Qualität eines

Unterrichtswerkes in erheblichem Maße davon abhängig, welches Hintergrundwissen für den kreativen Umgang mit dem Schülerbuch angeboten wird. Wenn ein Religionsbuch ohne diesen didaktischen Schlüssel bleibt, können Lehrerin und Lehrer die Buchinhalte oft nur aus dem eigenen Fundus ergänzen. Doch wie unterschiedlich ist dieser Fundus beschaffen und welche Niveaudifferenzierungen sind die Folge?

Die sogenannten Kommentare sind keinesfalls immer eine Abhilfe. Bisweilen bieten sie nur wenig mehr als eine Paraphrase des Schülerbuches. Zu fragen wäre: Finden die biblischen, theologischen und religionsgeschichtlichen Themen des Schülerbuches eine ausreichende Erschließung? Werden darin aufgenommene literarische Texte interpretiert? Gibt es für Kunstwerke und Fotos eine detaillierte Deutung? Werden Zusatzmaterialien angeboten? Wird zu didaktischem Denken und Vorgehen angeregt? Vermittelt das Lehrerhandbuch vertiefte Kompetenz?

d. Die Bilder

Heutige Religionsbücher sind im Allgemeinen mit Bildern reichlich ausgestattet. Bei einigen Werken drängt sich die Frage auf, ob es nicht zu viele sind, vor allem, wenn Bilder und Farben sich wechselseitig aus dem Feld schlagen.

Wenn man davon ausgeht, dass sich die christliche Theologie nicht nur in Texten, sondern auch in der Kunst artikuliert, müsste das Befragen dieser Zeugnisse auch zu Erkenntnissen führen, die in verschiedener Hinsicht der Textarbeit überlegen sein können. Beispielsweise durch synoptische Bildzeugnisse zur Auferstehung Christi. Didaktische Konzeptionen, die solche Überlegungen unterrichtlich realisieren, sind aber nicht auszumachen.

Über den Stellenwert des Fotos im Religionsbuch scheint nicht jede Redaktion hinreichend nachgedacht zu haben. Neben geschichtlich dokumentarischen Fotos gibt es viel Kulissenmaterial, etwa fotografierte Gottesdienste. Im Blick auf Religionsbücher des ausgehenden letzten Jahrhunderts wäre zu fragen, ob in einem einzigen Jahrgangsband achtmal die Taufe und zehnmal zelebrierende Priester im Foto erscheinen müssen. Wie »arbeitet« man mit solchen Fotografien? Seit der Jahrhundertwende scheint sich eine strengere Bildwahl durchzusetzen.

e. Das Layout

Zum Layout eines Buches gehören Format, Satzspiegel, Typografie (für Überschriften und Fließtext), Bildaufteilung, Papierqualität und dergleichen mehr. Es geht um das »Sichtbarmachen« eines gedanklichen Inhalts.

Um zu einem perfekten Ergebnis zu kommen, müssen beim Layout unterschiedliche Faktoren bedacht werden. Eine Firma für Wohneinrichtungen braucht ein anderes Layout als ein Unternehmen für Werkzeugmaschinen oder Sportbekleidung. Religionsbücher sollten nicht mit den Gestaltungselementen von Werbetexten arbeiten. Wichtig sind das richtige Format, Abstände und Platzierung, die korrekte Satz- und Bildanordnung und das Verhältnis zwischen Bild und Text. Dabei spielen Schriftform und Schriftgröße, besonders die Gestaltung und Anordnung der Farben eine Rolle. Das Farbklima bezieht sich auf Schriften, Hintergründe und weitere grafische Elemente wie Informationskästen, bezieht aber auch die Farbabbildungen der jeweiligen Seite ein. Letztlich muss das Layout ein Ergebnis präsentieren, das nicht nur stimmig, sondern optisch so gestaltet ist, dass ein ansprechendes Gesamtbild entsteht.

Das Layout gibt dem Religionsbuch sein individuelles Aussehen. Ob dieses bisweilen auf den ersten Blick ansprechende Aussehen auch ein »Gesicht« hat, oder ob hier nur die Künste des Graphikers über sachliche und didaktische Schwächen hinwegtäuschen, merkt der Leser erst nach längerem und aufmerksamem Gebrauch.

Manche Religionsbücher wetteifern, welches bunter und bilderreicher sein könnte. Formelemente der Werbegraphik werden benutzt und machen die Seiten laut und unruhig. Wenn gerade Religionsbücher diese Wirkung anstreben, verraten sie ihre eigentlichen Inhalte.

f. Die Schülerinnen und Schüler

Ein Religionsbuch wirkt kontraproduktiv, wenn es von den Schülerinnen und Schülern nicht angenommen wird. Kontraproduktiv sind auch jene Werke, die zunächst zwar Akzeptanz, im distanzierten Rückblick aber Ablehnung finden. Das mag zwar immer auch mit der Akzeptanz des Lehrers und der Art des erfahrenen Unterrichts zusammenhängen, doch muss es objektiv möglich sein, dass Bücher über den Unterricht hinaus Vermittlungsqualität besitzen.

Religionsbücher für die Sekundarstufe brauchen Sachbuchqualität. Sie müssen einen hohen informativen Wert haben. Wenn Erwachsene nicht gerne und zusammenhängend in ihnen lesen mögen, fehlt bereits ein Kriterium, das auch für Jugendliche relevant ist. Als *Religionsbuch* bedarf es insbesondere einer kritischen Note. Heutige Jugendliche stehen der Kirche, dem kirchlich vermittelten Christentum, der Religion fremd und oft ablehnend gegenüber. Sie haben Fragen und Vorbehalte. Da muss das Religionsbuch zeigen, wie man diese Fragen und Einwände genauer stellen, schärfer fassen und ehrlicher verfolgen kann. Die Fragepotenz des alltäglichen Milieus sollte ein Religionsbuch immer übertreffen. Nicht dort werden Brücken zum christlichen Glauben geschlagen, wo man kirchenfremden Schülern massiert kirchliche Diktion und kirchliches Flair entgegenbringt, sondern dort, wo sich eigene Fragen mit (christlichen) Antworten verbinden, in denen man zu sich selbst Ja sagen kann.

g. Der Gebrauch des Religionsbuchs

Der Umgang mit dem Religionsbuch im Unterricht lässt sich nicht generell festlegen. Die Freiheit, einzelne Kapitel umzustellen oder auszulassen, ist der klugen Überlegung nie zu bestreiten, wenn sich damit didaktische Vernunft verbindet. Was aber das Buch angeht, so ist doch zu wünschen, dass es dem Unterricht eine Linie gibt.

Für die Benutzung des Religionsbuches ist es wichtig, die unterschiedliche didaktische Struktur einzelner Kapitel wahrzunehmen – einmal unterstellt, dass sich je nach Sachbereich und Form auch das didaktische Konzept in einem Religionsbuch ändert. Ein Kapitel kann dominant erzählend sein. Wenn es in das Verständnis von Metapher und Symbol einführt, bietet es neben literarischen Zeugnissen Erklärungen und Übungsstoffe. Ebenfalls Sachstruktur hat bibelkundliches Wissen. Geschichtliche Kapitel informieren anders als die Aufbereitung politischer und ökologischer Problemstellungen. Es fragt sich jedoch, inwieweit ein kompetenzorientierter Religionsunterricht, der das selbstorganisierte Lernen der Schülerinnen und Schüler anstrebt, noch die hier unterstellten Kriterien eines Schulbuchs annimmt.

2. Religionsbuchkritik

Die folgenden Untersuchungen beziehen sich ausschließlich auf neuere Unterrichtswerke für den Religionsunterricht, die sich als kompetenzorientiert verstehen. Dies sind das katholische Werk »Mittendrin. Lernlandschaften Religion« mit drei Bänden für die Sekundarstufe I im Kösel Verlag; für den evangelischen Religionsunterricht das »Religionsbuch« sowie das Werk »Mitten ins Leben«, beide bei Cornelsen. Vorauf soll »Das Praxisbuch für den Religionsunterricht« befragt werden, das den didaktischen Perspektivenwechsel für den kompetenzorientierten Religionsunterricht programmatisch vorstellt.

a. Lernsequenzen für den Religionsunterricht in den Sekundarstufen I und II

Unter diesem Titel stellt das »Praxisbuch« 24 Beispiele vor, die sich als eine »Anwendung des Modells« verstehen. Der Herausgeber, Wolfgang Michalke-Leicht, nimmt den Vorwurf, eine Kompetenzorientierung beraube den Religionsunterricht seiner Inhalte, gleich eingangs auf: Grundsätzlich könnten Kompetenzen nur an Inhalten erworben werden, doch kämen hier die Inhalte »auf eine andere Weise zur Geltung«. Auch werde die notwendige Instruktion im Unterricht nicht missachtet. Der Lehr-Lernprozess lasse sich vielmehr mit einem Fährschiff vergleichen, das zwischen zahlreichen Inseln verkehrt: »Während der gemeinsamen Fahrt von Insel zu Insel werden die Lernenden von den Lehrenden angemessen instruiert, sodass sie beim Landgang eigene Lernwege gehen und dabei Erkundungen und Entdeckungen machen können, um nach angemessener Zeit erneut das Schiff zur gemeinsamen Weiterfahrt (Instruktion) zu besteigen. Zur gelingenden Bildungsfahrt gehören beide: die Tage auf See und die Tage an Land.«[145]

Erproben wir dieses Konzept an der eröffnenden Lernsequenz »Mein Gottesbild – Vorstellungen von Gott«[146] für die Klassen 5/6. Eine Analyse der heterogenen religiösen Situation, die heutige Schulklassen bestimmt, erfolgt nicht. Der Anfang wird geradewegs von der Frage bestimmt: »Wie reden wir von Gott, von unserer Beziehung zu ihm?« Ob »unsere Beziehung zu ihm« überhaupt gegeben ist und wenn ja, wie sie sich darstellen könnte, unterliegt keiner Reflexion. Folglich bleibt der komplette Entwurf aufgesetzt.

Das sogenannte »Lernarrangement« findet sich so beschrieben:

»Für den Aufbau einer Lernsequenz sind 5–6 Doppelstunden (= DS) vorgesehen. In der ersten DS findet die Einführung in biblische Gottesbilder statt. In der zweiten DS gestalten die SuS ihr Gottesbild mit unterschiedlichen Materialien, in der dritten und vierten DS beschäftigen sie sich mit fremden Gottesvorstellungen (islamische, hinduistische, griechische ...) und gestalten dazu Lernplakate. In den letzten beiden DS findet die Ausstellung statt und die SuS reflektieren über Gemeinsamkeiten, Unterschiede und die Bedeutung für das religiöse Leben.«

Im weiteren Verlauf dieses »Beispiels« heißt es:

---

145 Wolfgang Michalke-Leicht, Kompetenzorientiert unterrichten (s. Anm. 110), 8.
146 Uta Martina Hauf, Mein Gottesbild ..., in: Wolfgang Michalke-Leicht, ebd., 86–89.

Grundlage ist die Einführung in die Vielfalt biblischer Gottesbilder (anhand biblischer Texte aus AT und NT und entsprechender Kunstwerke). – Das biblische Bilderverbot (Ex 20,4) wird ebenso thematisiert wie das menschliche Reden von Gott, das zwar der Bilder bedarf, immer aber auch vorläufig bleibt. – In der Auseinandersetzung mit Gottesvorstellungen fremder Religionen werden Gemeinsamkeiten (mit dem Judentum) und Unterschiede (absolutes Bilderverbot im Islam; Bilderreichtum im Hinduismus) thematisiert ...

Die »Lernwege« nehmen diesen Verlauf:
In der ersten Doppelstunde wird in die »Vielfalt biblischer Gottesbilder« anhand von Texten und Bildern eingeführt. In der zweiten gestalten SuS ihre eigene Gottesvorstellung (malen, tonen...). Davon ausgehend setzen sich die SuS selbständig in Gruppen mit Gottesvorstellungen fremder Religionen auseinander. Mit den Informationen gestalten sie ein Lernplakat. Gemeinsam bereiten sie dazu eine Ausstellung vor (Raumgestaltung, Einladung). Abschließend wird ein bewertendes Fazit gezogen. Die Einheit ist mit 5 bis 6 Doppelstunden angesetzt.

In dieser »Lernsequenz« verdeutlicht sich schlicht Inkompetenz: Eine zweistündige Einführung »in die Vielfalt biblischer Gottesbilder (anhand biblischer Texte aus AT und NT und entsprechender Kunstwerke)« soll für das Folgende »die Grundlage« sein. Wie denn? Wie führt man in »die Vielfalt« biblischer Gottesbilder ein? An welche Bibeltexte ist zu denken? Wie geht man mit ihnen um? Durch pauschalierendes Reden »über« biblische Texte? Und wie packt man »entsprechende Kunstwerke« noch in dieselbe Unterrichtseinheit? Welche Bilder wären dienlich? Der Autorin und allen übrigen Beteiligten sei empfohlen, die kleine Schrift von Horst Rumpf zu lesen: »Was hätte Einstein gedacht, wenn er nicht Geige gespielt hätte? Gegen die Verkürzung des etablierten Lernbegriffs«[147]. Das hier verhandelte Modell über »Vorstellungen von Gott« nimmt sich für nichts Zeit und nimmt darum auch nichts ernst.

Nach der Einführung in »die Vielfalt« biblischer Gottesbilder sollen die Schülerinnen und Schüler ihre eigenen Gottesvorstellungen malen oder in Ton gestalten. Wie viele Minuten werden ihnen zugestanden? Wie ernst wird dieses spontane Gestalten genommen? Gibt es auch Schüler, die ein leeres Blatt abgeben dürfen? Mit welchen Resultaten ist zu rechnen? Ich habe eine solche Aufgabenstellung bei einer Tagung in Hannover beobachten können: Zwei Stunden malten die Schüler voll Hingebung ihre Bilder. Die verbleibende Zeit wurde darauf verwendet, ihnen diese Bilder wieder auszureden.

147 Juventa Verlag, Weinheim und München 2010.

In der dritten und vierten Doppelstunde geht es dann im Galopp durch die islamische, hinduistische, griechische ... Religionsgeschichte. Was in einem solchen Unterricht erzielt wird, kann nur Begriffsgeklingel sein. Die Tage auf See mit der instruierenden Lehrerin und die anderen Tage an Land, an denen die Schülerinnen und Schüler »ihre eigenen Lernwege gehen«, mögen in »Lernlandschaften« führen, aber diese haben weder mit der Bibel, noch mit irgendeiner Religion der Welt etwas zu tun. Wenn man aber liest, in dieser Lernsequenz würden die Schüler die Wissenskompetenz gewinnen, »dass das Bekenntnis zum Schöpfergott eine Antwort auf die Frage ist, woher alles kommt und wohin alles geht« und »dass Religionen von Gott in Bildern und Symbolen sprechen« und dass die Schüler nun »ein biblisches Bild für Gott erläutern« können, kann man nur noch resigniert fragen, was alle religionsdidaktischen Anstrengungen der letzten Jahrzehnte für Früchte getragen haben.

Wählen wir ein zweites Beispiel, um nicht beliebig zu erscheinen, im gleichen Themenfeld: »Mit den Gebeten beginnen«, eine Sequenz für die Klassen 11 und 12 des Gymnasiums.[148] Es biete sich an, »mit dieser Sequenz die Lehrplaneinheit ›Die Frage nach Gott‹ zu eröffnen«, heißt es einleitend, wobei auf Johann Baptist Metz zurückgegriffen wird, der das Gebet als »die Sprache ohne Sprachverbote ... spannender und dramatischer ... viel rebellischer und radikaler als die Sprache der zünftigen Theologie ...« bezeichnete.

Im Blick auf die Schüler wird eingeräumt, dass die Gebetsprache für diese »oftmals eine Fremdsprache« sei, doch widerspricht dem der folgende Satz:

»Sie kennen Gebete noch aus früheren Jahren, tradierte, aber auch die von SuS gerade in der frühen Sekundarstufe I noch gerne selbst verfassten Fürbitten in den Schulgottesdiensten. Die kritische Sicht auf den Gottesglauben speist sich häufig aus Erfahrungen, in denen Gott das nicht eingelöst hat, worum ihn der Mensch gebeten hat ...«

Für die Lernsequenz werden drei Doppelstunden angesetzt:

»In der ersten Phase sammeln die SuS ihre Eindrücke zum Gebet – dazu können die Fragen der Anforderungssituationen die Auseinandersetzung anbahnen. Sodann werden durch die Lehrkraft verschiedene Gebete aus allen Religionen und Fotos bzw. Bilder von Betenden und Gebetshaltungen ausgelegt. Die SuS wählen sich ein

---

148 Andreas Wronka, Mit den Gebeten beginnen, in: Wolfgang Michalke-Leicht, Kompetenzorientiert unterrichten (s. Anm. 110), 185–189.

oder zwei Medien aus, mit denen sie sich intensiver beschäftigen wollen; ihre Ergebnisse stellen sie der Lerngruppe vor.

In der zweiten Phase erfolgt die theologische Fundierung des Gebetes mithilfe von Sachtexten – auch hier können die SuS in eigener Regie arbeiten. Je nach Interesse dient die dritte Phase der Vertiefung, z. B. der intensiven Auseinandersetzung mit einem Gebet oder die SuS beurteilen die einzelnen von ihnen in Phase 1 ausgewählten Gebete und beantworten nochmals die Fragen aus dem Lernanlass – ggf. führen sie mithilfe der Fragen eine Podiumsdiskussion zum Thema Gebet.«

Die Eröffnung der Sequenz mit dem Zitat von Metz ließ Dramatik erwarten: Das Gebet sei »viel beunruhigender, viel ungetrösteter, viel weniger harmonisch ... oft die Sprache der Nichtakzeptanz der Lebenslagen, der Klage, des Protests und des Schreis.« Was sich aber im Entwurf dieser Sequenz entwickelt, ist leidenschaftsloser Formalismus: Die Lernsequenz »öffnet den Blick für die Vielfalt der Gebetssprache und macht deutlich, dass sich der Mensch in den verschiedenen Ausdrucksformen ganz unverfälscht und authentisch ausdrücken kann. Darin wird ein Verständnis vom Menschen selbst und von Gott transparent.«

In dieser Unterrichtssequenz wird nicht einmal gefragt, welches Tun wie Nichttun alles Beten sein kann und was dem Fragen der Schüler erst auf die Beine hilft: Ist das Beten der Bauersleute in Brechts »Mutter Courage« beten zu nennen: »... und mach, dass der Wächter nicht schläft, sondern aufwacht, sonst ist es zu spät ...«? Oder betet etwa die stumme Kattrin, die sich aufs Dach schleicht, um trommelnd die schlafende Stadt zu wecken und dafür mit dem Tod bezahlt?[149] Was heißt überhaupt, Gott um etwas bitten? Worum können Menschen sinnvoller Weise beten? Um gutes Wetter? Dass kein Blitz einschlägt? Erdbeben uns verschonen? Dürren und Hungersnöte ausbleiben? »Nicht weil er nicht will, weil er nicht kann, greift Gott nicht ein!«, sagt der jüdische Philosoph Hans Jonas.[150] Welches Engagement also übernimmt der betende Mensch, wenn er für andere, einen Kranken, eine konkrete Not »bei Gott« eintritt?

Und wie sind die Anklagen zu werten, die Tilmann Moser in seinem Buch »Gottesvergiftung« empören: »Du warst eine solche Enttäuschung, ein solcher Betrug in meinem Leben, dass ich, als ich ganz allmählich und unter Qualen dahinter kam, dich links liegen ließ. Nicht dass du als Person überlebt hättest, als ein fassliches Gegenüber. Du warst einst so

149 Bertolt Brecht, Mutter Courage und ihre Kinder. Suhrkamp, Frankfurt a. M. 1966.
150 Hans Jonas, Der Gottesbegriff nach Auschwitz. Suhrkamp, Frankfurt a. M. 1987; s. a. Hubertus Halbfas, Das Christentum (s. Anm. 14), 354 f.

fürchterlich real, neben Vater und Mutter die wichtigste Figur in meinem Kinderleben. Nein, obwohl es mich wundert, wie leicht es mir fällt, dich immer noch so direkt anreden zu können ... Aber weißt du, was das Schlimmste ist, das sie mir über dich erzählt haben? Es ist die tückisch ausgestreute Überzeugung, dass du alles hörst und alles siehst und auch die geheimen Gedanken erkennen kannst ... Fast zwanzig Jahre lang war es mein oberstes Ziel, dir zu gefallen. Das bedeutet nicht, dass ich besonders brav gewesen wäre, sondern dass ich immer und überall Schuldgefühle hatte ...«?[151]

Oder im Testament der Ordensfrau Petra Mönnigmann folgende Aussage in der 3. Person: »Sie konnte sich nie ganz von dem Verdacht befreien, Theater zu spielen, wenn sie betete oder über Gott sprach oder für ihn arbeitete ...« Und dann wieder im Tagebuch der holländischen Jüdin Esther Hillesum ihr »Sonntagmorgengebet«: »Dies eine wird mir immer deutlicher: dass du uns nicht helfen kannst, sondern dass wir dir helfen müssen, und dadurch helfen wir uns letzten Endes selbst. Es ist das einzige, auf das es ankommt: ein Stück von dir in uns selbst zu retten, Gott. Und vielleicht können wir mithelfen, dich in den gequälten Herzen der anderen Menschen auferstehen zu lassen. Ja, mein Gott, an den Umständen scheinst du nicht viel ändern zu können, sie gehören nun mal zu diesem Leben ... Und mit fast jedem Herzschlag wird mir klarer, dass du uns nicht helfen kannst, sondern dass wir dir helfen müssen und deinen Wohnsitz in unserem Inneren bis zum Letzten verteidigen müssen.«[152]

Diese Dimensionen des Gebets für eine gymnasiale Oberstufe zu thematisieren, stünde heute wohl an. Wenn aber die Rede von einer »vielfältigen Gebetslandschaft« ergeht und eine Liste vermeintlicher »Kompetenzen«, die hier zu erwerben sein sollen, empfinde ich nur trockenen Staub. »Das Praxisbuch für den Religionsunterricht« sagt: »Erstmals steht nicht der Stoff, das, was den Schülern verabreicht werden muss, im Zentrum des Interesses, sondern was diese nach einer bestimmten Zeit wissen, können, beherrschen sollen.« Was verrät diese Sprache? Ist es im Religionsunterricht je darum gegangen, Schülern Stoff zu verabreichen? Die hier zitierten Zeugnisse von Brecht, Jonas, Moser, Mönnigmann und Hillesum sind alles andere als »Stoff«. Sie sind Klage, Protest und Schrei. Oder mit Etty Hillesum gesagt: »Ein todernster Dialog mit dem, was in mir das Allertiefste ist und das ich der Einfachheit halber als Gott bezeich-

---

151 Tilmann Moser, Gottesvergiftung. Suhrkamp, Frankfurt a.M. 1976, 9 ff.
152 Petra Mönnigmann, Stets tätig, als ob sie glaubte, in: Hubertus Halbfas, Das Christentum (s. Anm. 14), 356 f.

ne.« Darüber mit jungerwachsenen Schülerinnen und Schülern zu sprechen, würde verlangen, selbst solche Wege zu gehen und den aktuellen
Traditionsabbruch nicht aus dem Buch, sondern aus eigener Betroffenheit
anzunehmen. Das liegt jenseits jeder »Lernlandschaft«. Ein solcher Unterricht wird nur möglich, wenn die Religionslehrerschaft in ihrer eigenen Existenz den erlernten »Glauben« verliert, um ihn in einer Auseinandersetzung »auf Leben und Tod« mit einer kritischen Schülerschaft allen
heute denkbaren Zerreißproben auszuliefern und darin neu zu gewinnen.
Dass dies im »Praxisbuch für den Religionsunterricht« nicht wahrgenommen und angestoßen wird, ist symptomatisch für das zeitgenössische religiöse Bewusstsein von Pädagogen, die immer noch im Schatten einer apo-
logetisch betriebenen Theologie stehen. In dem Maße, als dies der Fall ist,
können sie auch nicht ihre begabten Schüler erreichen, geschweige denn,
dass sie diesen jungen Leuten helfen würden, statt Distanz ein kritisches
Bewusstsein zu entwickeln und zu abgewogenem Urteil zu kommen. Wie
wäre die damit verbundene Kompetenz zu beschreiben?

Wolfgang Michalke-Leicht nannte als »religiöse Kompetenz« das Ziel,
»die katholische Perspektive auf Wirklichkeit zu entdecken und zu entwickeln«. Sein Programm erwartet »Arrangements von Lernprozessen«,
welche die Schüler zu selbstgesteuertem Lernen anleiten. Wenn aber dem
Frontalunterricht vorgeworfen wird, dass er eine Osterhasendidaktik be-
treibe – der Lehrer versteckt die Wissenseier, welche die Schüler suchen
müssen – während die neue Methode Schüler und Schülerinnen instand
setze, das zu Lernende selbst zu entdecken, bleibt festzustellen, dass der
hier beschriebene neue Unterricht nicht einmal etwas zu verstecken hat,
denn »Stoff« zu vermitteln wird ja verneint.

Wir haben in den Eingangsanalysen dieses Buches gesehen, dass Lebenswelt und katholische Tradition nicht mehr wie in der Vergangenheit
zusammenzubringen sind. Aber diese Grundfigur des bisherigen Glau-
bensunterrichts – vom »Glauben lernen« wird ja ununterbrochen weiter
geredet – hat das neue kompetenzorientierte Programm nicht aufgegeben. Nun werden sogar Schülerorientierung, Korrelation und Exempla-
rität in den didaktischen Ansatz der Glaubenspädagogik einbezogen. Ist
unter solchen Prämissen überhaupt ein selbstgesteuertes Lernen denkbar?
Und wenn vorstellbar, auf welchem Niveau findet es dann statt?

Weiter gefragt: Ist selbstgesteuertes Lernen – von Autodidakten einmal abgesehen – überhaupt in der Schule möglich? Oder allenfalls ein
selbsttätiges, methodengeleitetes Lernen? Wird unter diesem Terminus
Etikettenschwindel betrieben? Wird das Lernen, zumal in der Perspektive »Glauben lernen«, nicht zwangsläufig manipulativ? »Das Praxisbuch

für den Religionsunterricht« blendet den heutigen Glaubensverlust aus. Er wird, selbst wenn er beachtet wird, in seinen Konsequenzen nicht bedacht. Damit entfallen alle Fragestellungen, Zweifel, Irritationen, Einwände und Argumente, die von agnostischen wie atheistischen Zeitgenossen vorgetragen werden. Sie entfallen bereits im Ansatz. Falls sie in den neuen »Lernlandschaften« begegnen sollten, sind es die Meinungen anderer, die aber nur zur Kenntnis genommen werden bzw. als Anstoß, um in der Differenz die katholische Perspektive zu entdecken. Der Unterricht verliert jede reflektierte Provokation. Man tut so, als sei noch ein katholisches Milieu gegeben, indem man unter sich bleiben könne, oder man simuliert es einfach. Der theologische Bewusstseinsstand hinkt nach. Eine Didaktik nach dem Glaubensverlust gibt es hier nicht einmal als Fragestellung.

b. Mittendrin. Lernlandschaften Religion

Dieses Unterrichtswerk für die gymnasiale Sekundarstufe I in drei Bänden ist von Lehrerinnen und Lehrern in Baden-Württemberg entwickelt worden. Im Vorwort wird der Schülerin und dem Schüler gesagt:

»Die Welt, unser Leben und unser Glaube – sie alle sind wie Landschaften, in denen wir uns bewegen. Du selbst bewegst dich MITTENDRIN. Dein Religionsbuch ist genau dafür gemacht: Es enthält zahlreiche Landschaften, die es zu entdecken gilt – *Lernlandschaften*. Auf jeder Doppelseite findest du Ausflüge in diese Lernlandschaften. Hier kannst du dich immer in der Richtung bewegen, die dich gerade interessiert. Zu Beginn und am Ende einer jeden Lernlandschaft erwarten dich besondere Doppelseiten: Bevor du dich in einer Lernlandschaft auf die Reise machst, findest du jeweils einen Reiseprospekt. Der gibt dir einen Überblick über das, was dich erwartet. Am Ende findest du immer eine Souvenirseite, denn wer eine Reise tut, der kann was erzählen und er bringt manchmal auch etwas mit. Schließlich gibt es am Ende des Buches ein umfangreiches Lexikon, das dich bei deinem Suchen und Fragen begleitet. Auch die Künstlerinnen und Künstler der Bilder des Buches sind dort gesondert verzeichnet.«[153]

Im Vorwort des dritten Bandes heißt es:

»Immer dann, wenn es wirklich um unser Leben geht, spielt auch der Glaube an Gott eine Rolle. Als Christinnen und Christen nehmen wir für uns in Anspruch, dass wir mittendrin stehen im Leben wie im Glauben ... Es geht uns um die großen Fragen: Woher komme ich? Wohin gehe ich? Wozu lebe ich? Warum soll ich gut sein? Was

---

153 Mittendrin. Lernlandschaften Religion. Unterrichtswerk für den katholischen Religionsunterricht an Gymnasien. Hg. von Iris Bosold und Dr. Wolfgang Michalke-Leicht (sowie weiteren Mitarbeitern). Kösel, München 2008, 3.

ist der Sinn von allem? Die Bibel ist dir dabei ein guter Reisebegleiter, wenn du dich auf den Weg machst, diesen Fragen nachzugehen ...«

Die oben kritisierte Vereinnahmung begegnet hier schon im Vorwort. Im didaktischen Ansatz werden alle Schüler darauf angesprochen, »als Christinnen und Christen ... mittendrin im Glauben zu stehen«. Man kann – traditionsorientiert – dieses Recht für den konfessionellen Religionsunterricht zwar in Anspruch nehmen, aber hat man damit auch das Recht, die Ausgangssituation der Schüler zu ignorieren und ihre sich mit Elternhaus und Gesellschaft verbindenden latenten Distanzen und Vorbehalte gegenüber Kirche und Glauben auszublenden oder zu minimieren?

Wie mehrfach vorweg überprüfen wir das Konzept auch hier an der Gottesthematik. Im Band 3 befasst sich damit das Kapitel »Wo bist du, Gott?«. Die erste Doppelseite, die als »Reiseprospekt« in die neue Lernlandschaft einen Kapitelüberblick geben soll, stellt ein mittelalterliches Bild »Gott erschafft Adam« in der Übermalung von Arnulf Rainer vor. Daneben ein redaktioneller Text über Gottes Fehlen in der Welt. Diese Bemerkung wird aber gleich gemildert, weil Gott auch heute immer noch erfahren werde als der, »der sich dem Menschen zugewandt hat«. Hinzu kommt ein Zitat von Woody Allen: »Gott verlangt von Abraham das Opfer seines einzigen Sohnes. Er soll ihm seinen geliebten Sohn opfern. Mit anderen Worten: Trotz unablässiger Anstrengung ist es uns nicht gelungen, das Bild eines wahrhaft liebenden Gottes zu schaffen. Für uns war das nicht vorstellbar.« Diesem »Reiseprospekt« werden als Aufgaben zugeordnet:

1. Diskutiert die These von Woody Allen, wonach es nicht möglich ist, sich einen liebenden Gott vorzustellen. Lest dazu in der Bibel den Text Gen 22,1-19. – 2. Beschreibe das Bild von Arnulf Rainer und erläutere seine Vorstellung von der Erschaffung des Menschen. – 3. Notiere in einer Tabelle dir bekannte Eigenschaften und Aspekte Gottes, denen du zustimmen kannst oder die du ablehnst.

Auf der nächsten Doppelseite »die Frage, ob es einen Gott gibt« von Bertolt Brecht. Herr K. antwortet: »Ich rate dir nachzudenken, ob dein Verhalten je nach der Antwort auf diese Frage sich ändern würde...« Daneben ein Text von Max Frisch: »Gott, der nicht im Mikroskop zu finden war, rückt uns in die Rechnung; wer ihn nicht denken muss, hat aufgehört zu denken.« Auf der rechten Seite gegenüber ein Bild von Paul Klee, »Umgriff«. Eine Deutung fällt schwer. Wiederum eine Doppelseite weiter: Magritte: Die Liebenden, mit verhüllten Köpfen; dazu eine Reflexion von Pascal Mercier aus seinem Roman »Nachtzug nach Lissabon«, für 15-/16-Jährige wohl zu hoch gegriffen. Nächste Doppelseite: Auszüge aus dem Buch Hiob mit einer Holzskulptur von Baselitz, »Frau Paganismus«. Dann im Anschluss an Johann Baptist Metz, »Theologie als Theodizee« die fürchterlich gemarterte Gestalt des Gekreuzigten von Guido Rocha. Nun folgt »Ein Lied an Gott« von Else Lasker-Schüler: »Ich suchte Gott auf innerlichsten Wegen / Und kräuselte die Lippe nie zum Spott / In meinem Herzen fällt ein Tränenregen; / Wie soll ich dich erkennen, lieber Gott … / Da ich dein Kind bin, schäme ich mich nicht, / Dir ganz mein Herz vertrauend zu entfalten. / Schenk mir ein Lichtchen von dem ewigen Licht! – / Zwei Hände, die mich lieben, sollen es mir halten.« Damit hat Else Lasker-Schüler wohl einen falschen Ton angeschlagen: Wenn du denkst, es geht nicht mehr, kommt von Gott ein Lichtlein her! Dem Gedicht gegenüber ein Bild des resignierenden Elija: »Numen semper adest. Ein Zeichen Gottes ist immer da.« Die letzte Doppelseite: Links ein Text von Fulbert Steffensky über »Spiritualität«, rechts »Wohnungen in der inneren Burg« von Teresa von Avila, für ein 9./10. Schuljahr schlechterdings ungeeignet.

Dazu Aufgaben für das »selbstgesteuerte Lernen«: Zu Mercier: »Der Ich-Erzähler sucht hastig Zerstreuung. Lege dar, warum in ihm dieser Wunsch entsteht und sammle Beispiele, in denen Menschen heute schnell Zerstreuung suchen.« Zu René Magritte: »Diskutiert in der Klasse, ob das Verhüllen des Gesichts eines Menschen seine Persönlichkeit verdeckt.« Zur Theodizee: »Informiere dich, z. B. im Lexikon, über die Theodizeefrage. Lege dar, welche Antwort Johann Baptist Metz auf das Theodizeeproblem gibt.« Zu Else Lasker-Schüler: »Gestaltet in der Klasse zu jeder Strophe des Gedichts von Else Lasker-Schüler ein passendes Bild.« Zu Teresa von Avila: »Schafft in eurem Klassenzimmer eine ruhige Atmosphäre. Dann formuliert jede und jeder schriftlich für sich auf ein DIN-A4-Blatt eine Wegbeschreibung durch die Burg. Wer damit fertig ist, legt einen kurzen Moment der Stille ein und liest dann für sich langsam den eigenen Text noch zweimal durch.«

Alles in allem: Das Kapitel hat einen unsystematischen Aufbau. Es reiht inkonsistente Aspekte aneinander, die zum Teil nicht einmal zum Thema gehören. Für ein selbstgesteuertes Lernen sind sie unbrauchbar. Ein roter Faden, der ergebnisorientiert zu Kompetenzen führen könnte, ist nicht zu erkennen. Und das »Souvenir«, das die Schüler von der Reise durch diese Lernlandschaft mitnehmen könnten, gibt es auch nicht.

Sollte es aber wirklich um das christliche Gottesbild und die heutige Theodizeefrage in einem Religionsbuch gehen, wäre Hans Jonas nicht zu übergehen: »Durch die Jahre des Auschwitz-Wütens schwieg Gott. Die Wunder, die geschahen, kamen von Menschen allein: die Taten jener einzelnen, oft unbekannten Gerechten unter den Völkern, die selbst das letzte Opfer nicht scheuten, um zu retten, zu lindern, ja, wenn es nicht anders ging, hierbei das Los Israels zu teilen ... Aber Gott schwieg. Und da sage ich nun: nicht weil er nicht wollte, sondern weil er nicht konnte, griff er nicht ein.« Doch die Kraft, diese Thematik für Jugendliche anzusprechen und zu bearbeiten, hat das Religionsbuch nicht. So wie es den Traditionsabbruch verdrängt, verweigert es sich der heutigen Situation Heranwachsender. Und das bedeutet: Hier fehlt für den kompetenzorientierten Religionsunterricht die Kompetenz.

Sehen wir uns als weiteres Thema das Kapitel »Da berühren sich Himmel und Erde« im Band Mittendrin 2 an. Es ist ziemlich kraus gestrickt. Der »Reiseprospekt« stellt drei Leitern vor: Die Himmelsleiter, die Tonleiter und die Drehleiter, ohne dass die darunter befindlichen Inhalte eine methodische Stringenz aufweisen: Die *Himmelsleiter* führt an die Wundertaten Jesu mit ihrer heilsamen Wirkung heran und will verständlich machen, was Schülerinnen und Schüler sich unter dem »Reich Gottes« vorstellen können. Die *Tonleiter* soll das Gehör für verschiedene Töne der Sprache und religiöse Ausdrucksweisen schärfen, wie sie »häufig in bildlichen Sprachformen wie Metaphern vermittelt werden«. Sie zeige auch, »welche besonderen Töne Jesus ... in den Gleichnissen anschlägt«. Die *Drehleiter* führt zu Gleichnissen Jesu und kann »die unerwartete neue Richtung in der Botschaft Jesu näher bringen ...«

Wenn man nun – zumindest unter dem Signet »Tonleiter« – eine Sprachlehre im Metaphernverständnis erwartet, so wird dies enttäuscht: »Mich hat es voll erwischt!« – »Ich bin total verknallt!« – »Ich bin im siebten Himmel!« wird einer gezeichneten Maid in den Mund gelegt, darunter der Text zur Handmetaphorik aus meinem Religionsbuch für das 5. Schuljahr, hier mit neuen Namen belegt, mit unpassenden Wortergänzungen und um die Hälfte gekürzt. Auf der gegenüberliegenden Seite findet sich ein Kirchenlied »Du bist das Licht der Welt – Metaphern und Vergleiche im Lied«; dazu ein Kasten »Metaphern verstehen und richtig anwenden« mit den Aufgaben 1. zu sagen, was im Lied »Du bist das Licht der Welt« nicht wörtlich zu verstehen ist; 2. was der Bezugspunkt dieser Formulierung ist; 3. worin die neue Bedeutung der Worte besteht; 4. soll das gewonnene Verständnis im Gespräch mit anderen überprüft werden. Eine sachhaltige Information über die Metapher fehlt (auch im Lexikonartikel). Sobald ein Bild, ein Lied, ein Fremdtext aufgenommen wird, werden die Schülerinnen und Schüler auf sich selbst verwiesen: sie sollen darüber sprechen, diskutieren, schreiben, malen und dergleichen mehr, ohne dass sie hinreichende Kenntnisse gewonnen hätten, sich mit de-

Sache auseinanderzusetzen. Rechtfertigend heißt es im Lehrerkommentar: »Schülerinnen und Schüler sind gehalten, sich eigenständig gewisse Medien und Wissensquellen zu erschließen: Monografien, Lexika, Enzyklopädien, Lernkarteien, Bildbände, Videosequenzen, Audiobeiträge, Internetressourcen, Zeitungsartikel – sämtliche digitalen und analogen Medien bilden die Basis solchen Lernens, in dem das klassische Schulbuch einen veränderten, gleichwohl bedeutenden Stellenwert hat.«[154] Diese Medienliste verkennt, dass Bibel und Theologie auf solchen Ebenen nicht verhandelt werden. Sachwissen mag dort zu besorgen sein, doch nichts über biblische Hermeneutik, historisch-kritische Exegese, das Ineinander von Theologie und Anthropologie, also existentielle Deutungen des Lebens. Für derartige Fragestellungen stehen Lehrerin und Lehrer. Keine wohlfeile Formel wie »selbstgesteuertes Lernen« können sie im Religionsunterricht ersetzen. So bleibt denn diese dünne Spur religiöser Sprachvermittlung das miniaturisierte Resultat meines jahrzehntelangen *Centerum censeo*, dass religiöse Alphabetisierung durch Sprachlehre die entscheidende Aufgabe für alle sonstigen Inhalte ist.

Auch über Symbole und Symbolverständnis wird nichts gesagt. Die Legende, die Sage, Mythos und Logos, das literarische Genus Wundergeschichte … allerorten Fehlanzeige. Zwar handelt das Kapitel unter der irreführenden Metapher »Drehleiter« von Gleichnissen, aber was je zu dieser Gattung von Joachim Jeremias über Eta Linnemann bis zu Wolfgang Harnisch und vielen anderen erarbeitet wurde, scheint den heutigen gymnasialen Religionsunterricht nichts mehr anzugehen. Im Lehrerkommentar wird erklärt:

»Das Religionsbuch »mittendrin« (ist) zuallererst ein Buch für die Hand der Schülerinnen und Schüler. Das bedeutet zugleich, dass das neue Unterrichtswerk nicht einfach nur eine Auffrischung oder Neuanordnung vertrauter oder auch bisher unbekannter Unterrichtsgegenstände ist. Vielmehr erfordert die Konzeption auch und vor allem einen didaktischen Perspektivenwechsel: Im Vordergrund steht das Lernen der Schülerinnen und Schüler und nicht das Lehren der Lehrerinnen und Lehrer. Solch einen Perspektivenwechsel erfordert auch einen neuen Unterrichtsstil.«[155]

Erneut zeigt auch dieses Kapitel jene eigenartige Inkonsistenz, wie sie oben schon bemängelt wurde. Da findet sich das Gleichnis vom Unkraut im Weizen, daneben Rembrandts Bild von den Arbeitern im Weinberg (in

---

154 Lehrerkommentar zum Unterrichtswerk »Mittendrin 1«. Kösel, München 2008, 12.
155 Ebd., 11.

seinen dunklen Farben kaum lesbar). Unvermittelt dann: »Stell dir vor, es ist Jugendgottesdienst, und keiner geht hin« mit Sieger Köders »Mahl mit den Sündern« und dem Lied »Wenn das Brot, das wir teilen …« Es folgt eine zerhackte Doppelseite zur »Heilung des Gelähmten«, ohne Bibeltext, aber unter der Sprechblase: »Das gibt es doch gar nicht! Hast du das gelesen, ja, in den Abendnachrichten kam es doch auch. Selbst die Reporter waren fast sprachlos, haben nur so mit den Armen herumgefuchtelt. Ich habe gleich alle meine Freunde angerufen. Aber so richtig erklären konnten wir es auch nicht – einfach unglaublich und auch sensationell!« Zugeordnete Fragen lauten: »Ein menschliches Leben wird wieder auf die Füße gestellt. Überlege, was sich damit alles für den Geheilten verändern kann.« – »Was bringt die Menschen zum Staunen?« Die Heilungsgeschichte bei Mk 2,1-12 wird einem 1:1-Verständnis unterstellt. Die Frage nach dem Wunder, in diesem Schulalter wichtig, bleibt ausgeklammert, wie immer in diesem Unterrichtswerk, wenn Glaube und Theologie vor herausfordernden Einwänden stehen.[156] Schließlich wird nach Jes 65,17-20 das »Reich des Friedens«, nach Mt »das Reich der Himmel« und nach Mk und Lk das »Reich Gottes« in je zwei Sätzen angesprochen, gefolgt von einer Konkretion: in der Gemeinschaft Sant' Egidio. Der Weltjugendtag 2005 wird offensichtlich auch dem »Reich Gottes« unterstellt. Welche provokanten Kriterien das Reich-Gottes-Programm Jesu kennzeichnen, werden die Schüler abschließend dennoch nicht kennen oder gar erläutern können. Sein Programm bekommt keine hinreichende Kontur, um – mit Nietzsche gesprochen –, »den Menschen zu zeigen, wie man zu leben hat«. Worin das abschließende »Souvenir« bestehen könnte, bleibt auch hier unklar.

Es sind vor allem die zentralen theologischen Kapitel, welche die hier aufgewiesenen Schwächen haben. Themen mit geschichtlicher Sachstruktur werden besser, auch inhaltlich befriedigender vermittelt. Wenn an anderer Stelle erklärt wird, Kompetenzen könnten nur an Inhalten erworben werden, kämen jedoch »auf eine andere Weise zur Geltung«, zeigt sich, dass diese *andere Weise* auf den unmittelbaren Verwendungszusammenhang im Religionsbuch eingeschränkt ist. Theologische Sachkenntnisse schrumpfen auf ein Minimum. Konflikthaltige Themen, wie sie seit der Aufklärung die Dogmatik bedrängen und den Glauben verwirren, kommen nicht vor. Die Atheismusproblematik fehlt im Werk bis auf

156 Die Heilung des blinden Bartimäus in Bd. 1, 78 steht nicht unter diesem Aspekt. Die beiden folgenden Bände übergehen das Thema; Bd. 2 bietet im Lexikon »Wissen von A bis Z« ein knappes Stichwort »Wunder«.

Spurenelemente. Der Verweis »Informiere dich, z. B. im Lexikon, über die Theodizeefrage« ist allzu billig. Dabei kommt höchstens eine Begriffser-klärung zustande. Es ist auch eine Alibi-Aufgabe, den Schülern zu sagen: »Lege dar, welche Antwort Johann Baptist Metz auf das Theodizeepro-blem gibt.« Die *Memoria Passionis* des J. B. Metz setzt auf einer Ebene an, auf der die Schüler noch nicht angekommen sein können, am wenigsten auf der Basis dieses Buches. Auch wären an das Gottesverständnis Fra-gen zu stellen, zu denen die Evolutionswissenschaften nötigen (vgl. oben S. 59 f.), die in diesem Unterrichtswerk aber vor der Tür bleiben.

Ein letztes Wort noch zum Erscheinungsbild dieses Unterrichtswer-kes. Alle Schülerbände und Lehrerkommentare samt Folienmappe tra-gen im Sinne einer Corporate Identity dasselbe Foto: umgeben von einen Waldsaum ein großes Blumenfeld in bunten Farbstreifen – eine Idylle. Aber das Bild passt. Die fundamentale Herausforderung des christlichen Glaubens durch neue Erkenntnisse und innertheologische Kritik, wirk-sam in einem Traditionsabbruch, der die junge Generation immer stär-ker in den Griff nimmt, findet hier keinen Zutritt. Welches Christentum braucht diese Abschirmung?

c. Mitten ins Leben. Religionsbuch für den evangelischen Religionsunterricht[157]

Haben wir schon bisher eine inhaltliche Entleerung von Lehrplänen und Religionsbüchern durch das kompetenzorientierte Konzept beklagt, so findet sich eine Steigerung dieser Tendenz in dem Unterrichtswerk »Mit-ten ins Leben«. Im einleitenden Brief an Schülerin und Schüler heißt es:

Das Buch ist nach Doppelseiten aufgebaut. Jede ist eine kleine Einheit, aber natürlich gehören alle Doppelseiten eines Kapitels auch zusammen. Die erste Doppelseite ist wie eine *Einladung* und zeigt dir vor allem mit Bildern, was dich im folgenden Kapi-tel erwartet ... Dann folgen mehrere Doppelseiten »*Das sollst du wissen*«; Sie bieten dir ganz verschiedene Informationen zum Lernen und Leben an. »*Das könntest du tun*«, ist die Doppelseite, die dir zeigt, dass neben dem Lernen auch das Machen zum Leben gehört – und zum besseren Verständnis eines Kapitelthemas.

Die letzte Doppelseite besteht eigentlich aus zwei Einzelseiten. Links auf der Seite »*So kannst du arbeiten*« lernst du bestimmte Arbeitsformen kennen, die du im Reli-gionsunterricht, aber auch für andere Fächer gut gebrauchen kannst. Und rechts auf der Seite hast du noch einmal Gelegenheit, dir selbst klar darüber zu werden, was

---

157 Mitten ins Leben. Religion 1 (2; 3). Hg. von Ulrich Gräbig und Martin Schreiner. Cornelsen, Berlin 2007.

du gelernt hast und was der Inhalt des Kapitels für dich selbst bedeutet. Vielleicht nennst du sie manchmal auch »Meine Seite«.

(a) Als Beispiel greifen wir aus Band 1 das Bibel-Kapitel heraus »Gute Nachrichten für dich«. Hier wird auf der ersten Doppelseite mit fünf fingierten Briefen gearbeitet, auf der zweiten Doppelseite mit Bibelabbildungen und Sprechblasen, die dritte Doppelseite bietet drei Fotos, die mit Bibelzitaten verschnitten sind, auf der vierten Doppelseite stehen sechs Strichmännchen für sechs Gattungen der Bibel und in Sprechblasen stellen sich ein Priester, ein Prophet, der Evangelist Lukas und Paulus vor. Arbeitsanweisungen lassen verschiedene Buchsorten feststellen. Die fünfte Doppelseite zeigt eine Karte Europas mit den Städten Rom, Wittenberg und Mainz; darauf Abbildungen zur Bibelüberlieferung im Gang der Geschichte. Die Schüler sollen einen »Lexikontext« verfassen. Auf der sechsten Doppelseite erneut fünf Strichfiguren mit Sprechblasen. Siebte Doppelseite: Bibelsprüche, in denen einzelne Wörter durch kleine Zeichnungen ersetzt sind: »Wenn du für die Bilder Wörter findest, verstehst du den Text ganz.«

Die abschließende Doppelseite »So kannst du arbeiten« bietet ein Inhaltsverzeichnis des NT und stellt die Aufgabe, einen Bibeltext aufzuschlagen, hier Lk 2,14. Die Lösung wird folgendermaßen vorgegeben: »Ich schlage das Inhaltsverzeichnis der Bibel auf und suche den Namen Lukas. – Ich finde das Buch Lukas im 2. Teil der Bibel, im Neuen Testament. – Ich schlage die Seite im Neuen Testament auf. (Achte darauf, dass du auch wirklich im NT bist!) Ich blättere solange, bis mir die dicke Zahl 2 ins Auge springt, sie gibt die Kapitelnummer an. – Ich suche in den Zeilen des Kapitels die kleine Zahl 14 – sie gibt die Verszahl an. – Und so heißt der Text: Ehre sei Gott in der Höhe und Friede auf Erden bei den Menschen seines Wohlgefallens.«

Die rechte Seite, »Deine Seite« genannt, präsentiert ein fiktives Gespräch zwischen der Lehrerin und mehreren Schülerinnen und Schülern. Die Lehrerin greift auf den Anfang des Unterrichts zurück. Da hatte jemand gesagt: »Ich weiß gar nichts und kann auch nichts damit anfangen. Wir haben gar keine Bibel.« Nun fragt sie: »Wie sieht es heute aus?« Die bibeldistanzierte Angy antwortet: »Ich weiß jetzt mehr, aber eine Bibel kaufe ich trotzdem nicht.« Alle übrigen finden die Bibel cool, wissen, verstehen, sehen nun … wobei ihnen in den Mund gelegt wird, was die Buchautoren noch einmal hervorheben möchten. »Meine Seite«?

Das Kapitel zeigt einen klaren Aufbau, den das Layout in der begleitenden Randspalte mit Arbeitsanweisungen und »Vorschlägen zum

Nachdenken« unterstützt. Die Äußerungen auf der zweiten Doppelseite scheinen Distanz oder ein verlorenes Verhältnis zur Bibel anzudeuten. Man könnte meinen, es werde auch keine Glaubensvorgabe in den didaktischen Ansatz genommen. Aber bereits der Kapitelname »Gute Nachricht für dich« zeigt, dass primär Wertungen vermittelt werden: Unter die »guten Nachrichten« der Einleitung wird ein Bibelpapier geschmuggelt, gefolgt von Wertungen wie »Buch des Lebens«, »von vielen für viele«, »auf dem Weg zu uns« und einer Zitatenseite mit lauter »Guten Nachrichten« und den Schülern in den Mund gelegten Urteilen: »Manchen einem sagt die Bibel eben etwas«. Diese Intention steht in einem Missverhältnis zu der mageren Information, die das Kapitel erschließt. Da alles darauf aus ist, »selbstgesteuertes Lernen« anzuleiten, beschränken sich die lenkenden Aufträge auf kleinste Schritte, so dass am Ende des Kapitels die simple Anforderung steht: »So kannst du arbeiten: Einen Text in der Bibel finden ...« Lk 2,14 soll aufgeschlagen werden. Diese »Kompetenz« lässt sich bei üblicher Anleitung ohne den hier praktizierten Aufwand im Buch erreichen, und zwar mit sicherem Kenntnisstand! Genau genommen gehört dergleichen gar nicht in ein Religionsbuch, sondern in ein Arbeitsheft oder auf ein Arbeitsblatt. Dass aber diese Aufgabe erst einem 6. Schuljahr zugedacht ist, sollte allen, die von Schule und Religionsunterricht etwas verstehen, unglaublich erscheinen. Niveau und Resultat sind unbefriedigend. Auch ist nichts »selbstgesteuert«: Die methodischen Vorgehensweisen werden in kleinsten Schritten angeleitet und das eigentliche Unterrichtsziel, die Bibel als »Gute Nachricht« zu werten, ist unterschwellige Verkaufspsychologie. Solide Bibelkenntnisse werden gar nicht erst angestrebt – erstaunlich für ein evangelisches Unterrichtswerk. Die biblische Welt, die als Horizonterweiterung der Schülerinnen und Schüler verstanden werden sollte, ist auch nach diesem Kapitel unbekanntes Land.

Ein weiteres Kapitel heißt »Jesus Christus – unterwegs zu dir«. Für die gemeindliche Katechese eine legitime Formulierung, für den Religionsunterricht in heutigen Schulklassen eine manipulative Überformung. Es gibt Bildseiten mit nazarenischen Jesusdarstellungen, kitschigen Collagen und zwei schmalen Sachtexten: »Israel zur Römerzeit« und »Jesus – ein Jude«. Die Doppelseite »Jesus wendet sich den Menschen zu« mit eher problematischen Jesus-Zeichungen resümiert: »Nach einiger Zeit wurde Jesus ihnen allen zu unbequem. Er musste weg! Sie machten Stimmung gegen ihn, er wurde bei den Römern angezeigt, verhaftet, von den Römern grausam gefoltert, zum Tode verurteilt, an ein Kreuz genagelt und umgebracht. Die einen jubelten! Das hatte dieser Jesus nun davon! Die anderen waren entsetzt, traurig und voller Angst. ›Das ist das Ende!‹, klagten sie. Einige Freunde Jesu waren überzeugt: Jesus ist nicht tot geblieben! ›Das ist ein neuer Anfang!‹ jubelten sie. Für die einen war er der lange erwartete Messias, für die anderen nicht.« – Kann, darf man das so machen? Die Doppelseite »Jesu Tod und Auferstehung« mit den Graphiken »Passion« und »Ostern« von Alfred Manessier, bleibt ohne jeden Kommentar, was die Parole einer schülerorientierten Selbststeuerung des Unterrichts hier zum Blinde-Kuh-Spiel macht. Die Überschrift der nächsten Seite »Mit Jesus baut Gott eine Brücke zu uns Menschen« fordert auf, zum näheren Verständnis die Zachäus-Erzählung und die Geschichte vom barmherzigen Samariter zu lesen, hängt nach den vorangegangenen Seiten jedoch eher in der Luft. Zum Schluss heißt es: »So kannst du arbeiten: Ein Menschenschattenspiel vorführen ... z. B. das Gleichnis vom barmherzigen Samariter«. Der Abschluss, »Deine Seite« genannt, bietet ein Glaubensbekenntnis.

Noch ein letztes Kapitel aus dem Religionsbuch »Mitten ins Leben 1«: Das Gotteskapitel »Du gehst nicht allein«. Neben kleinen Fußspuren im Sand große Abdrücke, dazu das Lied: »Das wünsch ich sehr, dass einer bei mir wär', der zu mir spricht: Fürchte dich nicht.« Auf den folgenden Seiten eine brauchbare Sensibilisierung für gedankenlosen Umgang mit dem Wort Gott. Dann durch Sprechblasen angedeutete Geschichten von Abraham, Mose, David und Jeremia, dargestellt von albern gezeichneten Männchen. Allein diese Figuren karikieren die Traditionen, die sich mit solch großen Namen verbinden. Es folgt eine Doppelseite biblischer Metaphern: »Bilder von Gott verstehen«: Gott ist wie eine Mutter, eine Quelle, er breitet Flügel aus, ist mein Schirm, mein Licht, mein Hirte, mein Fels und meine Burg. Diese Metaphorik ist auch schon einem dritten Schuljahr erschließbar. Anschließend etwas über Gleichnisse, die »wie Puzzlestücke von Gott« seien. Lena: »Es ist immer noch schwierig mit Gott, aber spannend schwierig. Ich puzzle gern.« Und Frau S.: »An Gott glauben ist auch ein bisschen wie puzzeln.« Es folgt die letzte Doppelseite: »Du kannst mit Gott reden – Gebet und Segen.« In der Tat: hier hat das Team gepuzzelt, aber auf zu viele Puzzleteile verzichtet. In Sprache und Bildausstattung liegt ein dürftiges Kapitelchen vor. Einem schmalen Aspekt des kompetenzorientierten Anspruchs – der (vermeintlich höheren) Schülerbeteiligung – wird jeder andere Anspruch geopfert: In den Vermittlungsintentionen durchweht das Buch ein pietistischer Hauch, religionsdidaktisch ist es als mangelhaft zu bewerten: mit zu geringer Kompetenz gefertigt.[158]

(b) Das wird auch im nächsten Band »Mitten ins Leben 2« ab 7. Schuljahr nicht besser. Allerdings ist die Ehrlichkeit zu loben, das Kapitel »Jesus Christus – wie stehst du zu ihm?« mit folgender Erkenntnis zu eröffnen:[159]

Alle 439 Schülerinnen und Schüler der Klassen 7, 8 und 9 einer größeren Schule in Nordrhein-Westfalen nahmen an der Umfrage über die Frage der Kapitelüberschrift teil. Jede und jeder bekam einen Punkt und sollte ihn zu der Aussage kleben, die für sie oder ihn am meisten zutraf. Und so sah das Ergebnis aus:

Jesus hat für mich keine Bedeutung: 65
Jesus ist ein Vorbild für mich: 39
Jesus hat es nie gegeben: 51
Jesus ist Gottes Sohn, er ist auferstanden: 153
Jesus – dazu habe ich keine Meinung: 131

---

158 In meinem Unterrichtswerk tragen die durchgehenden Lernstränge knappe Sachtitel: Altes Testament, Neues Testament, Gott, Jesus, Kirche, Religionen, Sprachverständnis, Symbolverständnis, Bibelverständnis usw. Im evangelischen Unterrichtswerk »Mitten ins Leben« werden diese Komplexe so genannt: »Woran du dein Herz hängst ... – Gott«. »Du gehst nicht allein.« »Jesus Christus – unterwegs zu dir«. Auch die Gliederung der Lernstränge, z. B. der Lernstrang Neues Testament vom 5. bis 10. Schuljahr hat strenge Sachtitel: Gleichnisse, Wundergeschichten, Kindheitsgeschichten, Passionsgeschichten, Ostergeschichten, die Apostelgeschichte. Die Jesuskapitel: Der Jude, Der Lehrer, Der Sohn Gottes, Der Erlöser, Der Christus, Im Spiegel der Literatur. Die Gotteskapitel: Gott und Schöpfung, Gott und Mitmensch, Der Eine und die Vielen, Gotteszweifel, Atheismus, Jenseits des Denkens.
Im evangelischen Unterrichtswerk lauten die Untergliederungen etwa so: Gott sagt Ja zu den Menschen; Wir sind von Gott geschaffen als Mann und Frau; Wo begegnet uns Gott? Du kannst mit Gott reden; Mit Jesus baut Gott eine Brücke zu uns Menschen; Kirche begleitet dich ... Das sind missionierende Intentionen, die in einem Kirchenblatt vielleicht noch möglich sind, im schulischen Religionsunterricht aber ihre Selbstverständlichkeit nicht mehr haben. Seit Beginn der 1980er Jahre halten meine Religionsbücher Glaubensbekenntnis und didaktischen Ansatz auseinander, stülpen also der heterogenen Schülerschaft nichts apriori über. Dagegen nehmen die neuen kompetenzorientierten Religionsbücher ein kollektives Kirchen-Wir in Anspruch, das viele Religionslehrerinnen und -lehrer unreflektiert aktivieren. Damit wird bereits die Situation verfehlt, distanzierte Schüler in der eigenen Unterrichtshaltung und Unterrichtssprache wahrzunehmen und zu berücksichtigen.
159 Mitten ins Leben. Religion 2. Hg. von Ulrich Gräbig und Martin Schreiner. Cornelsen, Berlin 2010, 88.

Zählt man jene zusammen, die sagen, für mich hat Jesus keine Bedeutung, es hat ihn nie gegeben, ich habe zu ihm keine Meinung, dann stehen 247 negative Positionen 192 Stimmen gegenüber, die dem geglaubten Jesus zustimmen, einschließlich jener 39, die ihn als Vorbild bezeichnen. Tatsächlich nimmt das darauf folgende Kapitel seine Aufgabe ernst, nun auch von Jesus einige Kenntnisse zu vermitteln: Es gibt Texte (Vom Senfkorn, dem verlorenen Sohn, der Ehebrecherin, der Bergpredigt), daneben Zusammenfassungen der Passion Jesu und der Auferstehungsbotschaft. Doch es wäre ferner gut gewesen, die Vorbehalte, die sich im Umfrageergebnis zeigen, in diesem Kapitel aufzunehmen. Das hieße, das Reich-Gottes-Programm Jesu in seinen egalitären und universalistischen Konstitutiven zu beschreiben. Dann könnte im Religionsbuch vielleicht zu lesen sein (in der Diktion dieses Buches gesagt): Das Programm Jesu trägt seine Evidenz in sich selbst. Es muss nicht geglaubt, nicht bewiesen und nicht verteidigt werden. Es beschränkt sich auch nicht auf Christen, sondern hat eine Gültigkeit, die »Gläubige« wie »Nichtgläubige« miteinander verbindet, auch Menschen anderer Religionen, denn die Wahrheit Jesu ist keine systemgebundene Lehre, sondern ein praktischer Appell, der weder Mythisierung noch Entmythisierung erfahren kann, weil es um die Wahrheit der Liebe geht. Eben aus diesem Grunde konnte Gandhi den Christen die Bergpredigt als miteinander verbindend zeigen. Und junge Menschen von heute könnten eine neue Wahrnehmung Jesu gewinnen, sofern sich damit nicht ein Kirchenanspruch verbinden würde, der den Jesus der Geschichte mit dem Christus des Glaubens überdeckt. Gerade dieser Kirchenanspruch es ist, der Person und Programm Jesu außerhalb des Kirchenmilieus nur verzerrt wahrnehmen lässt und schwer vermittelbar macht. Natürlich wäre ein solches Schulbuchkapitel nicht genehmigungsfähig, doch ist es durchaus angemessen, die Argumente zu wägen, mit welchem Recht der unbestreitbare Egalitarismus Jesu institutionellen Eigenansprüchen geopfert wird.

Ein Wort noch zum Kapitel »Menschen glauben – Religionen der Welt«. Hier werden dem Judentum zwei Doppelseiten gewidmet: eine von Abraham bis heute, die zweite über »Die Juden in Europa«. Danach werden der Islam, der Hinduismus, der Buddhismus und der »Fanatismus – Gewalt sogar im Namen Gottes« mit je einer Doppelseite bedacht. Dieser extrem schmale Raum erlaubt nicht, erzählende Traditionen aufzunehmen, die kulturellen Kontexte der Religionen zu entfalten, Geschichte und Gegenwart angemessen zu beleuchten, Beziehungen zum Christentum herauszustellen, eine differenzierte Bildvermittlung aufzunehmen ..
Welche Kompetenz wird hier angestrebt?

d. Religionsbuch 1 und 2. Neue Ausgabe für den evangelischen Religionsunterricht (Sek. I)

Auch das »Religionsbuch«[160] versteht sich als ein kompetenzorientiertes Unterrichtswerk. Bereits das Inhaltsverzeichnis sagt: »Wenn du dieses Kapitel bearbeitet hast, kannst du …« Das im Layout übersichtlich und klar konzipierte Buch soll nachfolgend an zentralen Inhalten auf sein theologisches Niveau hin untersucht werden.

Im Blick auf den Umgang mit biblischen Gattungen scheint das Buch in die 1950er Jahre zurückzuführen. Die Legende vom zwölfjährigen Jesus, der jährlich mit seinen Eltern zum Paschafest nach Jerusalem gepilgert sei, wird platt historisch genommen: Demnach machte sich »halb Nazaret in diesem Jahr wieder auf den Weg…, nur Kinder und alte Leute waren daheim geblieben«, als seien solche Reisen einem armen Bauerndorf je möglich gewesen. Die Schulbuchautoren scheinen – trotz der Bemerkung, dass die »einfachen Leute« verarmten – keine Ahnung von den sozialen Verhältnissen jener Zeit zu haben. Entsprechend wird die Legende für die Jesusdeutung ausgebeutet: »Zuerst hat er wohl nur zugehört, aber dann hat er auch richtig mitdiskutiert, besonders als sie darüber gestritten haben, wie wir nach den Geboten Gottes leben sollen. Die Lehrer im Tempel müssen sehr gestaunt haben, wie klug Jesus mit ihnen über diese Dinge redete.« – Zur Taufe Jesu im Jordan heißt es, er habe dabei »eine Stimme vom Himmel gehört«. Auch hier wird der Text und die Zitation von Ps 2,7 historisierend gedeutet, als verbänden sich für heutige Schülerinnen und Schüler damit keine Verständnisprobleme. – Stets tauschen die fiktiven Personen, die immer wieder als Erzähler der Jesusgeschichte eingeführt werden, den Bibeltext ohne Beachtung seiner sprachlichen Form in naiv verstandene Geschichte um: »»Wie ein wehrloses Lamm wurde er getötet!‹, schluchzte Salome. ›Er hat sich selbst geopfert. Sein Weg war ein friedlicher. Er wollte nicht kämpfen‹, flüsterte Susanna« und ergänzt: »Unter dem Verdacht der Gotteslästerung wurde er gestern Abend gefangen genommen.« Diese Bemerkung ist unbelegt. Das Verhör des Hohen Rats (Mk 14,53-65), in dem der Hohepriester ein entsprechendes Urteil fällt, ist zumal in seinen Einzelheiten unhistorisch.[161] Im Übrigen sollten Schulbuchautoren wissen, dass in der Darstellung der Passionsgeschichte eine Spannung zwischen erinnerter Geschichte und

---

160 Religionsbuch. Neue Ausgabe für den evangelischen Religionsunterricht. Hg. von Ulrike Baumann und Michael Wermke. Cornelsen, Berlin, Band 1: 2010; Bd. 2: 2011.
161 Vgl. Hubertus Halbfas, Die Bibel (s. Anm. 51), 398–400.

historisierter Prophezeiung vorliegt. Dies gilt auch für die (spätere) Deutung Jesu als Messias. – Die bisher verfehlte gattungsspezifische Wahrheit gilt ebenso für die Ostergeschichten:

»Bevor wir essen, Johanna, muss ich dir noch etwas ganz Wichtiges sagen«, teilt Salome mit: »Als ich mit den beiden Marias zu seinem Grab gehen wollte, um ihn zu salben, ist uns ein Engel erschienen. Er sagte: ›Jesus ist auferstanden.‹ Das klang so unglaublich, dass wir es erst gar nicht glauben konnten. Doch er gab uns den Auftrag, es seinen Jüngern und Simon zu erzählen. Und er sagte, Jesus werde uns in Galiläa persönlich erscheinen!‹

»Das gibt es doch nicht, Salome! Dann stimmt das, was mir zwei andere Männer erzählt haben, vielleicht doch. Sie behaupten, Jesus sei ihnen auf dem Weg nach Emmaus erschienen.«

Allein der sprachliche Duktus dieser Rede dürfte wachen Schülerinnen und Schülern als »aufgesetzt« und unglaubwürdig erscheinen. Die exegetische Problematik der Osterüberlieferungen ist dem Autorenteam offenbar nicht durchschaubar. Hier wird aber einer Schülerschaft, von der man weiß, wie skeptisch sie der christlichen Glaubenstradition gegenübersteht, ein naiv-fundamentalistisches Konstrukt vorgestellt, dessen Langzeitwirkung diese Darstellung ins Märchenland verschiebt. Die legendarische Sprachform gattungsspezifisch zur Sprache zu bringen, scheint ein unbekannter Anspruch zu sein. Wer bewahrt den Religionsunterricht vor solcher Desorientierung?

Dasselbe Strickmuster begegnet auch im »Religionsbuch 2« für das 7. bis 9. Schuljahr. Hier ist unter der Überschrift »Jesus – ein Zauberer?« dem Text Mt 14,22-33 eine Karikatur vorangestellt, die Jesus zeigt, wie er Schwimmern in ihren Startbahnen über dem Wasser laufend die Show stiehlt. Diese Zeichnung karikiert bereits hinreichend, um ein Fehlverständnis des Textes kaum noch aufheben zu können. Umso mehr, als das Buch zur matthäischen Version der Erzählung kein weiteres Wort sagt. Exegetische Kompetenz für diese Geschichte geht den Autoren ab. Sie wählen den Text als Paradigma für Wunder in den Evangelien und bemerken lediglich, »einige spektakuläre Wundererzählungen wie z. B. Jesu Gehen auf dem See ... haben eine mehrfache, oft auch symbolische Bedeutung«. Für einen angemessenen Umgang mit der Erzählung hätten folgende Hinweise Orientierung geben können, wobei einzuschließen ist, dass diese Hinweise für ein adäquates Verständnis der Wundererzählung den Unterricht bereits von der Grundschule an bestimmen müssen. Man kann solche Dispositionen nicht anlässlich eines ad hoc aufgegebenen Textes schaffen:

Schon das »Wasser«, auf das Jesus seine Jünger »drängt«, über das er geht und auf das sich auch Petrus wagt, verlangt ein symbolisches Verständnis. Das schließt aus, »Wasser« durch einen »Begriff« erklären zu wollen. Besser wäre, dem Bedeutungsspektrum des Wassers in Träumen, Mythen, Märchen, im religiösen Kult und im Volksbrauch nachzugehen. Auch Psalmen führen weiter (vgl. Ps 18,5.17; 32,6f.; 69,2-5.15-16; 88,7-9.16-18; 107,23-31; 124,2-6) und nicht zuletzt das Buch Jona. Hier bei Matthäus lassen die bedrängten Jünger, der über das Wasser schreitende Jesus und der zu Jesus kommende Petrus das Wasser als Ort der Gefahr und Bewährung verstehen. Damit klärt sich zugleich die Bedeutung des Bootes. Auf dem »Wasser« ist es der einzige Ort, der vor Untergang bewahrt. Zugleich ist es der Raum, der die zu gemeinsamer Nachfolge aufgebrochenen Jünger trägt und aufeinander verweist.

Der über das Wasser gehende Jesus bringt ein Ostermotiv zur Geltung: Er steht über dem verschlingenden Abgrund, über Grab und Tod. Für dieses Motiv kann Ijob 9,8 einen Anstoß gegeben haben: »Er schreitet auf dem Rücken des Meeres einher wie auf festem Boden«. Als Auferstandener, dessen göttliche Transzendenz Furcht auslöst, lädt er Petrus ein, das sichere Boot zu verlassen und zu ihm über den Abgrund zu kommen. Damit tritt Petrus zum ersten Mal handelnd im Matthäusevangelium hervor. Solange er auf Jesus blickt und sich von nichts anderem bestimmen lässt, geht er über das Wasser dahin wie Jesus selbst. Doch: »Als er sah, wie heftig der Wind war, bekam er Angst und begann zu sinken.« Wenn Widerstände und Gefahren mehr Aufmerksamkeit finden als das gesteckte Ziel, ist der Untergang nicht aufzuhalten. Die Angst, die hier über den Glauben siegt, wird erneut »kleingläubig« genannt. Matthäus bezieht sie auf einen Aufbruch, den die Mutlosigkeit zu Fall bringt. Offenbar hat er diese Situation als kennzeichnend für seine Gemeinde gefunden.

Dass die gesamte Szene nicht mit dem historischen Jesus zu verbinden ist, bedarf keiner Frage. Allerdings war es für Matthäus genauso wenig fragwürdig, die Faktizität der Wunder Jesu vorauszusetzen. Mit der symbolischen Überhöhung seiner Erzählungen gab er deren Realcharakter nicht preis. Es vertrug sich für ihn mit der Überzeugung, das Erzählte sei auch wirklich geschehen. Während eine symbolische Deutung uns heute hilft, an der Gültigkeit eines fiktiven Textes festzuhalten, war für Matthäus das erzählte Ereignis – als Faktum verstanden – gewissermaßen das Sinnzentrum seiner Erzählung. Von einem heutigen Bewusstsein, das den Zeitenabstand zwischen Vergangenheit und Gegenwart vor Augen hat, waren antike Menschen weit entfernt. Aber indem die Evangelien ihr mythisches Weltbild in die Vergangenheit eintrugen, gewannen ihre Texte eine symbolische Qualität, die sich hier mit Meer, Nacht, Berg, Sturm, Morgengrauen und dem über das Meer gehenden Jesus verbindet. Damit erst gewinnt die Erzählung Relevanz für die Gegenwart.[162]

162 Hubertus Halbfas, Die Bibel (s. Anm. 51), 444.

Diesem Verständnis der Geschichte widerspricht das evangelische Religionsbuch – die Tradition evangelischer Exegese missachtend – mit Karikatur und Aufgabenstellung:»Wie würdet ihr die Wundergeschichte in Bilder umsetzen? Bereitet eine Verfilmung vor, indem ihr ein Storyboard gestaltet. Wählt aus verschiedenen Ideen die beste aus. Vergleicht die Verfilmung mit der Erzählung: Wie wirkt das Wunder auf euch?« Gemessen an der hermeneutischen Bemühung um ein Verständnis der Bibel, wie es einmal gegolten hat, ist dieser Umgang mit dem Text nicht hinnehmbar.

Schließlich noch ein Blick auf das Reich-Gottes-Verständnis dieses Unterrichtswerkes. Das Glossar in Band 1 erläutert:»Reich Gottes meint eine Welt, in der es so zugeht, wie Gott es will. Jesus erzählt davon immer wieder in Gleichnissen. Ein anderer Begriff dafür ist Himmelreich; er meint aber dasselbe.« Das ist eine passable Erklärung. Wenn im Buch jedoch gesagt wird,»dass Gottes Reich ganz nahe ist«, oder »dass es mit ihm (Jesus) schon angebrochen sei«, könnte man denken, es handle es sich um eine von außen errichtete Herrschaft. Auch die Seitenüberschrift:»Wer kommt ins Reich Gottes?« mit dem darunter stehenden Gleichnis vom Festmahl (Lk 14,16b-24) ist irritierend. Man »kommt« nicht in das Reich Gottes. Das dazu gestellte »Schlüsselwissen« sagt es richtig: das Reich Gottes »beginnt überall da, wo Menschen Gottes Willen tun«. Wenn aber fortgesetzt wird:»Dennoch weiß niemand, wie es im Reich Gottes wirklich aussieht. Deshalb erzählte Jesus davon in Gleichnissen Geschichten, die voller Bilder sind«, so ist das irreführend. Ein »im« Reich Gottes gibt es nicht. Jesu Reich-Gottes-Verständnis will den Menschen zeigen, wie man zu leben hat:

Er wendet sich »im Namen seines Gottes den an den Rand gedrängten Galiläern zu, sucht also gerade die geschundenen Schafe des Hauses Israel auf. Mit ihnen, der Ärmsten unter den Armen, identifiziert er sich. Wahrscheinlich verstand er sich als der in Jes 61,1f angekündigte endzeitliche Bote, der den Armen angekündigte endzeitliche Bote, der den Armen die Botschaft vom Anbruch der Herrschaft Gottes und den Trauernden Gottes Trost anzusagen hat (Lk 6,20f., vgl. 7,22).

Unter dieser Perspektive bekommt auch Jesu Zuwendung zu den aus der menschlichen Gemeinschaft ausgeschlossenen Aussätzigen und Kranken, zu den in der patriarchalischen Gesellschaft diskriminierten Frauen, zu den Kindern oder zu den von den Weisen verachteten ›Einfältigen‹ (Lk 10,21) ihre theologische Stringenz. Sein unbefangener Umgang mit den in der Gesellschaft Stigmatisierten ist Folge jener eschatologisch-neuen Situation, die es möglich macht, sich ›angstfrei‹ in der Welt zu bewegen. Jesus braucht sich nicht mehr ›vor dämonischer Infektion‹ zu schützen.«[163]

163 Paul Hoffmann, Jesus von Nazaret (s. Anm. 23), 31.

Oben sagten wir bereits, dass Jesus unter dem »Reich Gottes« keine jenseitige Welt verstand, sondern eine Lebensweise hier und heute, die er konkretisierte durch Gleichnisse vom Mahl und eigene provokante Tischgemeinschaften mit gesellschaftlichen Außenseitern, die Symbol und Realisation seiner Lehre waren. Darum kommt es darauf an, ihn aus dieser Perspektive sehen zu lernen: nicht als einen, an den man »glauben« muss, vielmehr dem man glaubt (= hinter den man sich stellt), insofern er zu einem geschwisterlichem Leben auffordert, das Männer und Frauen, Arme und Reiche, Völker und Hautfarben verbindet – eine Praxis nichtdiskriminierender Gesellschaft. Dieses Programm mit seinem Namen zu verbinden, liegt in einer Zeit radikalen Traditionsabbruchs für den schulischen Religionsabbruchs wohl am nächsten. Solange der Religionsunterricht sich nicht auf den eingangs geschilderten Glaubensverlust als Ausgangslage der Schüler einlässt, wird er keinen den Glauben neu stimulierenden Zugang zu Jesus und der ihn deutenden Überlieferung von den Evangelien finden.

3. Zulassungsverfahren

Was bisher über Traditionsabbruch, religiösen Analphabetismus, Reformstau in den Kirchen, Inhalte des Religionsunterrichts und dessen sich wandelnde Konzeptionen erörtert wurde, kann in die Schulen nur Eingang finden, wenn es durch das Nadelöhr der kirchlichen Genehmigungsverfahren zu fädeln ist. Das ist ein komplexer Vorgang, der vielen Unwägbarkeiten unterliegt und seit dem Jahr 2002 eine veränderte Ausrichtung bekommen hat. Darum ist es hier unverzichtbar, auf die geltenden Verfahrensordnungen hinzuweisen, um von dorther auch beurteilen zu lernen, mit welchen Gegebenheiten Autoren und Verlage, in der Folge auch Religionslehrer- und Schülerschaft zu tun haben.

Die folgenden Ausführungen thematisieren die katholische Situation. Für die evangelische Kirche gilt manches analog aber bei größerem Meinungsspielraum und einer geringeren institutionellen Bindung.

a. Verfahrensordnung für die kirchliche Zulassung von Unterrichtswerken für den katholischen Religionsunterricht[164]

Der vollständige Text ist einsehbar unter

http://cms.bistum-trier.de/bistum-trier/Integrale?MODULE=Frontend&ACTION
=ViewPageView&Filter.EvaluationMode=standard&PageView.PK=17&Document.
PK=7328

b. Kriterienkatalog zur Verfahrensordnung für die kirchliche Zulassung von Unterrichtswerken für den katholischen Religionsunterricht[165]

Der vollständige Text ist einsehbar unter

http://cms.bistum-trier.de/bistum-trier/Integrale?MODULE=Frontend&ACTION
=ViewPageView&Filter.EvaluationMode=standard&PageView.PK=17&Document.
PK=7329

c. Kritische Anmerkungen zur Verfahrensordnung für die kirchliche Zulassung von Unterrichtswerken für den katholischen Religionsunterricht

Die »Verfahrensordnung für die kirchliche Zulassung von Unterrichtswerken für den katholischen Religionsunterricht« wurde zum 1. März
2002 in Kraft gesetzt. Bis zu diesem Zeitpunkt war das Genehmigungsverfahren ausschließlich den von der Deutschen Bischofskonferenz eingerichteten Schulbuchkommissionen unterstellt mit ihren Sitzen in Köln,
Mainz und München. Deren Urteil schloss das kirchliche Verfahren für
alle deutschen Diözesen ab.

Bei der bis 2002 praktizierten Verfahrensordnung hatte sich die Gesamtheit der deutschen Bischöfe verpflichtet, einheitlich über die Zulassung zu entscheiden und dabei dem Urteil der eingerichteten drei Schulbuchkommissionen zu folgen. Diese Absprache ist seitdem aufgehoben
da nun jeder einzelne (Erz-)Bischof über die Zulassung für jeweils seiner
Bereich befindet. Das bis dahin geltende Konsensprinzip darf auf Anwei-
sung der Kongregation für die Glaubenslehre nicht mehr angewendet
werden, weil nach kirchlichem Recht die allein zuständige und unver-
tretbare Autorität für Zulassung oder Ablehnung des Religionsbuchs der
Diözesanbischof ist.

---

164 Kirchliches Amtsblatt Bistum Trier, Nr. 161, 1. Oktober 2002, 187–191.
165 Ebd., 191–193.

Damit hat die kirchliche Schulbuchkommission ihre Position als Entscheidungsträgerin verloren. Sie ist abgestuft zu einer organisatorisch koordinierenden Vorinstanz im kirchlichen Prüfverfahren durch den einzelnen Bischof. Ihre positive oder negative Empfehlung für oder gegen eine Zulassung besitzt für den Diözesanbischof keine bindende Kraft. Er kann dem Votum der Kommission folgen oder genau entgegengesetzt entscheiden. So etwa hat der Erzbischof von Köln bei unterschiedlichen Genehmigungsverfahren von dieser Vollmacht Gebrauch gemacht und seine Zustimmung verweigert, während seine Bischofskollegen in Nordrhein-Westfalen und Rheinland-Pfalz die anstehenden Unterrichtsmaterialien genehmigten. Nun sollte man meinen, in der Konsequenz blieben die jeweiligen Religionsbücher zwar für den Schulgebrauch im Erzbistum Köln ausgeschlossen, könnten aber im Bereich der Diözesen von Aachen, Essen, Münster und Paderborn bzw. Speyer, Mainz, Trier und Limburg benutzt werden. Das Katholische Büro in Düsseldorf aber nahm gegenüber dem Schulministerium, das die Religionsbücher staatlicherseits zulassen muss in Anspruch: »Erst wenn alle fünf nordrhein-westfälischen (Erz-)Bistümer dem Schulbuch zugestimmt haben, teilt das Katholische Büro die Zustimmung für die Katholische Kirche in Nordrhein-Westfalen mit. Sollte ein (Erz-)Bistum dem Schulbuch nicht zustimmen, so erfolgt auch keine Zustimmung des Katholischen Büros.« Das heißt, der konservativste Bischof kann festlegen, was im ganzen Lande unterrichtet werden darf, da seine Stimme alle anderen Voten löscht. Das überschreitet das Kirchenrecht, das den jeweiligen Diözesanbischof verantwortlich sein lässt, und die demokratischen Grundregeln unserer Gesellschaft.

Damit werden Religionsbücher einer Unsicherheit ausgeliefert, wie sie bisher nicht bestand. Nun liegt das Entscheidungsrecht nicht mehr bei einer Fachkommission, sondern bei einem Bischof, der die feudale Autonomie besitzt, nach eigenem Urteil Ja oder Nein zu sagen. Und da es immer mehr konservative Bischöfe gibt, die ihr theologisches Urteil zum Maßstab dessen machen, was Schülerinnen und Schülern im Religionsunterricht lernen sollen und was nicht, entscheiden sie allein über den theologischen Kurs der Unterrichtsmaterialien. Ein einzelner Bischof erhielte damit das Bestimmungsrecht über alle seine Bischofskollegen im betreffenden Bundesland, unter Umständen sogar, wie im Fall des Erzbistums Köln, in zwei Bundesländern. In der Konsequenz dieser Regelung läge es, dass der Religionsbuchmarkt schrittweise straffer auf konventionelle Theologie festgelegt wird, sei es durch die verfahrensrechtlich mögliche Ablehnung von Unterrichtswerken, sei es durch den vorauseilenden Gehorsam der Autoren. Auf die Dauer stranguliert diese Zuschnürung die

Religionspädagogik – bis allerdings irgendwann der Druck im Kessel die Verfahrensordnung platzen lässt.

Bereits heute ist geltend zu machen: Ein Landesministerium kann seine Entscheidung über die Zulassung von Lernmitteln für den katholischen Religionsunterricht nicht mehr an das Erfordernis der Einheitlichkeit im Urteil der Bischöfe des jeweiligen Landes binden. Wenn nicht einmal kirchliche Leitungsstellen Einheitlichkeit im kirchlichen Urteil über die Zulassung herbeiführen können, weil eben die Kompetenz allein und unabwendbar beim einzelnen Ortsbischof liegt, kann auch ein Landesministerium diese Einheitlichkeit nicht als Erfordernis für seine eigene Entscheidung voraussetzen und entsprechenden Ansprüchen stattgeben.

Ablehnenden Bischöfen ein Vetorecht gegenüber den positiven Entscheidungen anderer Bischöfe einzuräumen, degradierte das zustimmende Votum zur Bedeutungslosigkeit. Dieser Modus ist zumal für demokratisches Rechtsverständnis inakzeptabel. Zudem: Es käme eine Entwicklung in Gang, die theologisch rückwärtsgewandte Materialien förderte, die Schülerschaft aber stets weniger erreichte. Jedes Kultusministerium würde damit den eigenen Anspruch an Schulen und ihre Unterrichtsfächer verfehlen.

Es ist selbstverständlich, sich mit dieser Situation nicht abzufinden. So kann sich die Religionspädagogik nicht entmündigen lassen, umso weniger, als sie sich *allen* Schülerinnen und Schülern verantwortlich weiß, die aus unterschiedlichen Richtungen und Distanzen nach Religion und Glauben fragen.

VII. Die selbst bewirkte Glaubenskrise[166]

Der anglikanische Theologe Don Cupitt ist der Ansicht, dass in den gegenwärtigen kulturellen Umwälzungen die religiösen und moralischen Traditionen »in Rauch aufgehen«:

Einige Menschen versuchen verzweifelt, an ihren Traditionen festzuhalten oder sie wieder herzustellen, doch sie entdecken zu ihrem Entsetzen, dass es sich nicht machen lässt: Die Substanz der Tradition schmilzt dahin, gleitet ihnen durch die Finger, selbst wenn sie versuchen, diese festzuhalten. Der Verlust wird so schnell so vollständig, dass es Historikern schon sehr bald schwer fallen wird, sich wieder vorzustellen, wie es einmal war, aufrichtig an solche Dinge zu glauben und sich an solche Sitten und Gebräuche zu halten.[167]

Cupitt meint, dass heute alle unsere großen religiösen Überlieferungen dem Ende entgegengehen, so wie die einst großen Religionen des antiken Mesopotamien, Ägyptens und Griechenlands ihr Ende gefunden haben. Von der Lehre werde so gut wie nichts bleiben. Der größte Teil der christlichen Theologie sei bereits verloren. Das Wissen und Verständnis sei selbst für zentrale Glaubensinhalte schon vor Generationen verloren gegangen, »und es steht kaum zu erwarten, dass es wiederkehren wird«.

Die Einschätzung, »so gut wie nichts« von der christlichen Lehre werde überleben, bedürfte gewiss näherer Unterscheidung und Begründung. Nicht zu bestreiten ist, dass heute auch in Regionen nachwirkender christlicher Tradition der Glaube dahinwelkt. Sogar praktizierende Christen stehen auf weiten Strecken der offiziellen Lehre hilflos gegenüber. Die moderate Zeitschrift »Christ in der Gegenwart« stellt fest: »Die positive Rhetorik, anderen ›den Glauben vorzuschlagen‹ und eine ›Zeit der Aussaat‹ einzuleiten, perlt an den Realitäten ab wie Wasser vom Autolack.« Sie fragt:

---

166 Dieses Kapitel entspricht Ausführungen in meinem Buch »Der Glaube« (s. Anm. 21), 573–589.
167 Don Cupitt, Nach Gott. Die Zukunft der Religion. dtv 34063, München 2004, 111.

Stimmt es wirklich, dass die Kirche eigentlich ein gutes Produkt habe, das sie nur besser vermarkten, verkaufen müsse? Was aber wäre, wenn es mit dem Saatgut nicht mehr stimmt, weil es »verbraucht« ist, weil im 21. Jahrhundert eben nicht mehr derselbe Samen keimen kann wie der im ersten, der im dreizehnten oder der im siebzehnten Jahrhundert verwendete? Ja, wenn es im Lauf der Zeit immer schon nie exakt derselbe Samen sein konnte, um zu gedeihen? Waren Theologie, Philosophie und andere Wissenschaften in der Geschichte des Christentums nicht immer auch ein wenig wie »Zuchtanstalten«, die im Zuge des historischen Wandels neue Sorten aus den bewährten alten durch Kreuzungen – Inkulturation – unter den Bedingungen eines gewandelten Klimas hervorbringen mussten, um der Fruchtbarkeit zu dienen? Und die den Ur-Samen zur Korrektur auch wieder einzukreuzen hatten?[168]

Zwar liegen einige Ursachen für den christlichen Glaubensschwund außerhalb von Christentum und Kirche, doch sind in der christlichen Tradition selbst Bedingungen angelegt, die diesem Verfall sein dramatisches Ausmaß verleihen. Um der Zukunft gerecht zu werden, sind darum Erkenntnisse zu bearbeiten, die den stattfindenden Paradigmenwechsel erhellen.

1. Die Enterbung Israels und die Hellenisierung des Christentums – eine Wurzel heutiger Glaubensproblematik

Das Christentum hat bereits in den frühesten Anfängen eine Enterbungsstrategie gegenüber seiner jüdischen Herkunft begonnen, welche die wurzelhafte Bedeutung Israels verdrängte und dessen Heilige Schrift mit einer neuen Interpretation unterlief. Dabei bleibt zu beachten, dass diese Interpretation primär eine heidenchristliche ist, »die eine grundlegende hermeneutische Verschiebung in der Rezeption der jüdisch vorgegebenen heiligen Schriften impliziert« (Hubert Frankemölle).

Schon bald wurde der Jüdischen Bibel ein veränderter Sinn unterschoben: Was originär auf Israel verweist, nahm die Kirche in Anspruch. Sie löste das Buch Israels von dessen Geschichte und hob es auf eine neue Bedeutungsebene, indem sie den tragenden Begriffen eine andere Identität gab – was sich bis in die heutige Gebetssprache und die Metaphorik der Kirchenlieder niederschlägt. Heißt es in einem Adventslied: »O komm, o komm, Immanuel; nach dir sehnt sich dein Israel ...«, so wird »Israel«

168 CIG 43/2008, 480.

hier metaphorisch aufgehoben und durch Kirche ersetzt. Die biblischen Namen Esau und Jakob, Hagar und Sara werden mit der Beziehung von Synagoge und Kirche verknüpft, wobei die unterlegene Gestalt als Synagoge gedeutet wird, während die Kirche einen biblischen Vorentwurf ihrer »heilsgeschichtlich« verstandenen Bestimmung erhält.

Auch der Begriff »Volk Gottes« wurde Israel genommen und auf die Kirche übertragen. Das konnte ohne theologischen Einwand über die Jahrhunderte hin geschehen. Erst in jüngster Zeit artikulierte sich Kritik. »Dieser Begriff ist weltgeschichtlich für die Juden besetzt«, wandte der Dogmatiker Laurenz Volken ein, denn schon vom Neuen Testament her lässt es sich nicht rechtfertigen, die Kirche als das »neue Gottesvolk« zu bezeichnen; nach Röm 11, 17-18 ist die Christenheit nur »Mitinhaberin an der Wurzel« Israel. »Nicht du trägst die Wurzel, sondern die Wurzel trägt dich«, betont Paulus. Die Kirchenbegründung, die er darin entwirft, ist fundamental für jeden Versuch, das Verhältnis Israel/Kirche theologisch zu bestimmen – was nahezu zweitausend Jahre lang überlesen wurde.

Der Siegeszug des hellenistischen Christentums führte immer mehr Nichtjuden in die frühen Gemeinden. Deren Liberalität gegenüber der Tora machte es den jüdischen Mitgliedern schwer, diese Entwicklung zu bejahen. Viele zogen sich zurück. Die Auseinandersetzung schuf heftige Konflikte und schürte schließlich in den dominant heidenchristlichen Gemeinden einen Antijudaismus, der sich bereits in den Evangelien niederschlägt.

Das für die Passionsüberlieferung der Evangelien orientierende Markusevangelium konzipierte einen Prozess vor dem Hohen Rat, von dem man heute sogar annimmt, dass er nicht stattgefunden hat; er konnte aber die Römer auf Kosten der Juden entlasten. In Mt 23 wird von »Jesus« eine Polemik gegen die Pharisäer und Schriftgelehrten vorgetragen, die den Konfliktverhältnissen des späten Jahrhunderts galt, aber den historischen Jesus massiv verzeichnet. Äußerst verhängnisvoll für das christliche Verhältnis zu den Juden wirkte sich das Wort aus: »Sein Blut komme über uns und unsere Kinder« (Mt 27,25). Es wurde in späterer Zeit (dem matthäischen Sinn zuwider) als »Selbstverfluchung« des jüdischen Volkes missdeutet und dazu benutzt, Mitleid und Schuldgefühle angesichts gequälter Juden abzublocken. Im Johannesevangelium wird bereits der Terminus »die Juden« negativ besetzt. Wie bei Lukas wird auch hier nahegelegt, dass »die Juden« Jesus ans Kreuz schlugen.

Die Linie, die von den Evangelien ausgehend durch die Kirchengeschichte führt, steigert sich von der Enterbung Israels über Jahrhunderte der Verfolgung bis zur Ermordung Israels in Auschwitz. Gewiss mischten sich in diese Linie später auch fremde antisemitische Einflüsse, denen der christliche Antijudaismus aber nicht wehrte. Der französische Jude Jules Isaac belegt in seinem Buch »Die Genesis des Antisemitismus« (1956), dass von allen Spielarten des Antisemitismus der christliche Antijudaismus alle anderen »hinsichtlich Dauer, Aufbau des Systems, schädlicher Wirkung, Umfang und Tiefe weit übertrifft«. So wurde Auschwitz jener absolute Tiefpunkt der Geschichte, der als das Scheitern des überlieferten Christentums gesehen werden muss:

Offenbar gibt es keinen Sinn der Geschichte, den man mit dem Rücken zu Auschwitz retten kann, keine Wahrheit der Geschichte, die man mit dem Rücken zu Auschwitz verteidigen und keinen Gott, den man mit dem Rücken zu Auschwitz anbeten kann. Als theologisch-politische Katastrophe lässt Auschwitz weder das Christentum und seine Theologie noch auch die Gesellschaft und ihre Politik ungeschoren.[169]

Was in der Shoah geschah, fordert mehr als ein neues Verhältnis zwischen Christen und Juden, es fordert die Einsicht in die glaubensgeschichtliche Abhängigkeit von den Juden, ohne die sich Christen in ihrer Identität nie mehr gegen sie, noch ohne sie verstehen können.

Johann Baptist Metz sieht in der »Theologiewerdung« des Christentums, also im Prozess seiner frühen hellenistisch gerichteten Selbstreflexion »so etwas wie eine ›Halbierung des Geistes des Christentums‹«. Unter dieser Hellenisierung ist die Rezeption des spätgriechischen, hellenistischen Denkens zu verstehen, das einerseits die Universalisierung des Christentums betrieb, andererseits wesentlich zur Ausbildung seiner dogmatischen Gestalt beitrug, die heute und wohl auch in aller Zukunft existentiell nicht mehr mitvollzogen werden kann. Adolf von Harnack (1851–1930) hat diese Hellenisierung als einen Prozess der Selbstentfremdung des Christentums bewertet. Joseph Ratzinger hingegen sieht darin das Zu-sich-selbst-Kommen des Christentums: »Ich bin der Überzeugung, dass es im tiefsten kein bloßer Zufall war, dass die christliche Botschaft bei ihrer Gestaltwerdung zuerst in die griechische Welt eintrat und sich hier mit der Frage nach dem Verstehen, nach der Wahrheit verschmolzen hat.« Dagegen fragt Johann Baptist Metz, ob nicht das Christentum die biblische Gedächtniskultur zu schnell und zu vorbehaltlos »gegenüber einer reinen Abstraktions- und Ideenkultur primär hellenistischer Herkunft« preisgegeben hat.

---

169 Johann Baptist Metz, Memoria Passionis. Herder, Freiburg 2006, 39.

Was der griechische Geist innerhalb der frühchristlichen Theologie-entwicklung vor allem bewirkte, ist die Entfaltung einer Christologie, deren abstrakte Begrifflichkeit zentrale Problemknoten der heutigen Glaubensschwierigkeiten bildet. Wenn das Christentum seine Identität erst gefunden haben soll, nachdem es seine jüdischen Ansätze von den philosophischen Traditionen des Griechentums läutern ließ und sich mit dem griechischen Logos verschmolz, verwundert es nicht, dass die Konzilien der ersten Jahrhunderte in ihrer begriffskomplexen Christologie den historischen Jesus und seine Reich-Gottes-Botschaft vollständig ausklammern und in ihren Glaubensbekenntnissen übergehen.

Unmittelbare Folge dieser Entwicklung ist das Auseinanderfallen von Lehre und Leben. Wer fragt, was denn Weihnachten oder Ostern gefeiert wird, bekommt rat- und hilflose Antworten. Die anzutreffende Suche nach religiöser Erfahrung findet im theologischen System keine Orientierung. Zwischen Glaubenslehre und Erfahrung, Dogmatik und Mystik, klafft ein Abgrund. Wer hier wieder zusammenführen will, was bereits in den Anfängen auseinanderfiel, als das jüdische und jesuanische Erbe gegenüber der christologischen Reflexion zurücktrat, muss bereit sein, eine über Jahrhunderte akzeptierte Tradition infrage zu stellen. Wie sonst kann wieder zusammenkommen, was jüdisch-christlich zusammengehört?

Die erste Einsicht aus dem Gesagten hebt die stets suggerierte Unge-brochenheit der Linie von den christlichen Anfängen bis zum heutigen Papsttum auf, zumal jene Deutung, der Benedikt XVI. das Christentum unterstellt, als sei es erst unter dem griechischen Logos »zu sich selbst gekommen«. Diesen Vorgang möchte er sogar allen späteren Inkulturationen noch vorgeordnet sehen. Doch entziehen sich die frühen Anfänge – die nur im Plural existieren – jeder Normierung. Einen einheitlichen Anfang hat es nie gegeben. Wir sollten diese heterogenen Anfänge so genau wie möglich kennen und aus heutiger Freiheit bewerten. Zwar können wir nicht programmatisch festlegen, wohin sich das Christentum entwickeln soll, wohl aber können wir reflektieren, wohin wir uns – in Kenntnis der Anfänge, der vielfachen Wendepunkte der Geschichte und unserer eigenen Geschichtlichkeit – entwickeln wollen. Der Glaube gerät dabei zunehmend unter die Bedingungen heutiger Weltorientierung und bewusster Steuerung. Die hochgradige Individualisierung des gebildeten Menschen hat sich von einer dogmatisch-klerikalen Gängelung längst gelöst und bewegt sich auf eine Religiosität zu, die auch in zentralen Glaubensfragen selbstverantwortliches Denken beansprucht.

2. Die christliche Glaubenslosigkeit – eine Folge der christlichen Glaubenslehre

Die Gründe für den sogar innerkirchlich ausfallenden Glauben (s. S. 14) sind in der Struktur wie in den Inhalten der Glaubenslehre gegeben. Schon die Anlage des Glaubens als »Glauben an« und die damit verbundene Verpflichtung zum »Glaubensgehorsam«, mit deren Einforderung sich der Disziplinierungs- und Kontrollapparat der heutigen »Kongregation für die Glaubenslehre« (*Sanctum Officium*) verbindet, verursachen Lähmung. Wo Handhaben entwickelt werden, um die Vielfalt möglicher Auslegungen auf eine einzige »richtige« Interpretation zu reduzieren, zerstören dogmatische Lehrsätze, zumal in ihrer auf den Buchstaben fixierten Lesart, die individuelle Glaubenslebendigkeit.

Was den Inhalt des Glaubens angeht, so befördert neben dem Trinitätsdogma vor allem die Christologie, wie sie die frühen Konzilien von Nicäa bis Chalcedon entwickelten, ihre eigene Infragestellung. Der in den Kategorien der griechischen Philosophie gedachte gottmenschliche Christus ist erstens auf ein geozentrisches Weltverständnis bezogen und zweitens in den begrifflichen – griechisch gedachten – Unterscheidungen wie *Wesen*, *Natur* und *Person* eine Kunstfigur, auf die Ratlosigkeit antwortet.

Einen zentralen kritischen Komplex der Christologie haben die theologischen Klassiker der jüngeren Vergangenheit unter den Begriff der Paradoxie gestellt. Karl Barth nennt (in seiner zweiten Bearbeitung des Römerbriefs) »die Offenbarung in Christus ein paradoxes Faktum«, weil der »Abgrund zwischen Gott und Mensch ganz aufgerissen, das Ärgernis ganz gegeben ist«. Der Glaube an diesen Christus habe zum Inhalt »das Wunder, das Unmögliche, das Paradox«. Und darum sei ein solcher Glaube »für alle der gleiche Sprung ins Leere. Er ist allen möglich, weil er allen gleich unmöglich ist.«

Bei Friedrich Gogarten heißt es in einem Vortrag von 1923: »Dieses Wort von Jesus von Nazareth, der Gottes eingeborener Sohn ist, widerspricht dem tiefsten menschlichen Denken und Fühlen auf das Ärgerlichste.« Denn, dass »Gott – *horribile dictu* – Mensch wird«, ist etwas »was menschlich gesehen unmöglich ist und unmöglich bleibt«. Aber »man kann Unmögliches – und noch einmal sei es gesagt: es handelt sich hier um Unmögliches – man kann Unmögliches nur glauben«.

Emil Brunner nennt die Offenbarung Gottes in Christus »das Wunder und Paradox, gegen das sich Natur und Vernunft aufbäumen ...« *das* Paradox, *der* Denkwiderspruch – nicht ›etwas Paradoxes, etwas

175

Widervernünftiges‹ –, weil es die Voraussetzung alles Denkens, das Gesetz selbst, außer Kraft setzt«.

Auch Rudolf Bultmann spricht vom Paradox des Glaubens. Dass Gott »in Christus die Sünde vergibt«, ist »nie einzusehen, sondern nur zu glauben«. Allein Paul Tillich nennt die Lehre, dass in Jesus Gott ein realer Mensch geworden sei, »nicht paradox, sondern sinnlos ... Das Wort Gott ist Ausdruck für eine letzte Wirklichkeit, und ... das einzige, was Gott nicht tun kann, ist, aufzuhören, Gott zu sein. Aber das ist genau das, was die Formel, ›Gott ist Mensch geworden‹ ausdrückt ... Gott kann nicht zu etwas werden, was nicht Gott ist.« Oder auch: »Ein göttliches Wesen verwandelt sich in den Menschen Jesus von Nazareth« – das sind »Absurditäten«, das ist »etwas Absurdes«.[170]

Wer sich einmal auf diese Absurdität als Baustein eines dogmatischen Systems eingelassen hat, nimmt sie im nächsten Moment rational in Anspruch für den weiteren Ausbau eben dieses dogmatischen Gebäudes, ohne die besagte Absurdität als Paradoxon auf jener Sprachebene zu lassen, auf der sie in der Mystik durchaus ihr Recht findet. Mit einer mystikfernen, dogmatischen Christologie aber sieht sich der heutige Mensch vor eine Wand gestellt, die jeden weiteren Schritt verwehrt und eine gewissermaßen christlich bedingte Glaubenslosigkeit verursacht. Erstmals hat Günter Waldmann 1968 die These entfaltet, dass der christliche Glaube die heutige christliche Glaubenslosigkeit begründe. Weil er entscheidende Ursache der eingetretenen Glaubenslosigkeit sei, könne er nicht gleichzeitig die Alternative zur Glaubenslosigkeit sein und ohne Selbstkorrektur wiederhergestellt werden. Waldmann meint, der christliche Glaube beanspruche, »vernünftig und objektiv begründet zu sein« und sei doch »fundamentalen Gesetzen der Logik widerstreitend, und ausschließlich subjektiv, durch das glaubende Subjekt bedingt ...«[171]

Die »Gewissheit« vieler Dogmen werde durch den Annehmenden selbst gesetzt: Es sind Setzungen aus einem Vorstellungs- und Denkhorizont, für den es keinerlei Begründung gibt – außer der Selbstbeanspruchung, dass es Offenbarung sei.

Zusammenfassend lässt sich sagen: Eine mit den Begriffen der griechischen Philosophie metaphysisch entworfene Christologie ist an ihr Ende gekommen. Der Zeitgenosse empfindet ihre Inhalte so fremd, dass

---

170 Paul Tillich, Systematische Theologie, Bd. II, Ev. Verlagswerk, Stuttgart 1958, 104; 123; 120.
171 Günter Waldmann, Christliches Glauben und christliche Glaubenslosigkeit. Niemeyer, Tübingen 1968, 320 f.

er weder Motivation noch Möglichkeit gegeben sieht, sich damit ernsthaft auseinanderzusetzen. Dieser Glaube kann darum auch keine Alternative zur heutigen Glaubenslosigkeit sein, weil seine Struktur innerhalb dieser Glaubenstradition nicht überwunden werden kann – es sei denn durch einen Systembruch.

3. Die historisch-kritische Exegese – eine Infragestellung des dogmatischen Christusbildes

Über mehr als tausend Jahre hin haben Glaubensbekenntnisse und Dogmen keinen Zweifel darüber aufkommen lassen, dass eine »hohe« Christologie die angemessene Umschreibung der Bedeutung Jesu sei, den die spätere Zeit als »gezeugt, nicht geschaffen, eines Wesens mit dem Vater …« bekennt. Dieser Ansatz einer Christologie »von oben« hat es »schwer zu erklären, woher er denn seine christologischen Erkenntnisse nimmt«, räumt selbst der Dogmatiker Hans-Martin Barth ein. Galt dies bereits für die frühe Kirche, so verschärft sich der Einwand angesichts unseres heutigen Wissens vom historischen Jesus. Dogmatiker gingen und gehen dieser Spannung kaum mit Leidenschaft nach.

Erst im 19. Jahrhundert begann die historisch-kritische Exegese die herrschende Christologie durch ihre Frage nach dem *Menschen* Jesus in eine radikale Krise zu stürzen. Auf die Wiederentdeckung des Menschen Jesus folgte die Entdeckung des *Juden* Jesus. In diesem Prozess führten die Wege von Exegese und Dogmatik immer weiter auseinander. So wie schon 1678 Bischof Bossuet die »Kritische Geschichte des Alten Testaments« von Richard Simon als »für den Glauben verderblich« beurteilte, halten auch der katholische »Weltkatechismus« von 1993, dessen »Kompendium« von 2005 und der »Youcat« von 2011 immer noch volle Distanz zur historisch-kritischen Forschung, weil deren Ergebnisse Revisionen einfordern, die – um der Wahrheit willen – zur Revision dogmatischer Lehren führen müssten.

Die Entdeckung der Geschichte und die Wege der geschichtlichen Forschung haben den tradierten Glauben in fast allen dogmatischen Sachbereichen zu Korrekturen gezwungen. Zwar kann man sich dieser Einsicht entziehen und wie bisher das dogmatische Denken in globo über alle irritierenden exegetischen Resultate kopieren, aber man eröffnet dem Christentum damit keine Zukunft. Apologetische Abwehr, die immer noch die Befunde der historisch-kritischen Forschung mit der

Glaubensformulierung einer weit voraufliegenden Zeit zur Deckung bringen will, verfehlt wahrhaftiges Denken und damit auch eine fundamentale Glaubwürdigkeit. Bleibt es bei apologetischer Abwehr, wird jene Wahrhaftigkeit aufgegeben, die Bedingung für ein neu und tiefer verstandenes Christentum ist.

Die Ergebnisse der historisch-kritischen Exegese haben gezeigt, wie sehr die Bibel aus den geschichtlichen Bedingungen ihrer Jahrhunderte zu verstehen ist. Sie ist ein Buch von Menschen. Sie wird darum genauso kritisch gelesen werden müssen wie andere Bücher aus Vergangenheit und Gegenwart. Als »Wort des lebendigen Gottes«, wie der katholische Kult eine vorgetragene Lesung beantwortet, kann die Bibel nur zur Geltung kommen, wenn der Hörer dem jeweiligen Text für sein eigenes Leben diese Anerkennung gibt. Ein »objektiv« gegebenes »Wort Gottes« lässt sich weder mit der Bibel noch mit irgendeinem anderen Text der Welt in Anspruch nehmen.

4. Die Säkularisierung der Religion, die Auflösung der Metaphysik und das Entscheidend-Christliche

In seinem Buch über das Christentum und die Weltreligionen stellt Joseph Ratzinger/Benedikt XVI. fest: »Der Zerfall der antiken Religionen wie die Krise des Christentums zeigen dies: Wenn Religion mit elementaren Gewissheiten einer Weltsicht nicht mehr in Einklang zu bringen ist, löst sie sich auf.«[172] Ebendies geschieht heute. Umso mehr verwundert das gestörte Verhältnis der Kirche(n) zu solchen »elementaren Gewissheiten«, zu denen neben den naturwissenschaftlichen Forschungsresultaten auch die Ergebnisse der historischen Forschung zählen. Statt sich mit ihnen sachlich auseinanderzusetzen, wird alles, was als Störung oder Bedrohung erscheint, entweder übergangen, wie der »Weltkatechismus« belegt, oder den Theologen als Übergriff und Irrtum angelastet. Sie müssen mit schärfsten Einschränkungen ihrer Arbeit rechnen, erfahren Schreib- und Publikationsverbote, Missachtung und Zerstörung ihres Ansehens, wenn ihre Forschungsergebnisse kontrovers zur Tradition stehen – oder dies auch nur befürchtet oder unterstellt wird. Dies gilt vorab für Theologen in

---

172 Joseph Ratzinger/Benedikt XVI., Glaube – Wahrheit – Toleranz. Das Christentum und die Weltreligionen. Herder, Freiburg ⁴2005, 115.

kirchenabhängiger Profession. Weil eine öffentliche Auseinandersetzung mit etablierten Professoren im staatlichen Dienst aber unangenehm und auch kontraproduktiv ist, konzentriert sich die römische Zentrale auf Zugangsbeschränkungen, deren Modus mit dem Staat vereinbart wurde. Bis heute ist das *Nihil obstat* für Berufungen auf theologische Lehrstühle nur zu erwarten, wenn der Bewerber weder durch missliebige Themenwahl noch dogmatisch störende Resultate aufgefallen ist.

Dass Joseph Ratzinger/Benedikt XVI. das Christentum dennoch als Aufklärung in Anspruch nimmt, unterliegt einer höchst eigenwilligen Umwidmung von Begriffen:

> Im Christentum ist Aufklärung Religion geworden und nicht mehr ihr Gegenspieler. Weil es so ist, weil das Christentum sich als Sieg der Entmythologisierung, als Sieg der Erkenntnis und mit ihr der Wahrheit verstand, deswegen musste es sich als universal ansehen und zu allen Völkern gebracht werden: nicht als eine spezifische Religion, die andere verdrängt, nicht aus einer Art von religiösem Imperialismus heraus, sondern als Wahrheit, die den Schein überflüssig macht.[173]

Als »Aufklärung« und »Sieg der Entmythologisierung« kann Benedikt das Christentum feiern, weil er Offenbarung und Vernunft als korrespondierend ansieht, das säkulare Wissenschaftsverständnis hingegen als Absage an die Religion. Zwar nennt er Glaube und Vernunft ein »Zwillingspaar, in dem keines vom anderen gänzlich zu lösen ist und doch jedes seinen eigenen Auftrag und seine besondere Identität wahren muss«, kritisiert aber den verengten und vor der Wahrheitsfrage kapitulierenden Vernunftbegriff. Wenn sich die Vernunft mit einer technisch-säkularen Ratio begnüge, bleibe sie gegenüber Missbrauch, Gewalt und Terror anfällig. Angesichts dieser Bedrohung stelle das Christentum eine geradezu »reinigende Kraft für die Vernunft selbst« dar, – womit er die Idee einer Begegnung von Glaube und Vernunft auf gleicher Augenhöhe preisgibt, wie schon zuvor in seiner Diskussion mit dem Philosophen Jürgen Habermas, in der er fragte, »ob nicht die Vernunft unter Aufsicht gestellt werden« müsse. Nur dem Glauben schreibt er jene innewohnende Ratio zu, welche die säkulare Vernunft orientieren und letztlich gar zu retten vermöge. Damit erscheint bei ihm der Glaube als Hüterin der Wahrheit über die Vernunft.

In dieser Betrachtungsweise, die sich ihre eigene Logik und Unangreifbarkeit schafft, gilt der Weg der europäischen Geistesgeschichte seit der Aufklärung als Abfall von der Wahrheit. Ignoriert wird, dass sich die

173 Ebd.,137.

179

Wissenschaften methodisch auf ihre eigenen Bedingungen begrenzen, Glaubensinhalte demnach kategorial ausschließen, was nicht nur den Wissenschaften, sondern auch dem Glauben entspricht. Stattdessen dominiert eine pessimistische Weltsicht, welche die modernen Errungenschaften seit der Aufklärung überwiegend ablehnt und verurteilt. Für Benedikt XVI. sind säkulares Denken und säkulare Vernunft defizitäre Entwicklungen.

Gegenüber Ratzingers Verständnis von Glaube und Vernunft hat Jürgen Habermas darauf bestanden, dass die Religionen heute »die Autorität der ›natürlichen‹ Vernunft, also die fehlbaren Ergebnisse der institutionalisierten Wissenschaften« anerkennen müssen, wobei er »eine bornierte, über sich selbst unaufgeklärte Aufklärung« dem Selbstverständnis der heutigen Wissenschaften nicht zugesteht. Das Gespräch zwischen beiden Kombattanten führt aber nicht weiter, weil Ratzinger den Vernunftbegriff anders fasst, als dies im allgemeinen Verständnis heute geschieht. Er beruft sich auf das Johannesevangelium: »Im Anfang war der Logos, und der Logos ist Gott, so sagt uns der Evangelist.« Dann folgert er: Insofern Logos Vernunft bedeutet, ist Gott Vernunft. Und Jesus Christus ist nicht nur das Fleisch gewordene Wort Gottes, sondern auch die Fleisch gewordene Vernunft, die Kirche als dessen Gründung und Bevollmächtigung die wahre Hüterin der Vernunft. Ein Abirren von der Kirche und ihrer Lehre ist folglich widervernünftig. Das ist – bei radikaler Vereinfachung – der Zirkelschluss, der Ratzingers Denken bestimmt und dazu führt, »die Wahrheit« in der römisch-katholischen Kirche beheimatet zu sehen, während alle anderen Konfessionen, Religionen und Weltanschauungen davon nur gebrochene Anteile besitzen. Aus diesem Ansatz heraus vertritt er die platonische Überzeugung, die Vernunft sei zum Begreifen des »Wesens« oder der »eigentlichen Form« der Welt, also der absoluten Wahrheit fähig. Dabei irritieren ihn widersprechende Fakten nicht. Die historisch-kritische Methode mit ihren vielen störenden Details oder die Evolutionswissenschaften mit ihren Einsichten in die Herkunft des Menschen sind in der Perspektive dieses Denkens prinzipiell nicht in der Lage, dem Logos, dem Wort Gottes und dem davon abgeleiteten Weltbild zu widersprechen.

Ein solches Denken verhindert die Anerkennung kultureller Verschiedenheit, religiöser Vielfalt und sonstiger relativierender Erkenntnis. Es widerspricht den Grundüberzeugungen der Moderne, die Gesellschaft und Staat erst friedens- und kooperationsfähig machen. Wenn Habermas sagt, dass die säkulare und die religiöse Seite sich wieder füreinander öffnen, schließt dies für ihn die Forderung ein, dass die religiöse Seite »die weltanschauliche Neutralität des Staates, gleiche Freiheiten für alle Religionsgemeinschaften und die Unabhängigkeit der institutionellen Wissenschaften *aus eigenen Gründen*« anerkennt:

> Dabei geht es nicht nur um den Verzicht auf politische Gewalt und Gewissenszwang zur Durchsetzung religiöser Wahrheiten, sondern um ein Reflexwerden des religiösen Bewusstseins angesichts der Notwendigkeit, die eigenen Glaubenswahrheiten sowohl zu konkurrierenden Glaubensmächten wie zum Monopol der Wissenschaften auf die Produktion von Weltwissen in Beziehung zu setzen.[174]

Das schließt die Erwartung ein, »dass sich die Theologie auf das nachmetaphysische Denken ernstlich einlässt«, was der heutigen Theologie allerdings noch weite Wege abverlangen dürfte. Seitdem Kant einsah, »dass dem Menschen die Wirklichkeit prinzipiell nur so erscheint, wie dies durch die besondere Struktur seines Erkenntnisvermögens bedingt ist«, gilt in der Philosophie ein Erkenntniszugriff auf »Dinge an sich« als nicht möglich. Die Folgen dieser geistesgeschichtlichen Entwicklung der Moderne werden angesichts des herrschenden Verständnisses von Offenbarung und Wahrheit die Theologie – gewollt wie ungewollt – noch einholen und eine Neudarlegung des Glaubens erzwingen, auch wenn dies heute vielen unvorstellbar erscheint. Vielleicht kann die Theologie aber zu der damit verbundenen Säkularisierung vieler Traditionsinhalte doch ein positives Verhältnis gewinnen, weil die Tendenz zur Säkularisierung dem Christentum aus seiner eigenen Tradition heraus zukommt.

> Entscheidend ist, dass man die verschiedenen Säkularisierungsprozesse, die sich in der Moderne abgespielt haben, nicht ... als Prozesse der Ablösung vom religiösen Untergrund, sondern als Prozesse der Interpretation, Anwendung und bereichernden Spezifizierung dieses Untergrunds ansehen muss ... Man müsste hier hinzufügen, dass Säkularisierung kein Begriff ist, der im Gegensatz zum Wesen der Botschaft steht, sondern einen Aspekt von ihr darstellt, der seinerseits konstitutiv ist ...

> Was sind nämlich Europa oder das Abendland oder die Moderne anderes als vor allem die Kultur der wissenschaftlichen und ökonomischen und technischen Rationalität? Doch diese Rationalität hat sich, wie uns Max Weber gelehrt hat und wie seither im Überfluss wiederholt worden ist, in keiner anderen Kultur des Erdballs verwirklicht, auch wenn alle anderen materiellen Bedingungen gegeben waren, weil nur im Abendland die jüdisch-christliche religiöse Tradition wirksam war. Der Monotheismus ist (ich fasse hier rasch und grob zusammen) die Voraussetzung dafür, die Natur unter der einheitlichen Perspektive einer Naturwissenschaft, als unentbehrliche Grundlage für die technologische Beherrschung der Natur zu denken; die christliche, vor allem die protestantische Ethik ist die Voraussetzung dafür, die

174 NZZ, Nr. 34; 10./11.02.2007, 71/72.

Arbeit, das Sparen, den wirtschaftlichen Erfolg als religiöse Gebote zu denken und also als fähig, eine tiefe und totale Verpflichtung hervorzurufen …

Diese Züge der europäischen Mentalität … sind Effekte der Säkularisierung der christlichen Religiosität: Der »buchstäbliche« Glaube an die christlichen Wahrheiten schwächt sich mit dem Beginn der Moderne und der großen Erschütterung der Reformation ab, macht aber einer Neigung zu anderen, wenngleich nicht mehr jenseitigen, aber doch nicht mit der alltäglichen sichtbaren Realität identischen Welten Platz …

Das Schicksal der Moderne, das Schicksal des Abendlandes auf sich zu nehmen, bedeutet auch, vor allem, die zutiefst christliche Bedeutung der Säkularisierung anzuerkennen.[175]

Um dieses Verständnis zu teilen, ist ein Blick auf das Christentum notwendig, das seinen Wahrheitsanspruch nicht mit ein für allemal definierten Formeln verbindet, sondern dessen entscheidendes und einziges Gesetz die Liebe ist. Seit dem angesagten »Ende der Metaphysik« in der modernen Wissenschaft sind dem metaphysisch gestützten dogmatischen Denken die Fundamente entzogen. Das stürzt das bisherige Glaubensgebäude in eine Fundamentalkrise – gewiss, und die kirchlichen Ängste, die darauf antworten, gehen ihrem Höhepunkt erst noch entgegen. Zugleich aber führt diese Entwicklung an den »verlorenen Anfang« zurück, zum Reich-Gottes-Programm Jesu, das in der griechischen Jesusbewegung schon bald gegen eine Christologie ausgewechselt wurde, die überwiegend Metaphysik ist. Darum gilt hier das Fazit von Gianni Vattimo:

Die Wahrheit, die uns laut Jesus befreien wird, ist weder die objektive Wahrheit der Wissenschaft noch die der Theologie: Genauso wie die Bibel kein Buch über Kosmologie ist, ist sie kein anthropologisches oder theologisches Handbuch. Die schriftliche Offenbarung ist nicht dazu da, uns wissen zu lassen, wie wir sind, wie Gott beschaffen ist, was das »Wesen« der Dinge ist oder die Gesetze der Geometrie – und uns somit durch die »Erkenntnis« der Wahrheit zu befreien. Die einzige uns durch die Heilige Schrift offenbarte Wahrheit, die im Laufe der Zeit keinerlei Entmythisierung erfahren kann – da es sich nicht um eine experimentelle, logische, metaphysische Aussage, sondern um einen praktischen Appell handelt –, ist die Wahrheit der Liebe, der *caritas*.[176]

175 Gianni Vattimo, Jenseits des Christentums (s. Anm. 20), 93; 95; 106 f; 134.
176 Gianni Vattimo, Das Zeitalter der Interpretation, in: Richard Rorty/Gianni Vattimo, Die Zukunft der Religion. Hg. von Santiago Zabala. Suhrkamp, Frankfurt a.M. 2006, 58.

Auch wenn die Christenheit in all ihren Konfessionen und Schattierungen die Wahrheit stets mit »Aussagen« (als Übereinstimmung von Aussage und Gegenstand), mit Lehre und Bekenntnisformel verbunden hat, hat sie zugleich in ihrer gesamten Geschichte konkret belegt, dass eine solche »Wahrheit« nicht frei macht, sondern immer und immer wieder nur dazu verführt, sie zu behaupten, sie durchzusetzen, sie mit Autorität, Macht und Geltungsstreben zu sichern. Dieses Christentum des *Codex iuris canonici*, dessen Recht nicht einmal die Persönlichkeitsrechte, wie sie vor weltlichen Gerichten gelten, respektiert, dieses Christentum der Lehrverurteilungen, der Inquisition, der Schnüffelei und Denunziation, der Schreib- und Redeverbote, des Misstrauens, der Kontrolle und Absicherungen durch Eide …, dieses Christentum ist zu *keiner* Zeit das Salz der Erde, die Stadt auf dem Berge, das Licht der Welt gewesen.

Nur dort, wo die Liebe zum Nächsten gelebt wurde, wurde die freimachende, erlösende Wahrheit, von der das Evangelium spricht, erfahren. Humaner gemacht hat das Christentum die Welt durch das Lebenszeugnis zahlloser und meist namenloser Menschen: Von früh auf bis heute war es die Armenfürsorge in den Gemeinden, die Zuwendung zu den Verlassenen, die Pflege der Kranken, die Annahme jener, von denen die Reichen und Gesunden sich abwenden … dieser Dienst hat eine neue Dimension in die Weltgeschichte gebracht.

So sehr es bis zum Tage Scharen unbekannter Menschen sind, die das Evangelium Jesu leben, so ragen aus dieser Geschichte auch Namen hervor – in Vergangenheit und Gegenwart – , von denen einige erinnert seien, um die anderen, die von ihnen bis heute vertreten werden, nicht zu vergessen: Da ist Ambrosius, der das Einschmelzen von Kelchen zum Loskauf der Gefangenen durchsetzt; Martin von Tours, der die Gemeinschaft mit seinen Mitbischöfen aufkündigt, weil sie einen der Irrlehre Geziehenen zur Todesstrafe verurteilten; da sind Peter Waldes und Franz von Assisi, welche die Bergpredigt mit radikaler Armut und Nächstenliebe einlösen; Elisabeth von Thüringen, die als Königstochter Pflegearbeiten übernimmt, die niemand sonst tun will; Bernhardin von Siena oder Damian Deveuster, die unter Einsatz ihres eigenen Lebens Pestkranken und Aussätzigen dienen; Vinzenz von Paul, der sich den Galeerensträflingen zuwendet und zusammen mit Louise de Marillac und einer unübersehbaren Gefolgschaft sich den Kranken und Hilflosen widmet; der Arzt Friedrich Joseph Haas, der den Gefangenen und Verbannten Russlands Recht, den Kranken und Krüppeln Zuwendung erstreitet; William Wilberforce, der als das soziale Gewissen im Britischen Parlament die Legitimation der Sklaverei überwindet; Friedrich Engels, der in seiner Jugend noch um ein »positives« Christentum ringt, um dann gegen die christlich-bürgerliche Welt das himmelschreiende Elend der arbeitenden Bevölkerung unter der Frühindustrialisierung anzuklagen und zusammen mit Karl Marx das Kommunistische Manifest zu verfassen; Friedrich von Bodelschwingh, der sich lebenslang für soziale Gerechtigkeit engagiert und in den Bodelschwinghschen Anstalten den Debilen und Schwachen ihre Würde zurückgibt, die ihnen außerhalb versagt bleibt; Martin Luther King, der für die Bürgerrechte der Schwarzen Amerikas und in aller Welt kämpft; Desmond Mpilo Tutu, der die Welt auf die unerträglichen Zustände der Schwarzen Südafrikas unter der Apartheidpolitik hinweist; Oscar Arnulfo Romero, der – wie alle vorweg Genannten – nach der Maxime lebt: »Die Kirche würde ihre Liebe zu Gott und ihre Treue zum Evangelium verraten, wenn sie aufhörte, die Stimme derer zu sein, die keine Stimme haben.«

Die Wahrheit eines Christentums, das der Reich-Gottes-Verkündigung Jesu folgt, überzeugt aus sich heraus. Diese Wahrheit muss nicht geglaubt, nicht bewiesen und nicht verteidigt werden. Sich auf sie einzulassen, verlangt kein Verstandesopfer sondern Sensibilität, Mitmenschlichkeit und Mitgefühl für alles Leben. Das Christentum, das sich in dieser Rückbesinnung auf die Reich-Gottes-Thematik zu sich selbst bekehrt, ist eine Größe, die sich heute selbst noch nicht kennt. Der Weg zu dieser Selbstfindung wird schwer und irritierend sein, weil damit auf viel Zubehör, das sich in zweitausend Jahren angesammelt und Patina angesetzt hat, aus Notwendigkeit und Einsicht verzichtet wird.

Es ist aber keineswegs so, als habe vor allem die römische Kirche größte Schwierigkeit, der Verkündigung Jesu die zentrale Position im Christentum zurückzugeben, den Glauben also aus seiner theologisch-rationalen Systematik zu befreien, um ihn auf die Liebe als der befreienden Wahrheit zurückzuführen. Die Reformation hat ihrerseits, um jeder Werkgerechtigkeit zu entkommen, gegen einen Glauben polemisiert, der erst durch die Liebe begründet wird. Das führte zu dem schrecklichen Wort Luthers: »Verflucht sei die caritas!«[177]. Er wollte sicherstellen, dass nicht erst die tätige Liebe den Glauben zu einem erlösenden Geschehen macht, so dass es dann gar nicht auf den Glauben als solchen ankomme. Diese Sorge bewegt – quer durch die Christenheit – immer noch Theologen und Kirchen. Dabei wurden oft, selbst um geringer begrifflicher Unterscheidungen willen,

---

177 WA 17/II, 161–172; zit. n. Hans-Martin Barth, Dogmatik. Evangelischer Glaube im Kontext der Weltreligionen. Ein Lehrbuch. Kaiser/Gütersloher Verlagshaus, Gütersloh ²2002, 83.

quer durch alle christlichen Jahrhunderte abweichend denkende Menschen mit größter Lieblosigkeit verfolgt, gefoltert und lebendigen Leibes hingerichtet. Und immer noch dürfte es dem Christenvolk in seiner Gesamtheit schwerfallen, die eigentliche Gestalt des Glaubens im Leben und Tun der Liebe zu erkennen. Würde diese Wende einmal vollzogen, könnte das Christentum zum Herz der Welt werden – zutiefst verbunden mit allen Menschen unterschiedlicher Weltanschauung, soweit sie nur bereit sind, sich den Hilflosen gegenüber als Nächste zu erweisen.

VIII. Lehrautorität und mündiger Glaube

Angesichts der hier entfalteten Reflexionen zur heutigen Glaubenskrise, stellt sich für den Religionsunterricht die Frage, wie er diese Situation aufnehmen soll – und zugleich, ob er hinreichende theologische Bewegungsfreiheit hat, zwischen Glaubenstradition, Lebensgefühl der Jugendlichen und aktueller theologischer Erkenntnis zu vermitteln. Man kann ja nicht nahezu einhellig diagnostizieren, die Kirche entfremde sich mehr und mehr gegenüber dem Volk; die Kluft zwischen dem, was die amtlichen Repräsentanten der Kirche für normativ und gültig vorstellen und dem, was die Kirchenmitglieder tatsächlich glauben und leben, werde immer größer …, und dann vom Religionsunterricht erwarten, er habe – davon unbetroffen – die unverrückbaren Vorgaben des kirchlichen Lehramts zu traktieren, auch wenn dies die kirchenamtliche Erwartung ist. Als es die Redaktion der »Kölner Kirchenzeitung« 1982 wagte, eine von der römischen Lehrmeinung abweichende Meinung von Pfarrern auf ihrer Leserbriefseite (!) abzudrucken, stellte der damalige Generalvikar klar, dass die Kirchenzeitung »Organ des Lehramtes« zu sein habe.[178] Seitdem hat sich diese Vorstellung deltaförmig verbreitert. Im Blick auf die Glaubensweitergabe erklärt Benedikt XVI. den »Weltkatechismus« zur Leitlinie des Religionsunterrichts. Sollte diese Erwartung den Religionsunterricht wirklich bestimmen, wäre er am Ende und die Religionspädagogik als Wissenschaft erledigt. Der Staat jedoch würde seiner Verantwortung nicht gerecht, denn der schulische Religionsunterricht kann nicht den Maßstäben innerkirchlicher Glaubensvermittlung unterstellt werden.

Wir haben also zunächst zu bedenken, welcher amtlichen Kirche, welchen Entwicklungen, Mentalitäten und Erwartungen wir heute gegenüberstehen, um das künftige Handlungsfeld des Religionsunterrichts abstecken zu können.

---

178 Stephan U. Neumann, Kirchenpresse wozu?, in: CiG 36/2011, 391.

1. Der neue evangelikale Katholizismus

Der Begriff eines »evangelikalen Katholizismus« stammt von John L. Allen, dem amerikanischen Vatikan-Korrespondenten, der mit weltweit erhobenen Daten und Trends die Zukunft des Katholizismus analysierte.[179] Allen benennt als Hauptmerkmale dieses Katholizismus »das klare Stehen zum traditionellen katholischen Denken und Sprechen und zur katholischen Praxis, also zu dem, was man üblicherweise als ›Orthodoxie‹ bezeichnet; die Bereitschaft, der Welt seine katholische Identität zu verkünden und deren Folgen für Kultur, Gesellschaft und Politik zu betonen; den Glauben als persönliche Entscheidung statt als kulturelles Erbe zu vertreten.« Die Konsequenzen dieser Linie lassen sich etwa so verfolgen:
– Seit Johannes Paul II. und auch bei Benedikt XVI. gilt eine in ihren Folgen einschneidende Personalpolitik bei Bischofsernennungen. Zunächst wurden die Promotoren und Stützen der Befreiungstheologie in Lateinamerika durch Männer ersetzt, welche rückgängig machten, was Bischöfe wie Hélder Câmara, Paulo Evaristo Arns, Aloisio Lorscheider u.a. vor aller Welt an Glaubwürdigkeit gewonnen hatten. Nicht der Begabte, sozial Sensible und theologisch Gebildete wird nun gesucht, sondern der in das traditionelle System Eingebundene und Berechenbare. Kreative Menschen schließen immer das Risiko ein, mit eigenen Gedanken und Zielvorstellungen das etablierte Programm zu verwirren. Darum erwartet Papst Benedikt überprüfbar zuverlässige Männer, die nicht zuletzt in der Volksfrömmigkeit verwurzelt sind. Der bischöfliche Amtsträger soll »die Stimme des einfachen Glaubens und seiner einfachen Ureinsichten verkörpern, die der Wissenschaft vorausliegen und da zu verschwinden drohen, wo die Wissenschaft sich absolut setzt«.[180] Wie sich das auswirkt, bewertete 2011 für Irland Kardinal Diarmuid Martin: Die Kirche von Irland habe »in many ways already reached the brink of collapse«. Sie besitze im Lande keine Intellektuellen und keine Führungspersönlichkeiten mehr, die in der Öffentlichkeit noch Gesprächpartner der geistig führenden Schicht sein könnten. Für Deutschland meinte Franz-Xaver Kaufmann, »eine Generation größtenteils sehr qualifizierter Bischöfe, die durch die Theologie und

---

179 John L. Allen, Das neue Gesicht der Kirche. Die Zukunft des Katholizismus. Gütersloher Verlagshaus, Gütersloh 2011.
180 Joseph Ratzinger/Benedikt XVI., Zur Lage des Glaubens. Ein Gespräch mit Vittorio Messori. Herder, Freiburg 1985; 2006, 49.

Ereignisse des Zweiten Vatikanischen Konzils und die Erfahrung der Gemeinsamen Synode der westdeutschen Bistümer in Würzburg geprägt worden waren«, hätte noch die Fähigkeit gehabt, zu vermitteln. Die vom Vatikan gegen den Willen des Kölner Domkapitels aufgezwungene Besetzung des erzbischöflichen Stuhls mit Joachim Meisner und die Berufung von Johannes Dyba nach Fulda deutete Kaufmann als Kurskorrektur: »Hier war römischer Geist zu spüren.«[181] Aber bereits die Bischofsernennungen in den Niederlanden spalteten den holländischen Episkopat, während die Personalpolitik in Österreich mit extrem randständigen Bischöfen wie Hans Hermann Groer in Wien und Kurt Krenn in St. Pölten im Fiasko endete. Die Langzeitfolgen der neueren Bischofsernennungen in Deutschland, zumal die von Kardinal Meisner protegierten Neubesetzungen, bleiben abzuwarten. »Die Bischofsernennungen durch Johannes Paul II. und Benedikt XVI. in den letzten dreißig Jahren haben gewährleistet, dass im Großteil der katholischen Führungsschicht ein evangelikaler Ansatz vorherrscht.«[182]

– Diese Linie setzt sich im jungen Klerus fort. Es dominiert ein neuer Typ, der nicht mehr als Begabtenauslese anzusprechen ist, sich oft aus praktischen Berufen rekrutiert, wieder den römischen Kragen trägt, exegetisch keine erkennbare Bildung an den Tag legt und in allen Funktionen zunehmend traditionell agiert. Der durchschnittliche Abiturient fühlt sich davon nicht angesprochen. Nie zuvor wurden in Deutschland so wenige Priester geweiht wie derzeit. 2008 sank die Zahl in der Summe aller Diözesen erstmals unter hundert, was der Pius-Bruderschaft oder auch dem Erzbischof von Vaduz, Wolfgang Haas, Anlass ist, die eigenen Rekrutierungszahlen triumphierend dagegenzusetzen, um zu belegen, dass betonter Konservativismus der katholische Weg in die Zukunft ist. Leonardo Boff stellte im Blick auf Lateinamerika fest: »Heute werden neue Pfarrer ganz in der Mentalität des Vatikans ausgebildet – nach innen gewendet, ohne Interesse an sozialen Fragen.«[183]

– Die Liturgie wird zunehmend traditioneller. Die alte lateinische Messe erfährt eine Neuaufwertung. Darum werden herkömmliche Formen katholischer Identität wie Mundkommunion und Zelebration mit dem Rücken zur Gemeinde wieder gefördert. Benedikt XVI. betont, das

---

181 Franz-Xaver Kaufmann, Was ist katholisch, was ist römischer Geist?, in: CiG, 38/2011, 422.
182 John L. Allen, Das neue Gesicht (s. Anm. 179), 72.
183 Stern Nr. 30/2008 vom 27. Juli 2008, S. 154.

Zweite Vatikanische Konzil müsse in Kontinuität mit früheren Strömungen der katholischen Tradition interpretiert werden.

– Laien finden sich zunehmend aus gemeindlichen Funktionen gedrängt, um den priesterlichen Vorrang nicht zu verwischen. Auch wenn sie, wie etwa der Berufsstand der Pastoralreferenten, ein theologisches Vollstudium haben und dem zugeordneten Priester möglicherweise fachlich überlegen sind, dürfen sie nicht predigen, keine Gemeindeleitung übernehmen und auch nicht mit künftigen Priestern zusammen in Seminaren ausgebildet werden. Diese um die Person des geweihten Priesters ausschließlich besorgte Haltung führt dazu, die Gemeindegrößen alle paar Jahre dem schrumpfenden Klerikerbestand anzupassen, also zwei, dann vier, dann sechs und mehr Pfarreien zu neuen »pastoralen Räumen« zusammenzulegen. Man orientiert sich nicht an den Bedürfnissen der Menschen, denen zu dienen wäre, sondern bezieht sich ausschließlich auf den noch vorhandenen Klerus. Dahinter steht die Angst, mit der Bindung an das Weihepriestertum könnte sich auch die Bindung an die Sakramente auflösen und damit letzten Endes die Bindung an die hierarchisch agierende Kirche als Spenderin der Sakramente. Die kompromisslose Verteidigung des Priesterzölibats ist ebenfalls von hierher begründet, weil der Zölibat den Unterschied zwischen Priestern und Laien am deutlichsten betont. Der schon einmal als überholt empfundene Klerikalismus hat neue Konjunktur.

– Theologisch wird diese Entwicklung durch eine verstärkte Betonung der Christologie und Ekklesiologie begleitet, wie dies Joseph Ratzinger während seiner Amtszeit als Präfekt der Glaubenskongregation in seinem Dokument »Dominus Jesus« ausführte.[184] Der historische Jesus tritt zugunsten Christi als des Sohnes Gottes und Erlösers der Welt zurück. Das beklagte »Loch« im Glaubensbekenntnis wird durch diese Theologie bekräftigt. Das Reich-Gottes-Programm Jesu wäre in seinem egalisierenden Ansatz und der beanspruchten Unmittelbarkeit jedes Menschen zu Gott ein Kontrastprogramm zum hierarchischen Kirchenverständnis und der Heilsnotwendigkeit kirchlicher Vermittlung.

– Immer mehr prägen konservative Organisationen mit ihren Parolen die Debatte. Das »Forum Deutscher Katholiken« versteht sich als Gegenpol zum Zentralkomitee der deutschen Katholiken. Das *Opus Dei* gilt inzwischen vielen Bischöfen als mitten in der Kirche angekommen. »Wir

---

184 Vgl. dazu Analyse und Kritik von Hermann Häring, Theologie und Ideologie bei Joseph Ratzinger. Patmos, Düsseldorf 2001.

kommen weltweit kaum noch hinterher, neue Zentren zu eröffnen«, sagt Prälat Christoph Bockamp, der Deutschland-Chef dieses »Gotteswerks«. Das Neokatechumenat, 2008 endgültig kirchenrechtlich zugelassen, will eine evangelisierte, geistlich geprägte Welt realisieren »im Dienst des Bischofs als eine der diözesanen Durchführungsweisen der christlichen Initiation und der ständigen Glaubenserziehung«.

– Der Schub insgesamt zielt auf die Wiederbelebung traditioneller Kennzeichen. Erwartet wird eine »katholische Identität« in Abhebung von der säkularen Welt. Katholische Einrichtungen wie Universitäten, Krankenhäuser und Wohlfahrtsverbände müssen zunehmend mehr beweisen, dass sie sich nicht der säkularen Welt anpassen. Auch die Weisung des Papstes im Januar 1998 an die deutschen Bischöfe, in Zukunft an der Schwangerenberatung nicht mehr teilzunehmen, bis dahin noch von vielen Bischöfen belobigt, entspricht dem. Die katholische Hilfe muss sich nun von Kooperation und Verwechslung mit säkularer Beratung fernhalten. Hans Maier hielt das »für die Antwort des Pilatus ... sich nur ja nicht einzumischen, damit man am Ende die Hände in Unschuld waschen könne«, während Ratzinger »den Widerstand gegen die päpstlichen Regelungen auf Glaubensschwäche, ja Glaubenslosigkeit« zurückführte.[185] Dem Verein *donum vitae* zur Weiterführung der Schwangerenkonfliktberatung, der seitdem tut, was die Bischöfe Deutschlands bis dahin gemeinsam förderten, erklärten sie im Jahr 2006, bei dieser Organisation handle es sich um »eine Vereinigung außerhalb der katholischen Kirche«. Kooperationen mit Caritas und dem Sozialdienst katholischer Frauen seien daher nicht möglich. Alle Katholiken, die in kirchlichen Gremien mitarbeiten, wurden ersucht »zum Zwecke der größeren Klarheit des kirchlichen Zeugnisses auf eine leitende Mitarbeit bei *donum vitae* zu verzichten«, um die Unterschiede zwischen *donum vitae* und der Haltung der Bischöfe zu verdeutlichen.

– Die genannten evangelikal-katholischen Tendenzen werden – so meint John Allen vorhersagen zu müssen – die liberalen Reformbewegungen in eine »Katakombenphase« drängen. »Gruppen wie *Wir sind Kirche* und ähnliche werden überhaupt nicht mehr die Möglichkeit haben, sich in kirchlichen Räumen zu versammeln, in kirchlichen Publikationen zu werben und offizielle Vertreter der Kirche zu ihren Diskussionen herzubringen. Mitglieder dieser Gruppen werden von den Bischöfen nicht

185 Hans Maier, Böse Jahre, gute Jahre. Ein Leben 1931 ff. C.H. Beck, München 2011, 368–372.

als Sprecher bei offiziellen kirchlichen Veranstaltungen anerkannt werden, und selbst, wenn ein Bischof dazu bereit sein sollte, werden andere Kräfte in der Kirche wohl mobil werden, um Widerstand zu leisten. Aus diesem Grund werden im Lauf des 21. Jahrhunderts die organisierten katholischen Reformbewegungen an Mitgliedern und Einfluss verlieren. Die meisten Katholiken werden nicht ihre Zeit und ihre Mittel für Anliegen verwenden wollen, die kaum Erfolgsaussichten haben. Von Zeit zu Zeit wird irgendeine Krise oder ein besonders intensiver Streit zum Entstehen einer neuen Bewegung führen, aber diese wird wahrscheinlich das Los all derer teilen, die vor ihr entstanden sind: Auf eine intensive Phase des Aktivismus wird nach und nach das Schrumpfen und Verfallen folgen.«[186]

– Zum Abschied seiner Deutschlandreise 2011 eröffnete Benedikt XVI. seine Rede im Freiburger Konzerthaus mit der Feststellung, die religiöse Praxis gehe im Lande seit Jahrzehnten zurück und beträchtliche Teile der Getauften distanzierten sich vom kirchlichen Leben. Daher stelle sich die Frage, ob sich die Kirche nicht ändern und »in ihren Ämtern und Strukturen der Gegenwart anpassen« müsse, um »die suchenden und zweifelnden Menschen von heute zu erreichen«. In der geschichtlichen Ausformung der Kirche zeige sich eine »gegenläufige Tendenz, dass nämlich die Kirche sich in dieser Welt einrichtet, selbstgenügsam wird und sich den Maßstäben der Welt angleicht ... Um ihre Sendung zu verwirklichen, habe sie immer wieder auf Distanz zu ihrer Umgebung zu gehen, auf Privilegien zu verzichten und sich »gewissermaßen zu entweltlichen«. Man kann Benedikt XVI. bereitwillig zustimmen, wollte er vor *Verweltlichung* der Kirche warnen, aber sie »gewissermaßen zu *entweltlichen*« müsste bedeuten, dass sie sich zu entleiben hätte. Darüber hinaus erstaunt solche Rede eines Papstes, der mit Sonderflugzeugen reist, sein Amt im Erbe des römischen Imperiums ausübt, aber im Pomp seiner Auftritte in Gewändern, Liturgien und Herrschaftsarchitekturen alles andere als den armen Jesus von Nazaret beglaubigt. Er sagte: »Die von ihrer materiellen und politischen Last befreite Kirche kann sich besser und auf wahrhaft christliche Weise der ganzen Welt zuwenden ... Sie öffnet sich der Welt, nicht um die Menschen für eine Institution mit eigenen Machtansprüchen zu gewinnen, sondern um sie zu sich selbst zu führen, indem sie zu dem führt, von dem jeder Mensch mit Augustinus sagen kann: Er ist mir innerlicher als ich mir

186 John L. Allen, Das neue Gesicht (s. Anm. 179), 91.

selbst (vergleiche Confessiones 3, 6, 11). Er, der unendlich über mir ist, ist doch so in mir, dass er meine wahre Innerlichkeit ist.« Das würden die Menschen tatsächlich gerne an dieser Kirche veranschaulicht und beglaubigt sehen. Aber deren (zumal römische) Wahrnehmung als eine sehr weltliche Institution, ihr Selbstanspruch und ihre Praxis allzu vieler Eitelkeiten weichen schmerzhaft davon ab.

Was Benedikt XVI. schon in seiner Tübinger Zeit als Kirchenideal entwickelte, ist die Vision eines Christentums als »kreative Minderheit« in einer säkularen Gesellschaft. Um diesem Ideal entsprechen können, sind mehr innere Geschlossenheit und ein stärkeres Gefühl eigener Identität erwünscht. Diese Form des Katholizismus deutet John Allen als »ein Stiefkind der Säkularisation« und zugleich als »eine bewusst und sorgfältig geschmiedete Strategie, um den Übeln der Säkularisierung, die man wahrnimmt, die Stirn zu bieten. Es ist der Versuch, zu gewährleisten, dass sich die Schwächung des religiösen Glaubens und seiner Praxis in der säkularen Welt nicht bis in die Kirche hinein auswirkt, dass also der Katholizismus nicht schließlich ›vor der Welt in die Knie geht‹, wie es der katholische französische Philosoph Jacques Maritain formuliert hat. So ist der evangelikale Katholizismus zweifellos der konsequenteste Trend auf der Ebene der politischen Richtungsbestimmung der heutigen katholischen Kirche. Beobachter, die verstehen wollen, warum derzeit Entscheidungen im Vatikan oder von nationalen Bischofskonferenzen so getroffen werden, wie man es derzeit erlebt, können nicht umhin, sich mit ihm auseinanderzusetzen.«[187]

Nach allem, was John Allen in Rom, vor allem aber in den aufblühenden Völkern der südlichen Kontinente beobachten und hochrechnen kann, soll der evangelikale Katholizismus langfristig den Kurs der Kirche bestimmen, das liberal gesonnene Kirchenvolk hingegen aus allen entscheidenden Positionen verdrängt werden. »Angesichts dieser Realitäten vermuten manche progressive Katholiken, es sei für sie fruchtbarer, sich in sozialen und politischen Fragen außerhalb der Kirche zu engagieren, statt sich in der Kirche einzusetzen. Das heißt, sie verlagern ihre Aktivitäten von *ad intra* auf Anliegen *ad extra*.«[188]

Dennoch befände sich der kritisch denkende Katholizismus in Europa, zumal in den deutschsprachigen Ländern, keineswegs in einem Schwä-

187 Ebd., 71.
188 Ebd., 88.

chezustand. Immer noch wird hier (mit Abstrichen) eine Theologie getrieben, welche den aktuellen Problemhorizont ausmisst. Immer noch findet hier die etablierte Kirchengestalt ihre unmissverständliche Kritik. Und Pfarreien mit lebendigen Liturgiefeiern, gehaltvollen Predigten, sozialen Engagements unter Kindern, Jugendlichen, jungen Familien, Alten, Armen und Kranken, getragen von Menschen, die entschlossen sind, eine jesuanische Vision von Kirche weiterzuentwickeln, werden in ihren Wirkungsfeldern weder Traditionalisten noch den Leuten der Neuevangelisation Raum schaffen. Was sich heute unter den Bedingungen kirchlich geförderter »Evangelisation« an unhinterfragtem Glaubensverständnis artikuliert, es vermag sich allein unter Bedingungen abgeschirmten Denkens zu halten. Wenn denn schon Glauben, Wissen und Wahrheit zusammengehen sollen, wie es sich Benedikt XVI. wünscht, kann sich letztlich nur ein Christentum halten, das keine Auseinandersetzung scheut und keinem Argument ausweicht.

Der schulische Religionsunterricht unterliegt dem hier beschriebenen gesamtkirchlichen Trend nicht wie selbstverständlich. Zwar kann er ihm nicht grundsätzlich entraten, darf sich aber noch weniger integralistischen Reglements unterwerfen. Der analysierte Glaubensverlust und die Verpflichtung des Religionsunterrichts, sich damit ebenso konsequent wie aufrichtig auseinanderzusetzen, vertragen aus sich heraus kein Ducken und Lavieren. Als ordentliches Lehrfach an öffentlichen Schulen lässt sich der Religionsunterricht auch nicht einfach in den aktuellen Kirchentrend einpassen. Zwar ist nicht davon abzusehen, dass die Situation des Religionsunterrichts im stattfindenden Traditionsabbruch Problemzonen enthält, die mit dem geltenden Kirchenrecht in Konflikte führen können, andererseits ist das kanonische Recht nicht einfach im schulischen Religionsunterricht durchsetzbar. Darum soll gefragt werden, in welcher Freiheit sich der Religionsunterricht im Rahmen dieses kirchlichen Rechts bewegen kann. ↩

2. Fürwahrhalteglaube und Lehrdisziplin

Der Bonner Kirchenrechtler Norbert Lüdecke beschreibt die Basis des römisch-katholischen Selbstverständnisses folgendermaßen:

Nach dem Glauben der Kirche hat Gott den Menschen in seinem Sohn die Wahrheit geschenkt. Sie befreit zum wahren Menschsein in der Gemeinschaft mit Gott. Damit

Christi erlösendes Wirken den Menschen in Wort und Zeichen zugänglich bleibt, hat Christus seine Kirche als Glaubens- *und* Rechtsgemeinschaft gestiftet. In Gestalt des *depositum fidei* hat er ihr alles hinterlassen, was zur Erfüllung dieses Zwecks erforderlich ist. Dazu gehört die dreisäulige sakrosankte Kernkonstruktion (*ius divinum*) des Kirchengebäudes.

Die *erste Säule* besteht in der (staatsanalogen) Rechtmäßigkeit der Kirche, ihrer Souveränität und Autonomie nach außen.

Die *zweite Säule* umfasst die sakramentalen Heilsmittel einschließlich der die Würdegleichheit aller Gläubigen verbürgenden Taufe und der ontologisch wie rechtlich Ungleichheit begründenden Weihe.

Die *dritte Säule* meint die Scheidung von männlich klerikalem Führungs- und gemischt-geschlechtlichem Gefolgschaftsstand einerseits, sowie andererseits die Leitung durch den Papst als dem klerikalen, absoluten, d. h. zwar moralisch an den göttlichen Willen gebundenen, nicht aber irgendeinem Menschen rechenschaftsverpflichteten Wahlmonarchen und den von ihm abhängigen Bischöfen.

Bedeutsamster Teil dieser Leitungskompetenz ist es, in der Autorität Christi diese Heilswahrheiten über den Kirchenaufbau zusammen mit den übrigen Wahrheiten des Offenbarungsschatzes weiterzutragen, auszulegen und zu behüten (cc. 747–755[189]) … Der Stifterwille wirkt durch besonderen Geistbeistand im kirchlichen Lehramt fort.

In der Taufe wird der Mensch durch die hoheitliche Aufnahme in die Kirche Christi lebenslang ihrer Rechtsordnung unterworfen und so zur Wahrheit befreit. Diese geistliche Freiheit ist nicht individuelle Autonomie, sondern communiale Ekklesionomie. Zu tun, was man will, ist illusorische Freiheit. Geistliche Freiheit, *libertas sacra* als *vera libertas*, bedeutet zu tun, was recht und würdig, was wahrheitsgemäß ist. Das wird nicht subjektiv erfunden, sondern ist objektiv vorgegeben. Es wird den Gläubigen von den kirchlichen Hierarchen vermittelt in Lehre und Recht mit einem Anspruch auf Gehorsam wie gegenüber Christus …

Die hierarchischen Glaubenswächter sind damit als solche Freiheitshüter. In der Verteidigung ihrer hierarchischen Position gegen jede Relativierung schützen sie die (eben nicht formale, sondern materiale, wahrheitsgefüllte) Freiheit der Gläubigen.

189 Die Canon-Angaben beziehen sich auf das Kirchliche Gesetzbuch Codex Iuris Canonici von 1983.

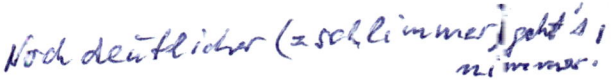

Noch deutlicher (= schlimmer) geht's! nimmer!

Mit anderen Worten: Hierarchieschutz ist Garantie kirchlicher, wahrer Freiheit. Kirchenlogisch gilt: Je unbestrittener die Hierarchie, desto freier die Gläubigen.[190]

Aus diesem Ansatz ergeben sich alle übrigen Bestimmungen des Kirchenrechts. Den amerikanischen Bischöfen hat Kardinal Ratzinger einmal erklärt, der Gehorsam gegenüber dem »sprechenden Gott, gegenüber Jesus« sei notwendig auch Gehorsam gegenüber seinem Leib, der Kirche mit ihren konkreten Hirten. Jesus und Kirche zu unterscheiden oder zu trennen, sei nur ein Manöver, um sich von einem als zu konkret und schwierig empfundenen Gehorsam zu drücken.[191] Darum wird ein innerkirchlicher Dialog auch nicht auf Augenhöhe der Dialogpartner geführt, sondern in einer unaufgebbaren asymmetrischen Kommunikation, einer *communicatio hierarchica*. Deren Maßstab bestimmt das Lehramt. »Ihm kommt es zu, die Dialogpartner zu bestimmen, über den Beginn und das Ende eines Dialogs zu entscheiden und sein Gelingen oder Scheitern unter dem Gesichtspunkt der Heilsdienlichkeit zu beurteilen.«

a. Konformitätssicherung und Kontrolle

Hinter allen kirchenrechtlichen Bestimmungen der Lehrdisziplin steht die Überzeugung, dass von der Annahme und Bewahrung der katholischen Glaubens- und Sittenlehre das ewige Heil des Gläubigen abhängt. Von daher legt sich auch die Kontrolle theologischer Lehre und Meinungsäußerung nahe. Es geht bei der Glaubenswahrheit stets um das Ganze: die Fülle des wahren Menschseins, um Heil oder Hölle. Darum hat der Gläubige, zumal der einfach Glaubende, das Recht auf rechte Vermittlung und Unversehrtheit des Glaubens. Deshalb sind Kontrolleinrichtungen ein Freiheitsrecht, das einzufordern ist. »Die kirchliche Gemeinschaft hat ein Recht darauf, die Lehre des Glaubens unverfälscht zu empfangen. Zu diesem Ziel muss es in der Kirche jemanden geben, der sagt, was der wahre Glaube ist und was nicht.«[192]

190 Norbert Lüdecke, Kommunikationskontrolle als Heilsdienst. Sinn, Nutzen und Ausübung der Zensur nach römisch-katholischem Selbstverständnis, in: Rottenburger Jahrbuch für Kirchengeschichte. Bd. 28/2009. Zensur abweichender Meinungen durch Kirche und Staat. Thorbecke, Ostfildern 2009, 67–98, hier: 69 f.

191 Zit. nach Norbert Lüdecke, ebd., 70.

192 Erzbischof Jérome Hamer, in: Herder Korrespondenz 28, 1974, 238–246, hier: 241.

Das kirchliche Kontrollwesen arbeitet auf verschiedenen Ebenen und mit abgestuften Methoden. Der sicherste Schutz vor Abweichungen im Glaubensverständnis liegt in der Sozialisation aller Gläubigen zu doktrineller Konformität, z. B. durch den Religionsunterricht. Kommt es dennoch zu Beanstandungen, wird vom Katholiken erwartet, dass er auf öffentlichen Widerspruch verzichtet, sich einem eventuellen Schreib- und/oder Redeverbot unterwirft und in Demut wartet, bis sich das Lehramt selbst korrigiert. Diese Repression erfuhren Theologen zwischen den Herrschaftszeiten Pius IX. und Pius X. in einer überbordenden Weise, doch setzt sich die Kette solcher Kaltstellungen von Marie-Joseph Lagrange, Teilhard de Chardin, Karl Rahner, Franz-Joseph Schierse, Karl Hermann Schelkle, Hans Küng, Eugen Drewermann, Leonardo Boff ... bis heute fort.

Die mit der Glaubensvermittlung Betrauten verpflichtet das Kirchenrecht, »all das zu glauben, was im geschriebenen oder im überlieferten Wort Gottes als dem einen der Kirche anvertrauten Glaubensgut enthalten ist und zugleich als von Gott geoffenbart vorgelegt wird« (c. 750). Um diesen Maßstab durchzusetzen, sichert die Kirche ihre Glaubenslehre mit vielfachen Inpflichtnahmen des lehrenden Personals:

Alle lehramtlichen Äußerungen sind mindestens mit religiösem Gehorsam des Willens und des Verstandes zu beantworten. Um schwachen Gewissen aufzuhelfen und die Selbstzensur zu stützen, sind Strafen aufgestellt. Wer mindestens eine vom Lehramt definitiv vorgelegte Offenbarungswahrheit hartnäckig leugnet, den trifft die Höchststrafe der völligen Entrechtung (Exkommunikation mit der Tat; c. 1364).

Die Lehrkonformität vor allem beim Führungsstand wird durch besondere Einrichtungen zu stützen versucht: Bei Diakonats- und Priesterweihe versprechen die Kandidaten dem Bischof Ehrfurcht und Gehorsam, wobei ein verstärkter Gehorsam gegenüber Papst und dem eigenen Bischof »zur ersten Klerikerpflicht« wird (c. 273). In einem streng geheimen Informationsprozess durch die Apostolische Nuntiatur wird vor allem die Glaubenstreue des Kandidaten geprüft, insbesondere in seiner Ansicht über die kirchliche Sittenlehre im sexuellen Verhalten und gegenüber der Unmöglichkeit der Priesterweihe für Frauen. Vor Amtsantritt bekundet der Diözesanbischof in der *Professio Fidei* seine Gemeinschaft mit dem Papst »als Totalidentifikation mit dem Gesamtbestand an lehramtlichen Vorlagen und sagt eidlich für die Zukunft seinen besonderen Lehr- und Leitungsgehorsam bei der Amtsführung zu.«[193]

Ähnlich haben alle anderen, die multiplikatorisch ein Verkündigungsamt ausüben, zumal Professoren der Theologie, in der *Professio Fidei* ihre Totalidentifikation mit allen kirchlichen Lehräußerungen zu bekennen. Im anschließenden Treueid schwören sie u.a., auch bei der künftigen Ausübung ihres Amtes lehrgehorsam zu sein.

193 Vgl. Norbert Lüdecke, Zensur (s. Anm. 190), 77.

Dementsprechend hat sich die fachliche Leistung eines Lehrenden durch Rechtgläubigkeit und untadeliges Leben auszuzeichnen. »Die sich theologischen Wissenschaften widmen, besitzen die gebührende Freiheit der Forschung und der klugen Meinungsäußerung in den Bereichen, in denen sie über Sachkenntnis verfügen; dabei ist der schuldige Gehorsam gegenüber dem Lehramt der Kirche zu wahren« (c. 218).

Zugleich muss sichergestellt sein, dass nicht in intellektualistischer Manier »das erstrangige Gut, für das die Kirche Verantwortung trägt, der Glaube der Einfachen« verwirrt wird.

b. Die Missio canonica: Konformitätssicherung und Kontrolle der Religionslehrerinnen und Religionslehrer
Der CIC regelt in den cc. 804 und 805 die Erteilung des Religionsunterrichts:

Can. 804 – § 1. Der kirchlichen Autorität unterstehen der katholische Religionsunterricht und die katholische religiöse Erziehung, die in den Schulen jeglicher Art vermittelt oder in den verschiedenen sozialen Kommunikationsmitteln geleistet werden; Aufgabe der Bischofskonferenz ist es, für dieses Tätigkeitsfeld allgemeine Normen zu erlassen, und Aufgabe des Diözesanbischofs ist es, diesen Bereich zu regeln und zu überwachen.

§ 2. Der Ortsordinarius hat darum bemüht zu sein, dass sich diejenigen, die zu Religionslehrern in den Schulen, auch den nichtkatholischen, bestellt werden sollen, durch Rechtgläubigkeit, durch das Zeugnis des christlichen Lebens und durch pädagogisches Geschick auszeichnen.

Can. 805 – Der Ortsordinarius hat für seine Diözese das Recht, die Religionslehrer zu ernennen bzw. zu approbieren und sie, wenn es auch religiösen oder sittlichen Gründen erforderlich ist, abzuberufen bzw. ihre Abberufung zu fordern.

Mit der grundgesetzlichen Regelung des Religionsunterrichts hat der Staat ein Schulfach übernommen, dessen Inhalte in Übereinstimmung mit den Grundsätzen der Religionsgemeinschaften erteilt werden (Art. 7 Abs. 3 GG), die er wegen der eigenen weltanschaulichen Neutralität nicht selber bestimmen kann. Der Staat erkennt die *Missio canonica* als kirchenamtliche Bevollmächtigung für die Ausübung des schulischen Lehramtes an. Sie stellt für ihn lediglich eine Unterrichtserlaubnis dar, während die Kirche damit die Religionslehrerinnen und Religionslehrer als »Zeugen des Glaubens« verpflichtet, die mit ihrer Person für den katholischen Glauben einstehen. Erhalt und Behalt der *Missio canonica* sind an Bedingungen geknüpft:

Wer ReligionslehrerIn werden will, muss sich schriftlich bereit erklären, den Religionsunterricht in Übereinstimmung mit der Lehre der katholischen Kirche zu erteilen und deren Grundsätze in seiner/ihrer persönlichen Lebensführung zu beachten. Das Leben in einer nicht-ehelichen Lebenspartnerschaft oder kirchenrechtlich ungültigen Ehe (z. B. durch Wiederheirat nach ziviler Scheidung), der Verzicht auf die Taufe der eigenen Kinder oder ein staatlicher »Kirchenaustritt« verstoßen etwa gegen diese Verpflichtung. Jeder Ortsordinarius kann zudem weitergehende Anforderungen stellen. So erwarten etwa die Hälfte der deutschen Diözesanbischöfe in einer konfessionsverschiedenen Ehe von ReligionslehrerInnen die katholische Taufe und Erziehung der Kinder. In einigen deutschen (Erz-)Diözesen müssen angehende ReligionslehrerInnen bei der Beantragung der Missio canonica versichern, dass sie aktiv am Leben der Kirche teilnehmen und sich dazu ihren SchülerInnen gegenüber auch bekennen werden.

Erfüllt ein/e ReligionslehrerIn diese Kriterien nicht mehr, kann die in der Missio canonica zum Ausdruck kommende Vertrauenserklärung der Kirche widerrufen werden. Der Entzug der Missio canonica führt in jedem Fall zur Entfernung aus dem Dienst als ReligionslehrerIn.[194] ☛

Da das Kirchenrecht bereits »alle Gläubigen« gesetzlich verpflichtet, in christlichem Gehorsam anzunehmen, was die geistlichen Hirten als Lehrer des Glaubens bestimmen (c. 212 § 1), gilt dies nicht minder für Religionslehrer und Religionslehrerinnen. Diese Erwartung schließt unterschiedslos alle vom kirchlichen Lehramt vorgelegten Lehren ein:

Bei definitiven (= unfehlbaren) Offenbarungslehren verlangt das Recht Glaubensgehorsam (c. 750 § 2), bei definitiven Lehren, die selbst nicht in der Offenbarung enthalten sind, aber gemäß dem Lehramt in engem Zusammenhang mit ihr stehen (z. B. die Lehre über die Unmöglichkeit der Priesterweihe für Frauen), feste Annahme und Bewahrung im Sinne eines unwiderruflichen Gehorsams (c. 750 § 2). Gegenüber nicht-unfehlbaren Lehren des authentischen Lehramtes (z. B. über Empfängnisverhütung oder den Zölibat) sind die Gläubigen zu religiös motiviertem Gehorsam des Verstandes und des Willens verpflichtet (c. 752). Was Glaubenslehren entgegensteht oder den übrigen nicht entspricht, müssen Katholiken meiden …

Um SchülerInnen gegenüber nicht für eine Lehre eintreten zu müssen, deren Annahme ihnen selbst schwer fällt, können sich ReligionslehrerInnen auch nicht auf die Freiheit ihres Gewissens berufen. Das II. Vatikanum hat die Pflicht und das Recht aller Menschen anerkannt, »sich rechte und wahre Gewissensurteile zu bilden« (DH 3). Weil das Gewissen jedoch aus »Gründen, die nicht immer frei von

---

194 Bernhard S. Anuth, Aufgabe und »Sendung« von ReligionslehrerInnen in kirchenrechtlicher Sicht, in: rhs 52, 2009, 133–138, hier: 134.

persönlicher Schuld sind, (…) auch Fehlurteile bilden kann«, hat der Mensch »die Pflicht, es zu pflegen, zu formen, zu bilden. Es hat nur Anspruch auf Achtung und Gehorsam, wenn der Mensch (…) ihm die Sorge zuteil werden lässt, die seiner Würde entspricht. Das Recht des Gewissens ist eine Pflicht der Gewissensbildung.«[195] Dabei unterstützt das kirchliche Lehramt die Gläubigen. »Denn nach dem Willen Christi ist die katholische Kirche die Lehrerin der Wahrheit; ihre Aufgabe ist es, die Wahrheit, die Christus ist, zu verkündigen und authentisch zu lehren, zugleich auch die Prinzipien der sittlichen Ordnung, die aus dem Wesen des Menschen selbst hervorgehen, autoritativ zu erklären und zu bestätigen« (DH 14). Nach der Enzyklika *Veritatis splendor* Papst Johannes Pauls II. tut dies »der Gewissensfreiheit der Christen keinerlei Abbruch: nicht nur, weil die Freiheit des Gewissens niemals Freiheit ›von‹ der Wahrheit, sondern immer nur Freiheit ›in‹ der Wahrheit ist, sondern auch, weil das Lehramt an das christliche Gewissen nicht ihm fremde Wahrheiten heranträgt, wohl aber ihm die Wahrheiten aufzeigt, die es bereits besitzen sollte.«[196] [197]

c. Zensur

Hubert Wolf verweist darauf, dass der Begriff Zensur im 16. und 17. Jahrhundert zu den selbstverständlichen und kaum hinterfragten Instrumenten staatlicher und kirchlicher Ordnungspolitik gehörte, die Kaiser und Könige, Universitätsfakultäten wie evangelische Kirchenbehörden genauso selbstverständlich in Anspruch nahmen wie katholische Bischöfe und die römische Kurie. Auch kannte das Christentum Zensur seiner frühesten Anfängen. Die schrittweise Herausbildung des neutestamentlichen Kanons akzeptierte bestimmte Bücher und verwarf andere, von denen viele systematisch unterdrückt und ausgemerzt worden sind. Erst seit der Aufklärung ist der Begriff Zensur negativ besetzt. Meinungs- und Pressefreiheit gelten als Grund- und Menschenrechte. Das Grundgesetz der Bundesrepublik Deutschland gipfelt in den Bestimmungen, die von Meinungs-, Informations- und Pressefreiheit handeln, in dem schlichten Satz: »Eine Zensur findet nicht statt.« [198]

195 Joseph Ratzinger, Der Auftrag des Bischofs und des Theologen angesichts der Probleme der Moral in unserer Zeit, in: IKZ »Communio« 13 (1984), 524–538. hier: 532.

196 Papst Johannes Paul II., Enzyklika »Veritatis splendor«, vom 6. August 1993, in: AAS 85 (1993), 1133–1228, hier: 1184, n. 64 (dt.: VAS 111, Bonn 1993).

197 Bernhard S. Anuth, Aufgabe und Sendung (s. Anm. 194), 136.

198 Hubert Wolf, Index. Der Vatikan und die verbotenen Bücher. C.H. Beck, München 2007. Ders., Verbotene Bücher: Zur Geschichte des Index im 18. und 19. Jahrhundert. Schöningh, Paderborn 2007.

Vor Erfindung des Buchdrucks konnten missliebige Bücher relativ leicht aus dem Verkehr gezogen werden. Die wenigen vorhandenen und teuren Werke ließen sich »pyrotechnisch« entsorgen. Die Wirksamkeit solcher Schriften wurde auch von der Leseunfähigkeit breitester Kreise begrenzt. Nach Gutenberg und seinen Folgen, einer bis dahin unbekannten Flut von Schriften und Büchern, konzentrierte sich die Kirche auf die Vorzensur mit einem flächendeckenden Imprimatursystem. »Was daran Doktrin, was praktischer Erfolg war, beschäftigt die Forschung. Historiker meinen: Für Deutschland ist die ›pianische Ära‹ (1847–1958), das eigentliche Jahrhundert der kirchlichen Zensur, und: mit der Abschaffung des Index 1966 sei die direkte kirchliche Vorzensur der Vergangenheit übereignet worden.«[199] Norbert Lüdecke weist aber darauf hin, dass nach geltendem Recht die Diözesanbischöfe immer noch »das Bücherwesen sowie die übrigen Print- und sonstigen Massenmedien überwachen« müssen, »um Schaden für das Seelenheil abzuwehren. Schriften, die Glauben und Sitte auch nur berühren, haben sie nach den anschließenden Konkretisierungsnormen ihrem Urteil zu unterwerfen, solche, die dem rechten Glauben oder den guten Sitten schaden, haben sie zurückzuweisen (c. 823 § 2).«

Eigentlich wirkungsvoll sind kirchliche Eingriffe jedoch nur, wo rechtliche oder materielle Abhängigkeitsverhältnisse bestehen. Eine Zurücknahme bereits auf dem Markt befindlicher Bücher ließ sich in der Vergangenheit nur bei katholischen Verlagen durchsetzen. Diese Spezies gibt es heute nicht mehr, weil auch ehemals katholische Verlage heute mehrere Standbeine haben und ein pluralistisches Programm verfolgen. Will man dennoch das kanonische Recht geltend machen, ist es faktisch nicht durchsetzbar und wirkt dann schon lächerlich. Das Lehramt kann heute nicht einmal einen unerwünschten Kommunion- oder Firmkurs unterbinden, weil diese Bücher frei auf dem Markt kursieren, ohne jene Gebundenheit, die für Religionsbücher öffentlicher Schulen gelten. Das heißt, den Bereich der Gemeindepädagogik und Katechese bestimmt das Angebot der Verlage und die unkontrollierte Entscheidung der Gemeinden und Katecheten bei lehramtlicher Ohnmacht. Bezeichnenderweise kommt die Herrschaft der Kirche nur noch in Verbindung mit staatlicher Gesetzgebung und Rechtsprechung zum Tragen. Aus sich heraus hätte die Kirche auch auf dieser Ebene keinerlei Durchsetzungsvermögen. Paradox ist allerdings, dass ein Staat, der im Grundgesetz sagt, »eine Zensur findet

199 Norbert Lüdecke, Zensur (s. Anm. 190), 80.

nicht statt«, unter dem Titel »Zulassungsverfahren« der Kirche Freiheiten einräumt, die seinen eigenen Vorstellungen widersprechen.

Ins Visier der kirchlichen Zensurbehörden gerät man »entweder klassisch durch Denunziation oder als Gegenstand einer Regelanfrage«.[200] Mit einer Regelanfrage verbindet sich die Prüfung durch die Kongregation für die Glaubenslehre, ob der für ein theologisches Lehrdeputat vorgesehene Bewerber im Blick auf die Lehre vertrauenswürdig und zuverlässig ist. Im heutigen Verständnis ist Denunziation negativ besetzt. »Der größte Lump im ganzen Land, das ist und bleibt der Denunziant« (Hoffmann von Fallersleben). Der Begriff wird nicht verwendet, wenn es z. B. um Mithilfe bei der Aufklärung von Verbrechen geht. Denunziation ist im kirchlichen Verständnis »nichts Ehrenrühriges«. Als während einer Kölner Priesterkonferenz ein Dechant sagte, er habe bestimmte Beobachtungen für sich behalten, um niemanden zu »verpfeifen« oder zu »denunzieren«, stellte Kardinal Meisner klar: »Lassen Sie mich dazu ausdrücklich bemerken, dass hier Vokabeln wie ›verpfeifen‹ oder ›Denunziant‹ völlig unangebracht sind. Denunziation bedeutet das Hinterbringen von Informationen gegenüber einer feindlichen Macht. Wenn ich also den Bischof auf irgendwelche Missstände oder Fehlentwicklungen aufmerksam mache, um ihm zu helfen, seine Heilssorge an seiner Diözese über die Priester zu sichern, dann sind Begriffe wie ›Denunziation‹ und ›verpfeifen‹ völlig unangemessen. Wir sollten das im Umgang mit dem Bischof aus dem Vokabelheft radikal ausstreichen. Hier werden wir einer gnadenhaften Kirchenstruktur nicht gerecht, sondern stellen sie gleichsam auf den Kopf.«[201] Das Recht und bisweilen auch die Pflicht, der kirchlichen Autorität Gefährdungen des Glaubens durch falsche Lehre anzuzeigen, bestehen unbestritten. Die Denunzianten bleiben geheim. Andernfalls wäre, so Kardinal Ratzinger in seiner Zeit als Präfekt der Glaubensbehörde, das »Vertrauen vieler einfacher Menschen …, die zunächst einmal nur einfach ihre Sorge ausdrücken wollten«, gestört.[202]

Norbert Lüdecke stellt fest, dass auch hier die amtliche Kommunikationskontrolle – das Hinterbringen von Verstößen gegen Glaube und Sitte – »heute nicht mehr durch ein allgemeines katholisches Milieu gestützt wird. Zunehmend wahrnehmbar sind aber katholische Gruppenmilieus.

200 Norbert Lüdecke, ebd., 88.
201 Der Priesterrat im Erzbistum Köln, Protokoll. Tagung vom 18.–20. Mai 2005 in Bad Honnef. Köln 2005, 108–110, hier: 110. Zit. nach Norbert Lüdecke, Zensur (s. Anm. 190), 89.
202 Zit. nach Norbert Lüdecke, ebd., 89.

Sie erfreuen sich amtlicher Beliebtheit und Unterstützung. Sie sind sich des typisch katholischen Zusammenhangs von Glaubensstärke und Papsttreue und ihres Rechts auf Denunziation bewusst. Hier können denunziatorische Biotope entstehen, die manche auf verbesserte Teilerfolge in Sachen Kommunikationskontrolle hoffen lassen.«[203]

203 Ebd. 90 f. Als Beispiele denunziatorischer Aktivität lässt sich für den Bereich der Religionspädagogik an erster Stelle der »Arbeitskreis Theologie und Katechese e.V.« nennen, der Religionsbücher und Materialien für den Religionsunterricht nach fundamentalistischen Maßstäben untersucht und seine Urteile geneigten Bischöfen vorlegt. Dessen Stellungnahmen sind unter http://www.atk-home.de/index.html einsehbar. S. a. Reinhard Dörner, »Wie sollen sie an den glauben, von dem sie nicht gehört haben?« (Röm 10,14b). Der Kampf um den Religionsunterricht. Dokumentation, Münster 2002, 33–86. Auch der Verein »Forum Deutscher Katholiken e.V.« will »papst- und kirchentreue Katholiken zusammenschließen« und »die Verkündigung des katholischen Glaubens nach der Lehre der Kirche, entsprechend dem Katechismus der Katholischen Kirche (Weltkatechismus) von 1992« fördern. Wer einen Antrag auf Mitgliedschaft stellt, muss die »uneingeschränkte Anerkennung« dieses Katechismus schriftlich beifügen. Zum Kuratorium gehören Joachim Kardinal Meisner, Paul Josef Kardinal Cordes, Paul Augustin Kardinal Mayer sowie die Bischöfe Heinz Josef Algermissen und Gerhard Ludwig Müller: http://forum-deutscher-katholiken.de/
Um die Glaubens- und Sittenlehre »nicht nur zu überwachen, sondern auch zu fördern, gibt die Kongregation für die Glaubenslehre orientierende und stimulierende Akzente für den theologischen Diskurs durch zusammenfassende und anwendungsorientierende Verlautbarungen zu aktuellen Lehrfragen. Sie sind als Wegmarken gedacht, an denen sich Theologen orientieren können. (»Wer die Kirche aufbauen und ihre innere Gemeinschaft stärken will, muss eine Sprache sprechen, die zugleich abgeklärt und maßvoll ist wie auch mehr mit dem Sprachgebrauch übereinstimmt, der dem Lehramt der Kirche eigen ist.« Kardinal Ratzinger in einem Brief vom 15. Mai 1984 an Leonardo Boff.) »Die Mitglieder dieser Beratungsgremien sind vom Papst auch wegen ihrer vorbildlichen Treue zum Lehramt, ihrer Vertrauenswürdigkeit und Zuverlässigkeit berufene Wissenschaftler und tagen unter dem Vorsitz des Präfekten … Aus Deutschland gehören zu diesen Vorbildern derzeit der Regensburger Alttestamentler Christoph Dohmen (Bibelkommission), die in Fribourg lehrende Ökumenikerin Barbara Hallensleben (Theologenkommission), der emeritierte Mainzer Moraltheologe Johannes Reiter (Theologenkommission) und der Bochumer Neutestamentler Thomas Söding (Theologenkommission). Vgl. Norbert Lüdecke, ebd., 80.

d. Fazit

Die Summe der hier dargestellten kirchenrechtlichen Bedingungen, in denen sich Religionspädagogik und Religionsunterricht befinden, verwehrt alle Illusionen, sich auf einem Feld freier Argumentation und Dialogführung bewegen zu können. Ebenso wie Religionslehrerin und Religionslehrer kann sich auch der wissenschaftlich tätige Religionspädagoge nur in engen juristisch festgezurrten Bandagen bewegen. Das mag für die alltägliche Praxis in Schule und Hochschule nicht sonderlich ins Gewicht fallen, weil hier eine »Kommunikationskontrolle als Heilsdienst« normalerweise ausfällt. Die kirchenrechtlichen Festschreibungen greifen aber (mittels staatlicher Bestimmungen) sofort, sobald es um Konzeption und Realisation neuer Religionsbücher geht, um Lehrerkommentare und weitere gedruckte Hilfen für den Religionsunterricht. Dann wird eine Messlatte angelegt, die in den letzten Jahren immer deutlicher konservativem Druck unterliegt: Hinter dem neuen Lehrmaterial soll möglichst eindeutig der Katechismus der Katholischen Kirche stehen. Aber ein Traditionsabbruch. wie er sich in unserer Zeit ereignet, die ausbleibende Bereitschaft, den tradierten Führwahrhalteglauben existentiell zu akzeptieren, die zwingende Notwendigkeit, mit diesen Kindern und Jugendlichen aus entrückter oder verlorener Kirchlichkeit über Sinnfragen des Lebens und Kernfragen des Christentums zu sprechen, lässt sich im Erwartungsrahmen des beschriebenen Rechts nicht aufnehmen. Das katholische Kirchenrecht versteht sich selbst aus einer Hierarchie- und Verwaltungssphäre, die dem heutigen Denken der Menschen, ihren Fragen und Problemstellungen sehr fremd ist, ganz zu schweigen vom Lebensgefühl der jungen Menschen, mit dem sich Einstellungen verbinden, die im kirchenrechtlichen Denken keinen Ort haben.

Das katholische Kirchenrecht spricht vom »Verkündigungsdienst der Kirche«. Pauschal ist vom »Glaubensgut« (*Depositum fidei*) die Rede:

Christus der Herr hat der Kirche das Glaubensgut anvertraut, damit sie unter dem Beistand des Heiligen Geistes die geoffenbarte Wahrheit heilig bewahrt, tiefer erforscht und treu verkündigt und auslegt; daher ist es ihre Pflicht und ihr angeborenes Recht, auch unter Einsatz der ihr eigenen sozialen Kommunikationsmittel, unabhängig von jeder menschlichen Gewalt, allen Völkern das Evangelium zu verkünden (c. 747).

Hier werden Glaube und Evangelium in eins gesetzt. Wie üblich unterbleibt auch die Unterscheidung zwischen dem Evangelium Jesu und dem. Evangelium des Paulus, obwohl deren Inhalte nicht übereinstimmen. Ebenso wenig wird die *fides qua* von der *fides quae* abgehoben, so dass der existentielle Glaubensakt mit den tausend Inhalten des Fürwahrhalteglaubens auf einen gemeinsamen Nenner gerät, auf den er nicht gehört. Mit pauschalisierten Begriffen wie Glaube, Glaubenswahrheit, Glaubenstreue … packt das Kirchenrecht als *Depositum fidei* ein Konglomerat zusammen, das den Gottesglauben ebenso wie die Jungfrauengeburt, das Fegefeuer oder die Ablasslehre, ungezählte Inhalte insgesamt, gleichrichtet. Die meisten Inhalte dieses Depositums berühren und interessieren den normalen Gläubigen ein Leben lang nicht. Sie bleiben vielfach unverstanden, werden in Frage gestellt, auch bewusst abgelehnt, unterliegen aber alle der gleichen kirchlichen Richtschnur.

Das kirchenrechtliche Denken ist viel zu formal gefasst, als dass es didaktische Reflexionen und Herausforderungen abdecken könnte. Dies umso weniger, als es heute um einen singulären Traditionsabbruch geht, der jeden kirchenrechtlichen Horizont übersteigt, jedoch innerhalb des regulären Religionsunterrichts bearbeitet werden muss. Juristisch geurteilt wird ein Religionslehrer, der sich auf diesem Feld dialogisch mit seinen Schülerinnen und Schülern bewegt, stets mit Repressionen bedroht werden können, denn die Didaktik solcher Gespräche bewegt sich notwendig »auf der Grenze«, wie Paul Tillich einmal seine gesamte theologische Existenz beschrieben hat.[204] Was kluge Eltern innerhalb ihrer Familien praktizieren, ist auch für Religionspädagogik und Religionsunterricht nicht falsch: Jede freie Rede ermutigen, das Recht unterschiedlicher Gesichtspunkte wägen und gelten lassen, Langmut und Vertrauen aufbringen, damit das Gespräch nicht abbricht.

Angesichts des Evangeliums Jesu, von dem wir sagten, dass es eine Lebensweise ist, die nicht geglaubt und argumentativ begründet werden muss, weil sie ihre Evidenz in sich selber hat, kommt alles darauf an, der heute heranwachsenden Generation dieses eigentliche Gesicht des Christentums zu zeigen, von dem sich niemand abwenden muss, nicht einmal dann, wenn er ansonsten agnostische oder auch atheistische Positionen für sich in Anspruch nimmt. Dieses Reich-Gottes-Programm verdecken oder verzerren allzu viele Inhalte des dogmatisch entfalteten Fürwahrhalteglaubens, wie ihn der Katechismus unter nahezu dreitausend Nummern auseinanderlegt. Zugleich scheint empirisch belegbar zu sein: Ein Religionsunterricht nach dem apologetischen Muster des Katechismus der Katholischen Kirche würde die Mehrheit unserer Schülerinnen und Schüler

---

204 Paul Tillich, Auf der Grenze. Aus dem Lebenswerk Paul Tillichs. Ev. Verlagswerk, Stuttgart 1962.

aus der Kirche hinausführen, ohne dass sie sich zuvor mit dem exegetisch erschlossenen wirklichen Programm Jesu hätten auseinandersetzen können, weil dieses Programm in der kirchlichen Glaubenslehre keine klare Kontur gewinnt. Darüber wird nun zu reden sein.

3. »Wahr ist, was gelehrt wird« oder: »Gelehrt wird, was wahr ist«?[205]

Weiter oben haben wir bereits davon gesprochen, dass die von der amtlichen Kirche vorgelegte Glaubenslehre im »Katechismus der Katholischen Kirche«, im kurz gefassten »Compendium« als auch im »Youcat« an zweihundert Jahren exegetischer Forschung vorbeigeht, ohne auch nur irgendeine zweifelsfrei gewonnene Erkenntnis dieser Forschung zu berücksichtigen. »Das ist nicht überraschend, weil systemstimmig«, urteilt Norbert Lüdecke:

Nach dem Selbstverständnis des Lehramtes bildet es mit den Theologen, einschließlich der Exegeten, nicht eine Diskursgemeinschaft Gleichberechtigter. Die Autorität des authentischen, d. h. in der Autorität Christi agierenden Lehramts in Glaubens- und Sittensachen ist nicht argumentationsabhängig, sondern formaler Natur. Sie gründet in der besonderen Geistbegabung seiner Träger. / [

Schon 1976 hatte die Kongregation für die Glaubenslehre in ihrer Erklärung »Inter Insigniores« gegen die Priesterweihe von Frauen bei der Einschätzung des Gewichts der Hauptgründe – das Verhalten Christi und der Apostel und die Praxis der Kirche – die entscheidende Beurteilungskompetenz beansprucht. Die »richtige Unterscheidung zwischen den wandelbaren und den unwandelbaren Elementen« gewährleiste die Kirche mit der Stimme des Lehramtes. Die normative Lehre und ihre Grundlage sollte bereits damals nicht »beweisen«, sondern als gegeben in Erinnerung gerufen werden. Theologische Reflexionen wurden zur erläuternden Illustrierung angeführt. Das entspricht der amtlichen Auffassung von der Aufgabe der Theologen. Ihre Funktion wird als systematisierende, illustrierende und bescheiden anregende Zuarbeit für das Lehramt geschätzt. Die wissenschaftliche Theologie ist die »Ancilla Ecclesiae« bzw. in Bezug auf die Kirchenstruktur unmittelbar »Ancilla Magisterii«. Allein das Lehramt besitzt Entscheidungskompetenz in Fragen der Lehre, d. h. die

205 Siehe dazu Hubert Wolf, »Wahr ist, was gelehrt wird« statt »Gelehrt wird, was wahr ist«? Zur »Erfindung« des »ordentlichen« Lehramts, in: Thomas Schmeller, Martin Ebner, Rudolf Hoppe (Hg.), Neutestamentliche Ämtermodelle im Kontext (QD 2399). Herder, Freiburg 2010.

Kompetenz, sie vorzulegen und die ihnen gebührende Zustimmung zu befehlen sowie durch Sanktionierung zu sichern.
Das gilt auch und insbesondere für die Auslegung der Heiligen Schrift. Nach der Lehre des II. Vatikanums wurde die Offenbarung aus Tradition und Heiliger Schrift der Kirche anvertraut. Entsprechend ihrer unaufgebbar hierarchischen Struktur wird das Wort Gottes allein vom hierarchischen Lehramt verbindlich ausgelegt. Dabei sieht es sich nicht über, sondern unter dem Wort Gottes. Diese indikativische Selbstzuschreibung kann als wertvolle Selbstverpflichtung verstanden werden. Ihre Einhaltung wird vom Lehramt selbst und von Gott, dessen Willen es auslegt, geprüft. Exegeten erforschen und erklären das Wort Gottes a) unter der Aufsicht des Lehramts, b) mit (nach dem Urteil des Lehramts) geeigneten Methoden, c) zum Zweck der Predigtbefähigung, über dessen Erfüllung die kirchliche Autorität befindet, sowie d) als wissenschaftliche Vorbereitung reifer kirchlicher Urteile, und dies alles e) *secundum sensum Ecclesiae,* d. h. in jener kirchlichen Gesinnung, die kirchenamtlicher Entscheidung mehr vertraut als dem eigenen Urteil und die Papst Johannes Paul II. in umfassender Weise in strafbewehrte Rechtspflichten transformiert hat ... Im Übrigen verhält sich das Lehramt beim Gebrauch der Heiligen Schrift in seinen Verlautbarungen vollkommen souverän gegenüber Erkenntnissen der historisch-kritischen Exegese.[206]

Man kann dieses »souveräne« Verhalten gegenüber Erkenntnissen der historisch-kritischen Exegese natürlich auch als hilflos und ängstlich bezeichnen, weil das Lehramt die Resultate der Forschung nicht aufnehmen kann, ohne sich zur eigenen Glaubenslehre in Widerspruch zu setzen. Aber aus seinem Selbstverständnis ist dieses Eingeständnis dem Lehramts nicht möglich. Darin liegt zugleich seine Unzulänglichkeit, wenn es darum geht, sachhaltig und exegetisch überzeugend die Bibel auszulegen. Hansjürgen Verweyen nennt in seinem Buch »Der Weltkatechismus. Therapie oder Symptom einer kranken Kirche?« den lehramtlichen Umgang mit der Schrift fundamentalistisch: »Eine dogmatische Binnenentfaltung mit gelegentlicher historisch-kritischer Verzierung.«[207] So werden zur Darlegung der Reich-Gottes-Verkündigung Jesu auf einer halben Seite Zitate herangezogen, die aus komplexen Zusammenhängen kleinste Ele-

---

206 Norbert Lüdecke, Vom Lehramt zur Heiligen Schrift. Kanonistische Fallstricke zur Exegetenkontrolle, in: Ulrich Busse, Michael Reichardt, Michael Theobald (Hg.), Erinnerung an Jesus. Kontinuität und Diskontinuität in der neutestamentlichen Überlieferung. Bonner Biblische Beiträge 166. Bonn University Press / Vandenhoeck & Ruprecht, Göttingen 2011, 501–525, hier: 510–515; mit entsprechenden Belegstellen zur jeweiligen Ausführung.
207 Hansjürgen Verweyen, Der Weltkatechismus (s. Anm. 41), 61,

mente herausreißen, um sie zu eigenen Gedankengebäuden zu verketten. Angesichts dieses »Flickenteppichs von Bibelfragmenten ... ist schwer zu sagen, was eine solche Katechese eigentlich bezweckt. Was soll diese Fülle von Gedankenfetzen statt klarer Orientierung, von Begriffen, die ›praktizierende‹ Katholiken zwar mit irgendetwas assoziieren können, das sie schon einmal gehört oder gelesen haben, wobei alle diese Anspielungen aber nicht auf eine geistige Mitte hin transparent werden und daher im Grunde stumm bleiben? Hat man die ›Randsiedler‹ der Kirche völlig abgeschrieben, die mit alldem herzlich wenig anfangen können und hier bloß eine Fortsetzung der ›neuen Unübersichtlichkeit‹ erfahren, mit der sie im säkularen Alltag schon genügend konfrontiert sind?«[208]

Wie »vollkommen souverän« sich das Lehramt im Umgang mit der Bibel versteht und sogar gerade dann als »kompetent«, wenn es sich von störender Exegese nicht betreffen lassen will, kann das Übergehen aller Stellen zeigen, welche die Familienverhältnisse Jesu berühren. Bei Mk 6,3 und Mt 13,55 ist von den Geschwistern Jesu die Rede, seine Brüder werden namentlich genannt. Mk 3,31ff. und Joh 2,12 nennt »die Mutter und die Brüder« im engen Zusammenhang (vgl. auch Joh 7,3.5.10). Von diesen Brüdern wird Jakobus in der frühesten Jerusalemer Gemeinde durchgehend als »Herrenbruder« bezeichnet (Gal 1,19; 2,9.12; Apg 12,17; 15,13; 21,18; 1 Kor 15,7; Jak 11,1; Jud 1). Auch der jüdische Geschichtsschreiber Josephus spricht von dem »Bruder Jesu, der Christus genannt wurde« (Ant 20,9,1). Diese Formulierung »weist Jakobus noch deutlicher als Bruder Jesu aus, als Paulus es tut« (Steve Mason). Bei all diesen Stellen ist immer auch ihre Aussageabsicht zu beachten. Jesus als den »Erstgeborenen« (Lk 2,7) in einer Reihe von Geschwistern zu sehen, behauptete um 385 noch ein Schriftsteller Helvidius, dessen Text »verloren« ging, während die Gegenschrift des Hieronymus erhalten blieb. Fast ausnahmslos sieht die protestantische Forschung die Brüder und Schwestern Jesu als leibliche Geschwister an. Selbst die aus einer Planungsgruppe der deutschen katholischen Bischöfe hervorgegangene »Einheitsübersetzung« der Bibel bezeichnet Jakobus in ihren Einleitungen als »Bruder des Herrn«, ohne Schutzklauseln anzufügen – doch das alles berührt nicht die Mariendogmen, nach denen Maria nur Jesus als einzigen Sohn hatte, der keinen irdischen Vater besaß, und dessen wunderbare Geburt ihre Jungfräulichkeit nicht aufhob. Wie schon Augustinus formulierte: Maria »ist Jungfrau geblieben, als sie ihren Sohn empfing, Jungfrau, als sie ihn gebar

208 Ebd., 63 f.

Jungfrau, als sie ihn trug, Jungfrau, als sie ihn an ihrer Brust nährte. Allzeit Jungfrau« (Serm. 186,1), so lehrt auch heute der »Katechismus der Katholischen Kirche«:

Ein vertieftes Verständnis ihres Glaubens an die jungfräuliche Mutterschaft Marias führte die Kirche zum Bekenntnis, dass Maria stets wirklich Jungfrau geblieben ist [vgl. DS 427], auch bei der Geburt des menschgewordenen Gottessohnes [vgl. DS 291; 294; 442; 503; 571; 1880.]. Durch seine Geburt hat ihr Sohn »ihre jungfräuliche Unversehrtheit nicht gemindert, sondern geheiligt« (LG 57). Die Liturgie der Kirche preist Maria als die »allzeit Jungfräuliche«. Man wendet manchmal dagegen ein, in der Schrift sei von Brüdern und Schwestern Jesu die Rede. Die Kirche hat diese Stellen immer in dem Sinn verstanden, dass sie nicht weitere Kinder der Jungfrau Maria betreffen. In der Tat sind Jakobus und Josef, die als »Brüder Jesu« bezeichnet werden (Mt 13,55), die Söhne einer Maria, welche Jüngerin Jesu war [vgl. Mt 27,56.] und bezeichnenderweise »die andere Maria« genannt wird (Mt 28,1). Gemäß einer bekannten Ausdrucksweise des Alten Testamentes [vgl. z. B. Gen 13,8; 14,16; 29,15.] handelt es sich dabei um nahe Verwandte Jesu. [Nr. 499; 500]

Ist es also wahr, weil es gelehrt wird? Auf noch gar nicht umfassend gesichteten Feldern wird mit solch abwehrender »Exegese« ein Dogma gerettet, weil »sich das Lehramt beim Gebrauch der Heiligen Schrift in seinen Verlautbarungen vollkommen souverän gegenüber Erkenntnissen der historisch-kritischen Exegese verhalten darf«.[209] Ignoriert wird die ägyptische Vorlage für die Darstellung Lk 1.[210] Im katholischen Jugendkatechismus »Youcat« begegnet unter Nr. 81 (ungewollt) die steuernde Denkweise: »Schon in der frühen Kirche ging man von der dauernden Jungfräulichkeit Marias aus, was leibliche Geschwister Jesu ausschließt.« Man beachte die Logik: »Man ging aus...«, und mit solcher Setzung sind bereits weitere Kinder Marias ausgeschlossen! Ebenda heißt es auch: »Im Aramäischen, der Muttersprache Jesu, gibt es nur ein Wort für Bruder und Schwester, Vetter und Cousine«, weswegen es nur »nahe Verwandte« gewesen sein sollen, mit denen Maria und auch Jesus umgeben waren. Die Evangelien aber wurden nicht aramäisch sondern griechisch geschrieben. Wenn es im Griechischen »Brüder und Schwestern« heißt, sind es hier nicht genauso gut Vettern und Cousinen gewesen. Behauptet die Dogmatik trotz allem ihre Observanz über das ausgebreitete Material, so geht dies auf Kosten der Glaubwürdigkeit. Gewiss ist es eine Katastrophe, das Eingeständnis nahegelegt zu bekommen, die »allerseligste Jungfrau und

---

209 Vgl. Norbert Lüdecke, Vom Lehramt zur Heiligen Schrift (s. Anm. 206).
210 Vgl. oben S. 23, 130

Gottesmutter Maria« sei eine Mutter von vier Söhnen und einer ungenannten Zahl von Töchtern gewesen. Ein Desaster für alle Wallfahrtsorte, die in den neuzeitlichen Jahrhunderten sogar die Mutter mit Kind gegen die Jungfrau ausgetauscht haben, auch für die »Erscheinungen« in Lourdes oder Fatima, welche diese Bildverschiebung stabilisierten. Höchsten Alarm aber bedeuten solche Argumentationen für das Lehramt der Kirche und das Dogma von der Unfehlbarkeit des Papstes. Es erinnert an Galilei: Das Lehramt verlangt, »nicht zu sehen, was sie [die Wissenschaftler] sehen, und nicht zu wissen, was sie wissen, sondern mit ihren Forschungen sogar das Gegenteil von dem zu beweisen, was sie tatsächlich in Händen haben«.

Zur Lehre von der »Unversehrtheit der Jungfräulichkeit Marias während der Geburt«, meint Hansjürgen Verweyen, ohne sich mit der oben beschriebenen Sachlage zu belasten, es sei an der Zeit, dieser *virginitas in partu* »eine ordentliche und öffentliche Beerdigung zuteil werden zu lassen. Sie ist es vor allem, von der her ungerechtfertigte Pauschalveröffentlichungen nur zu leicht Nahrung finden, wird aber, wie es scheint, nur weitergeschleppt, weil sie Bestandteil einer sehr alten und ehrwürdigen Tradition ist. Doch Alter schützt vor Torheit nicht, und die Kirche könnte manches verlorene Terrain an Autorität wiedergewinnen, wenn sie frühere Fehlzündungen offen beim Namen nennen würde, anstatt sie immer noch einmal, wenn auch mit ständig schwächer werdender Batterie, zu wiederholen.«[211]

Das verlorene Terrain an Autorität vergrößert sich jedoch um so mehr, als theologische Bildung und exegetische Kenntnisse sich verbreiten. Ungezählten Konfliktherden, die es auf dem Gebiet von Schrift und Tradition gibt, kann hier nicht nachgegangen werden.[212] Eine lapidare Behauptung, die uns in der Sache betrifft, sei nur noch aufgegriffen: »Christus hat die kirchliche Hierarchie eingesetzt«[213]. In seinen Gesprächen mit Vittorio Messori sah der Präfekt der Glaubenskongregation im Unverständnis dieser Kirchensicht »die Ursache für den Verfall des ursprünglichen Verständnisses von ›Gehorsam‹«:

---

211 Hansjürgen Verweyen, Der Weltkatechismus (s. Anm. 41), 73.
212 Siehe dazu das Kapitel »Wahrheit verlangt Wahrhaftigkeit« in: Hubertus Halbfas, Glaubensverlust (s. Anm. 21), 79–93.
213 Katechismus der Katholischen Kirche. Kompendium. Pattloch, München 2005, 179.

Wenn die Kirche in der Tat *unsere* Kirche ist, wenn die Kirche *nur wir* sind, wenn ihre Strukturen nicht die von Christus gewollten sind, dann versteht man auch nicht mehr die Existenz einer vom Herrn selbst eingesetzten Hierarchie als Dienst an den Gläubigen. Man lehnt die Vorstellung einer von Gott gewollten Autorität ab, einer Autorität also, die ihre Legitimierung in Gott hat und nicht – wie es in den politischen Strukturen geschieht – im Konsens der Mehrheit der Mitglieder einer Organisation. Aber die Kirche Christi ist keine Partei, keine Vereinigung, kein Club; ihre tiefe und unaufgebbare Struktur ist nicht *demokratisch* sondern *sakramental*, folglich *hierarchisch*; denn die auf der apostolischen Sukzession gegründete Hierarchie ist unabdingbare Bedingung, um zur Kraft, zur Wirklichkeit des Sakramentes zu gelangen. Die Autorität hier gründet sich auf die Autorität Christi selbst, der sie Menschen weitergeben wollte, die seine Repräsentanten sein sollten bis zu seiner endgültigen Wiederkunft. Nur wenn man diese Sicht wiedererlangt, wird es möglich sein, die Notwendigkeit und die Fruchtbarkeit des Gehorsams gegenüber der legitimen kirchlichen Hierarchie erneut zu entdecken.[214]

Hinter diesen Sätzen steht das kirchliche Gesetzbuch CIC mit den Canones 330 bis 333, »dass nach der Weisung des Herrn der hl. Petrus und die übrigen Apostel ein Kollegium bilden«; dass im Bischof von Rom »das vom Herrn einzig dem Petrus, dem Ersten der Apostel, übertragene und seinen Nachfolgern zu vermittelnde Amt fortdauert«, und der Papst als Nachfolger Petri auch »Haupt des Bischofskollegiums« ist; dass ihm als »Stellvertreter Christi« die »höchste, volle, unmittelbare und universale ordentliche Gewalt« zukommt ...« Der Althistoriker Norbert Brox stellt hingegen fest: »Was tatsächlich wurde, war nirgends zwingend vorentworfen. Hypothetisch sind auch andere Entwicklungen denkbar. Was aber geworden ist und sich im Laufe der Kirchengeschichte vielfach wieder geändert hat, kann folglich nicht als ›göttliche Einsetzung‹ mythischer Art beschrieben und bis auf Jesus oder die Apostel zurückdatiert werden ... Die altkirchliche Ordnung mit Verfassung und Ämtern stand nicht am Anfang, sondern war das Ergebnis einer Entwicklung.«[215]

Dienst statt Herrschaft lautet die Forderung Jesu. Der Historiker weiß, dass die monarchischen Herrschafts- und Verwaltungsstrukturen in der Kirche in der Botschaft Jesu keine Legitimation finden und auch durch die Ordnung der frühen Kirche nicht gedeckt sind. Sie verdanken sich dem Patriarchalismus der antiken Gesellschaft und den Herrschafts- und

214 Joseph Ratzinger/Benedikt XVI., Zur Lage des Glaubens. Ein Gespräch mit Vittorio Messori. Herder, Freiburg 1985/2006, 49.
215 Norbert Brox, Kirchengeschichte des Altertums, Patmos, Düsseldorf 1983, 94. S. a. Hubertus Halbfas, Glaubensverlust (s. Anm. 21), 83–86.

Verwaltungsstrukturen des Römischen Reiches. Wenn man solchen Gegebenheiten auch nicht ganz ausweichen konnte, so können sie doch bleibende Verbindlichkeit nicht in Anspruch nehmen. Es entbehrt jeder sachlichen Basis, »die Existenz einer vom Herrn selbst eingesetzten Hierarchie als Dienst an den Gläubigen« (Ratzinger) gegen die heutigen Forderungen des Kirchenvolks nach mehr geschwisterlichen und demokratischen Kirchenstrukturen zu setzen. Die Weisung Mt 23,8-11: »Ihr alle seid Brüder – ihr sollt keinen Vater auf Erden nennen – einer ist euer Vater – einer euer Lehrer«, stützt keinesfalls ein autoritäres Verständnis des kirchlichen Amtes. »Von daher ist eine hierarchische Kirchenstruktur grundsätzlich in Frage gestellt.«[216] Reinhold Schneider kommentierte: »Erst langsam versteht man, wie heidnisch das Papsttum seinem Wesen nach ist. Auf den Trümmern einer so gewaltigen Gestaltung, wie es das römische Imperium war, kann man nicht ungestraft bauen: wie man sich auch drehen und wenden mag: man wiederholt; und mit dem alten Stil beschwört man auch den alten Gehalt.«[217]

Für den Religionsunterricht kann es nach diesen Überlegungen zu keiner Zeit darum gehen, einen formalen Wahrheitsanspruch an die Stelle eigenen Denkens und Argumentierens zu setzen. Die kirchlicherseits vorgegebenen Orientierungsmarken »Weltkatechismus« und »Youcat« würden, wollte man sie zum Maßstab der Unterrichtsinhalte machen, die Glaubwürdigkeit des Faches mindern und sicherstellen, dass der überwiegende Teil der Schülerschaft sich einem Fürwahrhalteglauben gegenüber sieht, auf den er sich existentiell nicht einlassen wird. Darum soll noch einmal Hansjürgen Verweyen als Fundamentaltheologe, zugleich als Schüler Joseph Ratzingers die offizielle Glaubensdarlegung abschließend bewerten:

Der Weltkatechismus nimmt teil an dem Prozess wechselseitiger Auflösung von Autorität und Autonomie. Wirkliche, nicht bloß formale Freiheit gibt es nur in dem Maße, wie sie sich selbst auf Gehalte verpflichtet weiß, die wirkliche, nicht bloß formale Autorität besitzen. Die vom Katechismus propagierten Gehalte werden nicht so vermittelt, das Christinnen und Christen, die sich angesichts der Probleme unserer Zeit zu bewähren haben, sie als Antwort auf ihre Fragen verstehen können ... Wenn für dieses Werk dennoch der Anspruch kirchlicher Lehrautorität erhoben wird, so bleibt diese Autorität rein formal. Sie braucht, um durchgesetzt zu werden, begleitende autoritäre Maßnahmen ... Damit trägt der Weltkatechismus in erheblichem

---

216 Paul Hoffmann, Jesus und die Kirche (s. Anm. 23), 175.
217 Reinhold Schneider, zit. nach Karl-Josef Kuschel, Vielleicht hält Gott sich einige Dichter. Grünewald, Mainz, 1996, 244.

Maße zu der Demontage wirklicher Lehrautorität bei, die zu den Zeichen der Zeit nach dem Zweiten Vatikanischen Konzil gehört, eine Demontage, die wir um der Authentizität des Katholischen willen nicht weiter hinnehmen dürfen, von welcher Seite sie auch betrieben wird.[218]

218 Hansjürgen Verweyen, Der Weltkatechismus (s. Anm. 41), 112 f.

IX. Was zu tun ist

Die vorangehend zitierten und bedachten kirchenrechtlichen Dokumente konnten zeigen, dass der CIC keine Katholiken wünscht, die in Sachen Glaube und Religion selbstbewusst denken, sprechen und agieren. Eine solche Haltung gilt als individualistisch und gegen den gebotenen Gehorsam gerichtet, wenngleich sie die einzige Möglichkeit darstellt, als Christ heute auch außerhalb der kirchlichen Bannmeile noch Interesse wecken und überzeugen zu können. Kirchenrechtlich definierter Glaubensgehorsam, der theologische Kompetenz als störend empfindet und eigenständiges Denken als Hochmut verurteilt, ist anachronistisch. Sagt der Kirchenrechtler: »Je unbestrittener die Hierarchie, desto freier die Gläubigen«, so gilt dies nur für hierarchisches Systemdenken. Diese Selbstinterpretation hat dazu geführt, die eigenen lehramtlichen Entscheidungen neuen Erkenntnissen vorzuordnen, die Resultate der historisch-kritischen Forschung zu ignorieren und aus dieser Haltung Katechismen zu schreiben, die außerhalb des Systems kontraproduktiv wirken. Sie führen katholische Sonderbarkeiten vor Augen, denen der theologisch Kundige bescheinigt, dass ihnen die biblische Basis fehlt, während die übrigen solches Glaubensinventar nur noch unverständlich und kurios finden. Doch weil das Lehramt darin eingeübt ist, dogmatische Denkweisen gegen neue Erkenntnisse abzuschirmen, hat dies eine apologetische Grundhaltung gefördert, die von Hilflosigkeit und Angst geprägt ist. Das Verdrängen erwiesener Fakten führt stets in Sackgassen. Das wird anschaulich in den vom Lehramt vorgelegten Katechismen vorgeführt. Die Kritik nennt diese Bücher ein »Krankheitsbild« und das »Symptom einer Lehrentwicklung, die geradezu paranoid erscheint« (Verweyen). Doch unberührt davon hat Benedikt XVI. am 10. November 2006 vor den in Rom versammelten deutschen Bischöfen erklärt, dass die künftigen Curricula für den Religionsunterricht »am Katechismus der Katholischen Kirche auszurichten« seien, »damit im Laufe der Schulzeit das Ganze des Glaubens und der Lebensvollzüge der Kirche vermittelt wird«. Und weiter: »Die ganzheitliche und verständliche Vergegenwärtigung der Glaubensinhalte ist ein entscheidender Gesichtspunkt bei der Genehmigung von Lehrbüchern für den Religionsunterricht. Nicht minder wichtig ist auch die Treue der

Lehrenden zum Glauben der Kirche und ihre Teilnahme am liturgischen und pastoralen Leben der Pfarreien oder kirchlichen Gemeinschaften, in deren Gebiet sie ihren Beruf ausüben.«

1. Die Aufgabe

Der bisherige Blick auf den Katechismus der Katholischen Kirche (und die von ihm abgeleiteten Werke »Kompendium« und »Youcat«) konnte zeigen, dass die dort als verbindlich vorgestellte Glaubenslehre in ihrem gesamtkirchlichen Geltungsanspruch in einem Binnenmilieu gefangen ist, das die wachsende Diskrepanz zur Außenwelt nicht mehr wahrzunehmen vermag. Die Stofffülle dieser Bücher ist nur besorgt, nichts von dem auszulassen, was einmal für den Glauben als verpflichtend angesehen wurde. Benedikt XVI. sagt im Vorwort zum »Youcat«: »Ihr müsst wissen, was Ihr glaubt. Ihr müsst Euren Glauben so präzise kennen wie ein IT-Spezialist das Betriebssystem eines Computers. Ihr müsst ihn verstehen, wie ein guter Musiker sein Stück.« Das klingt, als käme es auf ein Know-how an. Vielleicht ist es im Sinne des Lehramts auch angemessen, das *Depositum fidei* als Betriebssystem anzusehen, das überblickt und beherrscht sein will. Doch geht es nicht um solche Kenntnisse. Weil das lehramtliche Bewusstsein die heute als Richtschnur gewiesenen Glaubensbücher ohne Bewusstsein der Lücke im Glaubensbekenntnis ausrichtet, haben diese Werke keine Sinnmitte, die das Evangelium Jesu erschließt, stattdessen eine steile Christologie, die zwar zum traditionellen Betriebssystem gehört, die Lebenswelt der jungen Menschen aber nicht aufnimmt.

Dieses vermisste Problembewusstsein innerhalb der kirchlich gegebenen Strukturen herbeizuführen, dürfte gegenwärtig eine vergebliche Hoffnung sein. Der Religionsdidaktik stellt sich aber keine dringlichere Aufgabe. Zwar ist sie nicht geübt, Glaubens*inhalte* auf ihre Relevanz und Vermittelbarkeit hin zu untersuchen, doch steht diese Arbeit an, wenn die Herausforderung der Zeit nicht schuldhaft verpasst werden soll. Papst Benedikt schreibt in seinem Vorwort zum Youcat, dieses Buch »legt Euch die Botschaft des Evangeliums vor« – aber seit wann kann man einen Katechismus mit »dem Evangelium« gleichsetzen? Der künftige Religionsunterricht tut gut daran, zwischen Evangelium und Glaube zu unterscheiden und vor allem das Evangelium Jesu nicht mit dem Evangelium des Paulus in eins zu setzen, damit der geschichtliche Ausgangspunkt des Christentums und das jesuanische Profil wieder unverwechselbare Kontur gewinnt. Sofern es überhaupt im Religionsunterricht um Kompetenzerwerb geht, sollten Schülerinnen und Schüler das Programm Jesu und die Kriterien seines Evangeliums kennen, um zu wissen, dass es sich nicht um ein Lehrsystem handelt, das man gläubig zu übernehmen hat, sondern um eine Lebensweise, zu der sich Menschen aller Herkunft und Glaubensrichtung – Agnostiker und Atheisten einbegriffen – bekennen können.

Wem dieser Ansatz begründet erscheint, wird die Dauerformel vom »Glauben lernen«, die der Deutsche Katecheten Verein seit Jahren bevorzugt dekliniert, gegen eine andere Perspektive zu tauschen sein. Ein epochaler Traditionsabbruch und Glaubensverlust kann nicht mit einer Leerformel vom »Glauben lernen« beantwortet werden. Angesagt ist die Neuentdeckung der ursprünglichen Botschaft Jesu, das Freilegen seiner Reich-Gottes-Praxis, das spätere Deutungen und Interessen überdeckt und fast versteckt haben. Das Übergehen dieses Lebensinhalts Jesu in allen kirchlichen Glaubensbekenntnissen zeigt gleichzeitig die Verschiebungen an, die sich im theologischen System von Jahrhundert zu Jahrhundert gesteigert haben. Die historisch-kritische Forschung erlaubt heute jedoch besser als es früheren Zeiten möglich war, die Blanko-Stelle wieder auszufüllen und von dorther eine Neuidentifikation des Christentums zu gewinnen.

Damit bekommt die Religionsdidaktik ihre dringlichste Aufgabe zugewiesen. Sie hat nicht länger das Recht, das geschlossene christliche Lehrsystem unangetastet zu lassen. Wenn sie die Menschen, zumal die Schülerinnen und Schüler, denen das heute gängige Christentum nicht mehr zugänglich ist, ernst nimmt, wird sie untersuchen, wo die Vorbehalte und Erfahrungen ansetzen, die zum Desinteresse führen. Hier warten neue Arbeiten darauf, wieder freizulegen, was kirchliche Sprache und kirchliche Lebensformen begraben haben.

Erwartet man für diese Arbeit eine oberhirtliche Freigabe, mag man gleich davon lassen, doch sollte man wenigstens nicht fürchten, die Freilegung des Evangeliums Jesu mindere ein glaubwürdiges Christentum.

2. Der Unterricht

Es ist nur ein Detail, zeigt aber wo wir stehen: Ich werde zu einem Abendvortrag für die Eltern der Oberstufe eines Ordensgymnasiums eingeladen. Die Religionslehrerin möchte ihre Schülerinnen und Schüler gerne dabei haben. Sie hofft, dass die jungen Leute Interesse für mein kleines

Buch »Glaubensverlust. Warum das Christentum sich neu erfinden muss« gewinnen, um es mit deren Zustimmung als Klassenlektüre wählen zu können. Rückfrage: »Können Sie Ihre Klasse nicht selbst dazu motivieren?« – »Den jungen Leuten hängt alles, was mit Kirche zu tun hat, zum Hals heraus!« – »Aber es geht doch nicht gleich um die Kirche sondern um die originäre Jesus-Botschaft!« – »Ach, Jesus bedeutet ihnen auch nichts, der ist für sie komplett kirchlich übermalt ...«

Der solcherart fremd gewordene Jesus gehört als Christus der Kirche. Über ihn sagt die Kirche – an den Evangelien vorbei – viele befremdliche Dinge. Im Youcat beispielsweise: Schon als er in Jerusalem einzog, »*wusste er, dass er sterben würde*« (94); auch habe er vorweg »*das Datum des jüdischen Paschafestes für seinen Tod und seine Auferstehung*« *gewählt* (95), denn er wurde »*nach Gottes beschlossenem Willen und Vorauswissen hingegeben*« und »*der Vater im Himmel hat den, der keine Sünde kannte, für uns zur Sünde gemacht'*« (2 Kor 5,21) ... (98). Mit solchen Farben einer späteren Deutung wird der Jesus der Geschichte von Anfang an übermalt, dadurch sukzessive in den Himmel entrückt und einem heutigen Zugang entzogen.

Alles, was sich unter jungen Leuten wahrnehmen lässt, zwingt zu der Einsicht, dass es ihnen die amtliche Lehre der Kirche schwer macht, die Sache Jesu und des authentischen Christentums unverstellt sehen zu können.[219] Die Bibel wird ausgegrenzt, sobald es um dogmatische Traditionen geht. Der »Youcat« übergeht die gesicherten Ergebnisse der historisch-kritischen Forschung, unterschlägt, was über den geschichtlichen Jesus und seine Zeit gesichert ist zugunsten einer Christologie, die in ihrer aus griechischem Geist entwickelten Begrifflichkeit ein wesentlicher Grund dafür ist, dass der Religionsunterricht keinen angemessenen Zugang zu Gestalt und Programm Jesu findet.

Und da die Kirche keine theologischen Sprachlehre für den Umgang mit Bibel und Dogma entwickelt hat, hat auch die Religionsdidaktik dafür bis zum Tage kein Aufgabenbewusstsein gewonnen. Was im Lehrsystem der Kirche ausfällt, fehlt ebenfalls in der religionsdidaktischen Agenda. Umso dringlicher ist es, für die Reflexion religiöser Inhalte eine Sprachlehre zu entwickeln, die erst fähig macht, Religion zu unterrichten.

Wir sollten im Blick auf die schulische Situation des Religionsunterrichts jedoch nicht verkennen, dass trotz des Mainstreams, den religionspädagogische Fachzeitschriften und Publikationen spiegeln, unterschiedliche

219 Vgl. Norbert Havers (s. Anm. 54).

Einstellungen und auch theologische Denkweisen die Situation zerklüften. Grob unterteilt, lassen sich (vielleicht) drei Modelle unterscheiden: (1) Von kirchenamtlicher Seite bildet sich eine fundamentalistisch-evangelikale Ausrichtung ab, die zunehmend deutlicher wird. »Die katechetische Funktion des Religionsunterrichts wird wieder massiv eingefordert«.[220] Der schulische Religionsunterricht soll zum Vehikel eines neuen katechetischen Unterrichts werden, denn je mehr die familiäre und gemeindliche religiöse Sozialisation ausfällt, umso umfassender soll er binnenkirchlichen Interessen unterworfen werden. Dieser Trend macht sich bereits in Zulassungsverfahren von Religionsbüchern bemerkbar. Der Papst hat den deutschen Bischöfen zur Pflicht gemacht, die Curricula für den Religionsunterricht am Katechismus auszurichten. Die juristischen Instrumente für diesen Weg sind gegeben. Eckhard Nordhofen hat diese katechetische Linie unter dem Anspruch einer »starken Mystagogie« im Bistum Limburg vorangetrieben. Das Kompetenzziel, »die katholische Perspektive auf Wirklichkeit zu entdecken und zu entwickeln«, verfolgt sie ebenso. Doch unterhöhlen solche Intentionen den schulischen Religionsunterricht in einer illegitimen Weise. Bereits 1974 hat die Würzburger Synode den schulischen Religionsunterricht derartigen Intentionen entzogen und betont, als gesetzlicher Unterricht sei er »nur dann gegen alle Bestreitungen auf die Dauer einsichtig vertretbar und haltbar«, wenn er sich »in Begründung und Zielsetzung auch wirklich als ›ordentliches Lehrfach‹ ausweise. Mit anderen Worten: Der von der Glaubensunterweisung in den

---

220 Monika Jacobs, Zur religionsdidaktisch-schulpädagogischen Orientierung des Religionsunterrichts, in: RpB 58, 2008, 41–52, hier: 41. Anlässlich der Ad-limina-Besuche der deutschen Bischöfe im November 2006, sagte Benedikt XVI.: »Damit ist ein anderes – ganz zentrales – Thema angeschlagen: das des Religionsunterrichts, der katholischen Schulen und der katholischen Erwachsenenbildung. Dieser Bereich erfordert neue und besondere Aufmerksamkeit seitens der Oberhirten. Da geht es zunächst um die Curricula für den Religionsunterricht, die es am Katechismus der Katholischen Kirche auszurichten gilt, damit im Laufe der Schulzeit das Ganze des Glaubens und der Lebensvollzüge der Kirche vermittelt wird. In der Vergangenheit wurde nicht selten der Inhalt der Katechese gegenüber den didaktischen Methoden in den Hintergrund gedrängt. Die ganzheitliche und verständliche Vergegenwärtigung der Glaubensinhalte ist ein entscheidender Gesichtspunkt bei der Genehmigung von Lehrbüchern für den Religionsunterricht.« Verlautbarungen des Apostolischen Stuhls, Nr. 176; November 2006, S. 15. Zwischen dieser Position und der Position der Würzburger Synode von 1974 liegen unüberbrückbare Distanzen

Gemeinden abgehobene Religionsunterricht in der Schule muss zeigen, wie er teilhat an der Aufgabenstellung der öffentlichen Schule.«[221]

(2) Die andere Variante entfernt sich von den traditionellen Inhalten und konzipiert den Religionsunterricht nach dem Maß des Möglichen, d. h. anspruchsvolle Inhalte gelten als zu sperrig und fallen aus: Der Bibelunterricht reduziert sich mehr auf Erwähnung, als dass er auf methodische Arbeit am Text Wert legt. Ein Verhältnis zu exegetischer Arbeit ist kaum entwickelt. Schwierige theologische Themen werden übergangen. Der Blick schrumpft auf die Gegenwart und das faktische Interesse der Schülerschaft. Die Unterrichtsvorbereitung darf – die Gründe dafür sind vielschichtig – nicht zu viel »Umstände« bereiten. Hermeneutische Anstrengungen, eine religiöse Sprachlehre zu entwickeln, für die schuljahrsübergreifend ein langfristige didaktische Zielvorstellung erforderlich wäre, werden nicht angegangen. Man unterrichtet am liebsten »sachorientiert«, bleibt auf Distanz zu Konfliktthemen und stellt dar, was die Kirche lehrt, ein Dogma meint, ohne in die Materie näher einzudringen. Man bestreitet diesen Unterricht am liebsten mit fertigen Arbeitsblättern und wohlfeilen Medien. Systematischer Anspruch und Stringenz eines Religionsbuchs sind eher hinderlich. Wenn schon Religionsbücher, dann unter Bedingungen einer beliebigen Aspektauswahl.

Beiden Richtungen sind die derzeitigen kompetenzorientierten Schulbuchangebote auf den Leib zugeschnitten. Das neu kreierte Religionsbuch, soweit es bis heute vorliegt, erscheint abgewertet. Es ist kein Sachbuch mehr, sondern ein am Lernprozess orientiertes Medium, dessen Doppelseiten Unterrichtsstunden steuern. Mit Multiple-Choice-Meinungen lassen sich selbstgängige Palaverrunden starten, die den Lehrer weitgehend entlasten. Darum können die Einheiten locker zusammengestellt und inhaltlich inkonsistent sein. Wichtig ist, dass die Schüler beschäftigt werden und Aktivität angeregt wird. Der rote Faden bemisst sich nicht an sachlichen Erfordernissen eines Themas, sondern an Gesprächsstimulationen und Aufgabenlösungen. Ein Schulbuch im klassischen Sinn ist hier nicht gefragt. Es könnten auch Arbeitsblätter sein, die zusammengebunden sind. Durchgehend mangelt es an religiöser Sprachbildung, an historischen Bewusstsein (aber nicht an historisierender Textauslegung). Auf die erwarteten »Standards« und das lehramtlich Entschiedene, für das Glaubensgehorsam verlangt wird, richtet sich keine

---

221 Der Religionsunterricht in der Schule. Ein Beschluss der Gemeinsamen Synode der Bistümer in der Bundesrepublik Deutschland. Bonn 1974.

kritische Fragestellung. Der kompetenzorientierte Religionsunterricht ist für jedes dogmatische Format passend zu haben: für Zeugen Jehovas, die Pius-Bruderschaft, eine Ausrichtung nach dem Youcat. Natürlich kann er auch einer religiösen Sprachlehre auf die Beine helfen. Eine Reflexion der Inhalte ist im religionsdidaktischen Programm dieser Richtung bisher allerdings nicht zu finden.

(3) Neben diesen zwei Trends des gegenwärtigen Religionsunterrichts gibt es eine dritte Version. Sie wird von einer Lehrerschaft getragen, die sich gegenwärtig noch meinungsbildend erweist, aber in wenigen Jahren in größeren Anteilen in den Ruhestand geht. Diese Lehrerinnen und Lehrer verfolgen einen mittleren Weg, der weder der Weg der Fundis noch der der Geschichtslosen ist. Sie nehmen ihre didaktische Aufgabe ernst, arbeiten mit dem Religionsbuch, mit Lehrerhandbuch und unterstützenden Materialien, wobei sie die eigene existentielle Auseinandersetzung mit den Inhalten des Religionsunterrichts wesentlich inspiriert.

Nicht zu vergessen sind in dieser Beschreibung des unterrichtlichen Fächers die an Universitäten und Hochschulen lehrenden Professoren mit ihrem akademischen Umfeld, die den Nachwuchs an Religionslehrerinnen und -lehrern ausbilden und durch ihre Publikationen das Fach fortentwickeln. Sie veröffentlichen ihre Aufsätze überwiegend in den von Günter Stachel und Hans Zirker begründeten »Religionspädagogische Beiträge«, so dass allein dieses Organ die wissenschaftlichen Interessen der Fachschaft am Religionsunterricht erkennen lässt. Mehrere hundert Themen, die in dreiunddreißig Jahren zusammenkommen, sind nicht pauschal zu beurteilen, wohl aber lässt sich sagen, was zu viel, was zu wenig oder gar nicht thematisiert wird. Zu viel sind die Artikel, die immer und immer wieder konzeptionelle Probleme um den korrelativen, abduktiven, dekonstruktiven, performativen Religionsunterricht und sonstige Varianten durchspielen. Sie befriedigen die wissenschaftliche Selbstbeschäftigung, tragen aber im schulischen Bereich wenig oder nichts aus. Dagegen ist Desinteresse an Lehrplänen und Religionsbüchern festzustellen. Zwar gibt es hierzu Sachartikel in lexikalischen Werken und Handbüchern, aber weder die Katechetischen Blätter noch die Religionspädagogischen Beiträge beobachten den Markt und entwickeln Kriterien zu einer angemessenen Beurteilung des bunten Treibens, das sich dort einfindet. Was kann denn wichtiger sein, als Kompetenz im Urteil über Bücher zu entwickeln, die täglich tausendfach in unseren Schulen benutzt werden sollen? Hier wird eine Basispflicht versäumt.

3. Die Kompetenz

Nicht besser steht es um das *eine* Thema, das für *alle anderen* unentbehrlich ist: die religiöse Sprachlehre. Geradezu ein Totalausfall. Abgesehen von gelegentlichen Bemerkungen zum kirchlichen Sprachgetto, hat niemand sich der Wahrheit der Formen angenommen, Mythos und Mythen an relevanten Traditionen untersucht, über Sage und Legende in der Bibel wie in der Volksfrömmigkeit nachgedacht, die Mixtur von mythischem und rationalen Bewusstsein in der Dogmatik auseinandergelegt, die Mytheme im Glaubensbekenntnis angeschaut usw. Mit solchen Problemstellungen haben wir es in einem Prozess des Traditionsabbruchs und Glaubensverlusts zentral zu tun. Stattdessen aberhundert sonstige Themen, die alle ihr Recht haben könnten, wenn nicht die zentralen Problemfelder unbearbeitet blieben.

Bevor von Kompetenzorientierung im Religionsunterricht gehandelt wird und dazu Schulbücher produziert werden, muss es eine Kompetenz der Didaktiker geben. Didaktik ist keine angewandte Kunst, sondern gründet in der Struktur der je zu erschließenden Sache. Wenn »die Sache« der (katholische) Glaube sein soll, ist zu beachten, dass dieses *Depositum* keine einheitliche Struktur besitzt und darum in der Unterschiedlichkeit seiner Inhalte erfasst werden muss. Das haben wir in diesem Buch versucht, vor allem durch die Unterscheidung des Evangeliums Jesu als einer Lebensweise und des Evangeliums Pauli als einer Glaubenslehre. Im Fortgang der Analyse ist jedoch vieles mehr zu berücksichtigen, als hier geleistet werden konnte, beispielsweise die Dringlichkeit, das Reich-Gottes-Programm Jesu von »verkündigendem« Mehltau zu befreien und die Inhalte konturenscharf herauszustellen – was nicht gelingt ohne den Reich-Gottes-Begriff in seiner interpretatorischen Wandlung in den Jahrzehnten nach Jesus zu verfolgen und zugleich zu prüfen, wie die kirchlichen Dokumente diesen Begriff handhaben. Daneben geht es auch darum, Paulus Gerechtigkeit widerfahren zu lassen und seine Theologie kritisch abwägend zu sondieren. Und zugleich verlangt der didaktische Imperativ, zu gewichten und zu begründen, welche Gehalte der christlichen Glaubenstradition die nachwachsenden Generationen in ihrem Leben als bedeutsam verstehen, integrieren und übernehmen können und welche Transformation Glaubensinhalte erfahren müssen, um heute weitergeführt und praktiziert werden zu können. Diese Inhalte zu bestimmen und neu zur Sprache zu bringen, ist die erste Aufgabe der Religionsdidaktik. Die möglichen Andockstellen wird die junge Generation aus sich heraus nicht entdecken, da der den Glaubensbereich prägende Kirchenjargon schon mit ersten Sätzen und Begriffen Distanz schafft und jede nähere Begegnung blockiert.

Die weiteren Schritte müssen den christlichen Glaubenshorizont, auch die Welt der Bibel überschreiten: diachron ist die Religionsgeschichte in der Abfolge ihrer Bewusstseinsstufen, synchron sind die nichtchristlichen Religionen in die Auslegung der Welt einzubeziehen. Hier scheint jedoch von Ausnahmen abgesehen in der Fachdisziplin wenig Vertrautheit zu herrschen. Die im religionsdidaktischen Schrifttum verarbeitete Literatur beschränkt sich fast ausschließlich auf theologische Titel. Die Religionsgeschichte[222] liegt außen vor, obwohl elementare Grundlagen, die auch christlich relevant sind, nur hier für die Religionsdidaktik zu finden sind. Dazu gehören jene Autoren, die erstmals Afrika, Asien und Amerika für Europa zum Sprechen gebracht haben: Leo Frobenius die Kultur afrikanischer Völker, Heinrich Zimmer die hinduistische Symbolwelt, Richard Wilhelm die bedeutenden Bücher des alten China, Werner Müller die Welt und das Denken der nordamerikanischen Indianer. Auch Mircea Eliade wurde religionspädagogisch nicht relevant, sowenig wie die Mythosforschung von Walter F. Otto, Karl Kerényi oder Joseph Campbell. Sie alle förderten ein Denken über den christlichen Rand hinaus. Die meisten ihrer Bücher gibt es nicht mehr in aktuellen Auflagen, dennoch sind sie für eine elementare Religionsdidaktik grundlegend.

Die Religionszeugnisse der Welt bleiben stumm, wenn zu ihrem Verständnis keine Grammatik der religiösen Sprache entwickelt wird. Dieses *Ceterum censeo* ist im vorliegenden Buch oft genug beschworen worden, um nicht noch einmal belegt werden zu müssen. Dennoch zum letzten Mal: Wenn die Ausbildung der künftigen Lehrerinnen und Lehrer hier keine Pflöcke einschlägt und die religiöse Sprachlehre nicht differenziert entfaltet (statt sich auf ein paar Minima über Metapher und Symbol zu beschränken), auch kein aufbauendes Curriculum entwickelt, das vom ersten bis zum letzten Schuljahr durchhält, kann man es gleich sein lassen, sonstige Kompetenzen anzustreben. Die (partielle) Kompetenzausrichtung des Religionsunterrichts kann ein großer Gewinn sein, wenn sie sich primär auf Verstehensqualitäten richtet, doch dann muss Kompetenz vor jeder sonstigen Qualifikation *Sprachkompetenz* heißen.

Ich habe in den zurückliegenden zehn Jahren der Religionslehrerschaft in drei umfangreichen Bänden ein Grundlagenwerk zugedacht.

---

222 Siehe dazu Hubertus Halbfas, Das Welthaus. Ein religionsgeschichtliches Lesebuch. Patmos/Calwer, Düsseldorf/Stuttgart 1983, ^{5}1993.

das Ermutigung wie Orientierung zugleich sein möchte: »Die Bibel«[223], »Das Christentum«[224], »Der Glaube[225]«. Was in der vorliegenden Schrift nicht entfaltet werden konnte, findet dort Raum. Natürlich können diese Bücher nur den Reflexionsstand unserer Zeit beschreiben. Aber darin nehmen sie vorweg, was der kirchliche Reformstau verweigert. Sie suchen auch die Wahrnehmung jener, die bereits Abschied vom Christentum genommen haben. Mit Sicherheit wird vieles aus dem Glaubensbestand der Christenheit zukünftig keine Nachfrage mehr erfahren und jeder Wiederbelebung trotzen, zugleich werden zentrale Inhalte agnostischer Skepsis vorbehalten bleiben, was dem Evangelium Jesu keinen Abbruch tun muss. Der aktuelle Glaubensverlust betrifft nur *eine* Sparte des Christentums, das Lehrsystem der Dogmatik. Mit dem Reich-Gottes-Programm Jesu kehren wir an die Wurzel zurück und damit zu jenem Universalismus, der Menschen jeder Herkunft, Glaubens- wie Unglaubensrichtung, verbinden kann.

223 Die Bibel. Erschlossen und kommentiert von Hubertus Halbfas. Patmos, Düsseldorf 2001; Ostfildern ⁶2010.
224 Das Christentum. Erschlossen und kommentiert von Hubertus Halbfas. Patmos, Düsseldorf 2004, Ostfildern ³2010.
225 Der Glaube. Erschlossen und kommentiert von Hubertus Halbfas. Patmos, Ostfildern 2010.

Das Grundlagenwerk DIE BIBEL

Die Bibel
erschlossen und kommentiert
von Hubertus Halbfas

Format 20 x 26,5 cm
600 Seiten
durchgehend vierfarbig
Leinen mit Schutzumschlag
ISBN 978-3-491-70334-6

Selten wurde die Bibel in so reich illustrierter, historisch und literarisch so vorbildlich aufgearbeiteter, theologisch so verständlicher Form erschlossen und kommentiert wie von Hubertus Halbfas.

Rheinischer Merkur

Kein Zweifel: Diese Verbindung von profunder Information, didaktischem Geschick, perspektivischem Reichtum und glühendem Engagement machen dieses Buch zu einem Ereignis.

Norddeutscher Rundfunk

Ein großer Wurf ist dieser Versuch, die biblischen Geschichten für heutige Leser aufzubereiten. Wem bisher die Bibel ein Buch mit sieben Siegeln war, sollte es mit der »Halbfas-Bibel« noch mal versuchen. Es lohnt sich.

Chrismon

Das Christentum
erschlossen und kommentiert
von Hubertus Halbfas

Format 20 x 26,5 cm
592 Seiten
durchgehend vierfarbig
Leinen mit Schutzumschlag
ISBN 978-3-491-70377-3

Ein Schlüssel zum Christentum in Geschichte und Gegenwart. Das komplexe Panorama wird im Spiegel authentischer Zeugnisse zugänglich. Unter wechselnden Blickrichtungen setzt die Darstellung immer wieder neu an, um das Christentum vielschichtig wahrzunehmen. Dabei finden die Grundlagen des Christentums, seine Leistungen und Lebensformen ebenso Aufmerksamkeit wie Fehlentwicklungen, Versäumnisse und die Wahrnehmung durch Außenstehende.

Die üppige Ausstattung mit Bildquellen ist ohne Vergleich. So entfaltet der außergewöhnliche Band – souverän verdichtet – ein facettenreiches Bild.

Wer über die prägende Kraft des Christentums in unserer Kultur unterrichtet, findet hier authentisches Material, das auch die aktuelle Situation erschließt. Eine Bibliothek in einem einzigen Band.

Der Glaube der Christen

Der Glaube
erschlossen und kommentiert
von Hubertus Halbfas

Format 20 x 26,5 cm
600 Seiten
durchgehend vierfarbig
Leinen mit
Schutzumschlag
ISBN 978-3-491-72563-8
www.patmos.de

Was Hubertus Halbfas in der vorliegenden Schrift in knappen Skizzen aus-
führt, entfaltet und begründet er breit in seinem Buch »Der Glaube«. Damit
bietet er einen Schlüssel zur religiösen Situation unserer Zeit. Er vermittelt
ein vielschichtiges Bild des christlichen Glaubens angesichts des heutigen
Traditionsabbruchs.
Die der Glaubenslehre widerstreitenden Erkenntnisse der Wissenschaften
sind ebenso Thema wie die durch überfällige kirchliche Reformen ausgelös-
ten Belastungen. Eine geistige Herausforderung ersten Ranges.
Viele Stimmen kommen in Rede und Gegenrede zu Wort. Sie verhelfen zu
einem eigenen Urteil. Ein breites Spektrum pointierter Stellungnahmen
theologischer, philosophischer und literarischer Herkunft tritt zum Grund-
text hinzu.
Der reich ausgestattete Band lädt zum Blättern und Schauen, vor allem aber
zum Lesen ein: Trotz seines Preises ist es ein sehr wohlfeiles Buch. So opu-
lent, einladend und anregend das gewichtige Werk dem Leser entgegenkommt, ersetzt es zugleich eine ganze Bibliothek.

»Das umfangreiche aber sehr schön gestaltete Buch von Hubertus Halbfas ist eine äußerst lehrreiche Lektüre. Man erfährt nicht nur viel über das Christentum, sondern auch über die Entwicklung des Bewusstseins, über Naturwissenschaft und Evolution, über Philosophie und Kunst. Das Buch ist aber vor allem ein leidenschaftliches Plädoyer, den christlichen Glauben von seinen jesuanischen Anfängen an neu zu buchstabieren.«
Lorenz Marti

»Ein spannendes, provozierendes, zum Selberdenken anregendes Schmökerbuch für Wochen und Monate.«
Christian Feldmann

»Ein phänomenales Handbuch und Lesebuch: unglaublich informativ und zeitbezogen, auch bei komplizierten Sachverhalten verständlich und sachkundig, durch reichhaltige kommentierte Bebilderung sowie durch deutlich markierte und nachgewiesene Zitate zusätzlich leserfreundlich, inhaltlich ausgesprochen gewichtig ... mit dem ›Willen zum Gehorsam gegenüber der Wahrheit‹. Keinem Gegenargument gegen Religion, Christentum und Gottesglauben wird ausgewichen, alles wird geprüft, ohne jede Berührungsangst.«
Andreas Rösler

»Halbfas ist ein Erzählgenie ... Sein didaktisches Geschick macht die Lektüre zum Erlebnis. Ein schön aufgemachter Band, der sich vor allem durch eins auszeichnet: dass er Fragen beantwortet, die auch wirklich gestellt werden.«
Chrismon

»600 Seiten im großen Format, bedruckt auf gestrichenem Papier, gebunden in feinem Leinen, und das Ganze zum unglaublich günstigen Preis von 58 Euro – diese Anschaffung kann man nur empfehlen ...«
CONCILIUM

Hubertus Halbfas

Religiöse Sprachlehre

Format 14 x 22 cm
ca. 384 Seiten
Hardcover
ISBN 978-3-8436-0206-8
Erscheint im September 2012

Der Weg der Sprache:
Mythos und Logos, Metapher und Symbol.

Die Wahrheit der Formen:
Mythe, Märchen, Sage, Legende, Gleichnis, Paradoxon.

Biblische Sprachlehre:
Mythen, Sagen, Legenden, Geschichtsschreibung, Prophetenspruch;
Spruchgut, Gleichnis und Parabel, Briefe, Wundergeschichten,
Passionsgeschichten, Ostererzählungen.

Dogmatische Sprachlehre:
Das apostolische Glaubensbekenntnis